ある為替デリバティブ裁判の記録

稲田龍示【編著】

展転社

はしがき

　本書は私が代表を務める法律事務所で受任して、一、二審敗訴した、三菱東京ＵＦＪ銀行との為替デリバティブ取引に関する訴訟の記録のうち主張関係の書面と、地裁、高裁の判決、それに対象とした為替デリバティブ取引の契約４つの商品の分析評価書、そして、一審判決の事実認定（控訴審でも踏襲されている）を前提とした意見書を、そのままの形で収録したものである。ただし、依頼者が特定されないように原告の会社名、本店所在地、業種については実際とは違うように編集を施した。

　ここ５年ほどの間に、主としてメガバンクを相手方とする為替デリバティブ取引に関する裁判を全国で３０件以上手がけてきた。その中で私自身思うところはあるが、それは客観的な記録を残すという本書の目的からはずれるので、一切の言及を差し控えた。この事案を選んだのは、一審の京都地裁判決のデリバティブ取引の時価についての理解・言及が、すばらしいとまではいえないが、かかわったすべてのデリバティブ裁判の中で、最もましで、まともなものだったからである。そうであるがゆえに、このような形で出版しておかなければ、法律雑誌に掲載されることはなかろうと考えたことが、敗訴した裁判の記録をあえて出版することにした理由である。

　本書には、訴状、答弁書、準備書面、判決だけでなく、為替デリバティブ取引の商品の分析評価書などをそのまま掲載しているので、一読して理解するには、デリバティブ取引の時価の評価に関する一定の知見がなければ、法律の専門家であっても必ずしも容易ではないかもしれないが、将来のために残しておく意義は十分にあると思う。

　この事案に限らず、デリバティブ取引に関する裁判では、デリバティブの専門家である飯坂彰啓氏に大変お世話になった。

　本書をまとめるに当たっては当事務所の大矢真義弁護士を煩わせた。もともとこの事案の当方の準備書面をほとんど全部取りまとめたのは、同弁護士であり、また、京都大学の高山佳奈子教授の意見書をいただけたのも、同弁護士の縁による。

　なお、裁判自体は、高裁判決に対して最高裁に上告した後、上告審での和解で終了している。和解成立前に、私どもは代理人を解任された形になっている。

　　平成２８年６月９日

　　　　　　　　　　　　　　　　　　　　　　　　　　　　稲田龍示

目　次

　　はしがき　　　　　　　　　　　　　　　　　　　　　　　　　　3

第1　第一審
　Ⅰ　第1回期日（平成24年10月3日）までの双方主張
　　1　訴状（平成24年8月13日付）　　　　　　　　　　　　　　　6
　　2　被告答弁書（平成24年10月3日付）　　　　　　　　　　　22
　　3　原告第1準備書面（平成24年10月3日付）　　　　　　　　　23
　Ⅱ　第2回期日（平成24年11月21日）までの双方主張
　　1　被告準備書面（1）（平成24年11月21日付）　　　　　　　25
　Ⅲ　第3回期日（平成25年1月10日）までの双方主張
　　1　原告第2準備書面（平成24年12月25日付）　　　　　　　　35
　　2　原告第3準備書面（平成24年12月25日付）　　　　　　　　59
　Ⅳ　第4回期日（平成25年3月7日）までの双方主張
　　1　被告準備書面（2）（平成25年3月7日付）　　　　　　　　62
　Ⅴ　第5回期日（平成25年4月18日）までの双方主張
　　1　原告第4準備書面（平成25年4月10日付）　　　　　　　　68
　　2　原告第5準備書面（平成25年4月15日付）　　　　　　　　81
　　3　被告準備書面（3）（平成25年4月18日付）　　　　　　　87
　Ⅵ　第6回期日（平成25年5月30日）までの双方主張
　　1　原告第6準備書面（平成25年5月27日付）　　　　　　　　92
　　2　原告第7準備書面（平成25年5月29日付）　　　　　　　100
　　3　被告準備書面（4）（平成25年5月30日付）　　　　　　100
　Ⅶ　第7回期日（平成25年7月25日）までの双方主張
　　1　原告第8準備書面（平成25年7月25日付）　　　　　　　101
　　2　被告準備書面（5）（平成25年7月25日付）　　　　　　113
　Ⅷ　第8回期日（平成25年9月20日）までの双方主張
　　1　被告準備書面（6）（平成25年9月20日付）　　　　　　119
　Ⅸ　第9回期日（平成25年11月28日：証拠調）　　　　　　　　124
　Ⅹ　第10回期日（平成26年1月21日）
　　1　原告第9準備書面（平成26年1月15日付）　　　　　　　124
　　2　被告準備書面（7）（平成26年1月21日付）　　　　　　139

第2　一審判決　　　　　　　　　　　　　　　　　　　　　152

第3　控訴審
　1　控訴理由書（平成26年5月29日付）　　　　　　　　179
　2　控訴答弁書（平成26年6月24日付）　　　　　　　　200
　3　控訴人控訴準備書面（1）（平成26年7月18日付）　　216
　4　控訴人控訴準備書面（2）（平成26年7月18日付）　　219
　5　控訴人控訴準備書面（3）（平成26年7月18日付）　　228

第4　控訴審判決　　　　　　　　　　　　　　　　　　　　231

第5　銀行の販売した為替デリバティブの具体的商品特性
　1　被告が販売した為替デリバティブの評価レポート　　　　260
　2　本件契約1　　　　　　　　　　　　　　　　　　　　261
　3　本件契約2　　　　　　　　　　　　　　　　　　　　264
　4　本件契約3　　　　　　　　　　　　　　　　　　　　268
　5　本件契約4　　　　　　　　　　　　　　　　　　　　273

第6　一審判決事実認定を前提とする意見書　　　　　　　　276

　書証一覧　　　　　　　　　　　　　　　　　　　　　　287

　一審判決別表　　　　　　　　　　　　　　　　　　　　290

第1 第一審

第1 第1審
I 第1回期日(平成24年10月3日)までの双方主張
1 訴状(平成24年8月13日付)

請求の趣旨

1 被告は、原告に対し、金170,758,115円およびこれに対する訴状送達の翌日から支払い済みまで年5分の割合による金員を支払え。

2 訴訟費用は被告の負担とする。

との判決ならびに仮執行の宣言を求める。

第1 事案の概要

本件は、原告と被告との間で締結された通貨オプション3本(以下「本件契約1~3」)およびクーポンスワップ1本(以下「本件契約4」)について、この商品を原告に勧誘すること自体が金融商品取引法の定める狭義の適合性原則(同法40条)等に違反し、不法行為を構成するとして、本件各契約の締結時に原告が契約上の地位を引き受けたことによる損失金114,905,000円および契約上の地位に起因して原告に生じた為替差損金40,329,650円等の損害賠償を請求する事案である。

第2 当事者

原告は、昭和38年にAが個人で創業し、昭和47年12月に法人成りして設立された西陣織ネクタイの製造卸業の会社である。

原告は、ネクタイ業界の規模が縮小してきたことを受け、平成7年頃から、(略)徹底して自己資本比率を高めるとともに、安定した無借金経営を目指し、平成12年頃には完全無借金経営となった。

被告はAが個人創業した当時からの主要取引銀行であった。

原告は、被告との間で、別紙「契約年月日」欄記載の各日付で、本件契約1~4を締結した。

以下、第3~第4で、本件各契約の実態を述べ、第5で本件各契約がなぜ原告に提案されたかを述べる。第6~第7では、不法行為に当たる法的主張を整理し、損害については第8で述べる。

第3 通貨オプションの実態

1 本件契約1~3の概要

(1) 通貨オプション

本件契約1~3では、原告は、被告からドルを行使期日に行使価格で購入する権利(以下「コールオプション」)を購入している(甲2の第5条別紙B、甲3の第1条別紙A・

第7条別紙C、甲4の第1条別紙A・第2条別紙Cの各権利)。

この結果、原告は、ドルを行使期日に行使価格で購入する権利の主体となる。

逆に、原告は、本件契約1～3に基づき、被告に対し、ドルを行使期日に行使価格で売却する権利(以下「プットオプション」)を売却している(甲2の第1条別紙A、甲3の第5条別紙B、甲4の第1条別紙B・第2条別紙Dの各権利)。

この結果、原告は、被告がドルを行使期日に行使価格で売却する権利の主体となることの裏返しとして、被告に対しドルを行使期日に行使価格で購入する義務を負う。

本件契約1～3では、このコールオプションの購入とプットオプションの売却が複数かつ同時に一括してなされ、原告は、将来にわたって行使期日に行使価格でドルを購入する権利を保有すると共に、ドルを購入する義務を負う。

(2) 本件契約1～3に基づく権利行使の基本パターン

(一) 原告は、本件契約1～3に基づきコールオプションを保有するから、行使期日において、実勢相場が行使価格よりドル高円安(以下「円安」)であれば、コールオプションを行使してドルを購入する。

その結果、原告には、実勢相場と行使価格との差額について、為替差益が発生する。

逆に、原告は、行使期日において、その実勢相場が行使価格よりドル安円高(以下「円高」)であれば、コールオプションを行使しない。

(二) 他方、被告は、本件契約1～3に基づきプットオプションを保有するのであるから、行使期日において、その実勢相場が行使価格より円高であれば、プットオプションを行使してドルを購入する義務の履行を原告に求めるため、原告は被告からドルを行使期日に行使価格で購入することとなる。

その結果、原告には、実勢相場と行使価格との差額について為替差損が発生する。

逆に、被告は、行使期日においてその実勢相場が行使価格より円安であれば、プットオプションを行使しない。

(3) 本件契約1～3での各オプションのプレミアム(対価)

本件契約1～3において、原告は被告から購入したコールオプションについて購入代金(プレミアム金額)の支払債務を負い、逆に、原告は被告に対してプットオプションについて売却代金(プレミアム金額)の支払債権を有する。

しかし、本件契約1～3では、原告は、現実にはコールオプションの購入代金を被告には支払わず、逆に被告からプットオプションの売却代金も受け取らない。

すなわち、原告は、被告から、口頭による契約が成立した後、契約証書(甲2～甲4)の呈示を受け、コールオプションの購入代金およびプットオプションの売却代金が同額になるという説明を受けたからである(以下「ゼロコスト」)。

もっとも、後に詳述するように、本件契約1～3のコールオプションの購入代金および

第1　第一審

プットオプションの売却代金は、およそ同額になるはずがないほどその時価価値に開きがあった。

しかも、原告はデリバティブ取引（オプション）の価値もその評価の仕方も全く知らず、本件契約1～3が店頭取引であったため比較の対象もなく、価値の把握ができなかった。他方、被告はそのことを知っていた。

この点こそが、本件契約1～3の勧誘締結が不法行為を構成する。

2　本件契約1～3の時価（概要につき別紙契約時価一覧表参照）

（1）オプションの時価価値

一般にオプションの価値は、ブラック・ショールズ・モデルで計算される。

ブラック・ショールズ・モデルは本件各契約のようなデリバティブ商品を時価会計で計上する際の評価方法として一般に行われ、確立されているものである。また、銀行によるデリバティブ取引の商品の組成や、デリバティブ取引を中途解約する際の清算金の算定にも用いられる方法であり、デリバティブ商品の時価の評価方法として広く認められている手法である。

以下、ブラック・ショールズ・モデルにより算定されるオプションの価値を「時価」という。

（2）本件契約1

（一）コールオプションの時価

原告が、被告から、本件契約1に基づき購入したコールオプションの平成16年12月24日時点（本件契約1の締結日であり、甲6の評価基準時点でもある）での時価合計は3,383,000円である（甲6の12頁目表②購入したデジタルオプションの時価欄。なお千円未満は四捨五入、以下同じ）。

他方で、被告が本件契約1締結直後に示した購入代金は4,900,800円である（甲2の第5条別紙Bの表中記載の「プレミアム金額」欄記載の各金額を合計）。

被告呈示の購入代金と時価との差は1,517,800円である。

（二）プットオプションの時価

原告が、被告に対して、本件契約1に基づき売却したプットオプションの平成16年12月24日時点での時価合計は17,781,000円である（甲6の12頁目表①売却したプットオプションの時価欄）。

他方で、被告が本件契約1締結直後に示した売却代金は、上記（一）のコールオプションの購入代金と同じ4,900,800円である（甲2の第1条別紙Aの表中記載の「プレミアム金額」欄記載の各金額を合計）。

被告呈示の売却代金と時価との差は12,880,200円である。

（3）本件契約2

（一）コールオプションの時価

　原告が、被告から、本件契約２に基づき購入したコールオプションの平成１７年６月８日時点（本件契約２の締結日であり、甲７の評価基準時点でもある）での時価合計は金４，９０８，０００円である（甲７の１４頁目表①③の時価欄合計）。

　他方で、被告が本件契約２の締結直後に示した購入代金は金６，９３２，０００円である（甲３の第１条別紙Ａ・第７条別紙Ｃの表中記載の「プレミアム金額」欄記載の各金額を合計）。

　被告呈示の購入代金と時価との差は金２，０２４，０００円である。

（二）プットオプションの時価

　原告が、被告に対して、本件契約２に基づき売却したプットオプションの平成１７年６月８日時点での時価合計は金３３，６１１，０００円である（甲７の１４頁目表②の時価欄）。

　他方で、被告が本件契約２の締結直後に示した売却代金は、上記（一）のコールオプションの購入代金と同じ金６，９３２，０００円である（甲３の第５条別紙Ｂの表中記載の「プレミアム金額」欄記載の各金額を合計）。

　被告呈示の売却代金と時価との差は金２６，６７９，０００円である。

（４）本件契約３

（一）コールオプションの時価

　原告が、被告より、本件契約３に基づき購入したコールオプションの平成１８年９月２０日時点（本件契約３の締結日であり、甲８の評価基準時点でもある）での時価合計は金１，７８０，０００円である（甲８の１６頁目表①③の時価欄合計）。

　他方で、被告が本件契約３の締結直後に示した購入代金は金９，１６１，２０３円である（甲４の第１条別紙Ａ・第２条別紙Ｃの表中記載の「プレミアム」欄記載の各金額を合計）。

　被告呈示の購入代金と時価との差は金７，３８１，２０３円である。

（二）プットオプションの時価

　原告が、被告に対して、本件契約３に基づき売却したプットオプションの平成１８年９月２０日時点での時価合計は金４９，２２１，０００円である（甲８の１６頁目表②④の時価欄）。

　他方で、被告が本件契約３の締結直後に示した売却代金は、上記（一）のコールオプションの購入代金と同じ金９，１６１，２０３円である（甲４の第１条別紙Ｂ・第２条別紙Ｄの表中記載の「プレミアム」欄記載の各金額を合計）。

　被告呈示の売却代金と時価との差は金４０，０５９，７９７円である。

（５）小括

　本件契約１のコールオプションの時価に比して、プットオプションの時価は約５．２６

第1　第一審

倍、本件契約2では約6.85倍、本件契約3に至っては約27.7倍にもなっている。

一般に、コールオプションの時価とプットオプションの時価は、通貨オプションの行使価格が円高に設定されればされるほど差が小さくなり（コールオプションとプットオプションの価値が等価に近づく）、逆に行使価格が円安に設定されればされるほど差が広がる（コールオプションに比較してプットオプションの時価が大きくなる）関係にある。

この時価の開きは、以下に述べるように、原告が本件契約から得られる期待損益に直結する情報であり、デリバティブ契約をやるうえでの基本的な情報に該当するものである。

3　本件契約1～3の期待損益（概要につき別紙期待損益一覧表参照）

（1）本件契約1～3に基づく原告の取得するコールオプションの時価に比して、負担するプットオプションの時価が過大であることは、上記のようにそれぞれを時価評価すれば明らかとなる。

このコールオプションとプットオプションの時価の差が大きければ大きいほど、原告が、本件契約1～3に基づき将来得る期待損益は、原告にとって不利な結果となる。

（2）まず、本件契約1の期待損益は以下のとおりである（甲6）。

記

原告に発生する時価評価：▲14,397,000円（契約締結時）
原告の総損益の平均値：▲15,728,000円
最終損益がゼロ以上となる確率：30.5％（平均5,295千円）
最終損益がマイナスとなる確率：69.5％（平均▲24,967千円）
（以上、甲6の12、14、15頁参照）

次に、本件契約2の期待損益は以下のとおりである（甲7）。

記

原告に発生する時価評価：▲28,703,000円（契約締結時）
原告の総損益の平均値：▲31,834,000円
最終損益がゼロ以上となる確率：37.9％（平均7,455千円）
最終損益がマイナスとなる確率：62.1％（平均▲55,822千円）
（以上、甲7の14、17、18頁参照）

次に、本件契約3の期待損益は以下のとおりである（甲8）。

記

原告に発生する時価評価：▲47,441,000円（契約締結時）
原告の総損益の平均値：▲54,067,000円

最終損益がゼロ以上となる確率：４８．４６％（平均１,４７１千円）
最終損益がマイナスとなる確率：５１．５４％（平均▲１０６,２８３千円）
（以上、甲８の１６、１８、１９頁参照）
（３）小括
　本件契約１において、原告に最終的に差益が出る可能性（３０．５％）は、最終的に差損が出る可能性（６９．５％）の半分以下であり、差損が出る場合の平均額は２４,９６７,０００円であって、差益が出る場合の平均額の５,２９５,０００円の約４．７１倍であった（甲６の１５頁）。
　本件契約１は、結局、およそ３０％の確率で５２９万円ほど差益を得る可能性がある代わりに、およそ７０％の確率で２４９６万円ほど差損を被る可能性がある商品ということである。
　同様に、本件契約２において、原告に最終的に差益が出る可能性（３７．９％）は、最終的に差損が出る可能性（６２．１％）より低く、差損が出る場合の平均額は５５,８２２,０００円であって、差益が出る場合の平均額の７,４５５,０００円の約７．４８倍であった（甲７の１８頁）。
　本件契約２は、およそ４０％弱の確率で７４５万円ほど差益を得る可能性がある代わりに、およそ６０％強の確率で５５８２万円ほど差損を被る可能性がある商品ということである。
　同様に、本件契約３において、原告に最終的に差益が出る可能性（４８．４６％）は、最終的に差損が出る可能性（５１．５４％）より低く、差損が出る場合の平均額は１０６,２８３,０００円であって、差益が出る場合の平均額の１,４７１,０００円の約７２．２５倍であった（甲８の１９頁）。
　本件契約３は、およそ半分の確率で１４７万円ほど差益を得る可能性がある代わりに、およそ半分の確率で１億６２８万円ほど差損を被る可能性がある商品ということである。

４　まとめ
　原告が、仮に上記３で述べたような期待損益を知っていれば、本件契約１～３を締結することなど絶対になかった。
　一般に通貨オプションなどのデリバティブは、時価評価で経済的価値を判断するものであるところ、原告は、そのことを知らなかった。
　そのため、原告は、本件契約１～３の行使価格が不利に設定されていることも理解できず、結果として、被告との間で、自らが得るコールオプションの取得の対価として、過大なプットオプションを被告に渡す（権利による代物弁済）こととなった。
　また、原告は、上記本件契約１～３により、自らが得られる期待損益が上記のように原

第1　第一審

告に極端に不利になっていることも知らなかった。

　他方、被告は、本件契約1～3の商品設計のために、本件契約1～3の時価を算定しており、当然、原告にとって上記のように不利な期待損益となることを認識できた。

　本件契約3で例えるなら、原告は、サイコロで、「サイコロを振って、奇数の目が出たら平均147万円程度得られる代わりに、偶数の目が出たら平均1億628万円程度を失う」という条件となっている相対の勝負を、その条件を知らされないまま、被告にサイコロを振らされたようなものである（被告は当然この条件を知っていた）。

第4　クーポンスワップの実態
1　本件契約4の概要

　本件契約4（クーポンスワップ）は、いずれも長期間にわたり、円とドルを一定のレートで交換するという契約である（甲5）。

　原告は、本件契約4に基づき、各交換期日において、実勢相場が交換レートより円安であれば、被告との間で、交換レートで一定額のドルと円を交換する結果として為替差益を得ることになる。

　逆に、原告は、実勢相場が交換レートよりドル安円高（以下「円高」）であれば、本件各契約に基づき、被告との間で、ドルと円を交換する結果として為替差損を被ることになる。

　この部分だけ見ると、本件契約4は、交換レートより円安になれば差益を得ることができ、逆に円高になれば差損を被るというだけの商品であり、その経済効果は本件契約1～3と何ら変わらない。

2　本件契約4の時価（概要につき別紙契約時価一覧表参照）

（1）本件契約4は、原告と被告との間で、権利同士を交換しているとも見ることができる。

　すなわち、原告は、被告から、「交換レートより円安時に為替差益を得る権利」（コールオプション相当）の地位を受け取っている。

　逆に、被告は、原告から、「交換レートより円高時に為替差益を得る権利」（プットオプション相当）を受け取っており、その結果として、原告は、交換レートより円高時に被告に為替差損を支払う義務を負っている。

　本件契約1～3と同様に、本件契約4における上記各地位が仮に等価でなければ、原告から被告に、あるいは被告から原告に、各地位間の差額について清算金が支払われてしかるべきであるが、そのようなことはなされていない以上、上記各地位は等価という前提で、被告の方で商品設計されている。

（2）しかし、本件各契約における、原告が被告との間で交換した「交換レートより円安

時に為替差益を得る権利」(コールオプション相当)と「交換レートより円高時に為替差益を得る権利」(プットオプション相当)は、それぞれ時価評価すると、以下に述べるように、およそ等価とはいえないほどその価値に差があった。

記

①原告が被告から得た
「９９．９０円より円安時に為替差益を得る権利」の時価
→３０，０８２，０００円（甲９の１４頁）
②被告が原告から得た
「９９．９０円より円高時に為替差益を得る権利」の時価
→５４，４４６，０００円（甲９の１４頁）
③両者の時価の差額
２４，３６４，０００円（甲９の１４頁）

　つまり、原告は、本件契約４において、契約締結時３０，０８２，０００円の時価の権利を被告から取得する対価として、被告に対して契約締結時５４，４４６，０００円の時価の権利により（時価を知らないまま）代物弁済させられたのである。

　これら権利の契約締結時の時価は、契約内容である交換レートの設定如何で変化するものであり、交換レートを円高方向に設定すると上記③の両者の差額がゼロに近づき、逆に円安方向に設定すると上記③の両者の差額が広がることになる（これも本件契約１～３と同じである）。

３　本件契約４の期待損益（概要につき別紙期待損益一覧表参照）
（１）本件契約４に基づき原告が取得する「権利」の部分に比して負担する「義務」の部分が過大であることは、上記のようにそれぞれを時価評価すれば明らかとなる。
　この「権利」と「義務」の時価の差が大きければ大きいほど、原告が、本件契約４に基づいて将来得る期待損益は、以下の通り、原告にとって不利な結果となる。
記
原告に発生する時価評価：▲２４，３６４，０００円
原告の総損益の平均値：▲３１，９４４，０００円
最終損益がゼロ以上となる確率：３６．４％（平均金４７，５１１千円）
最終損益がマイナスとなる確率：６３．６％（平均金▲７７，３３９千円）
（以上、甲９の１４、１５、１６頁参照）

（２）本件契約４において、原告に最終的に差益が出る可能性（３６．４％）は、最

第1　第一審

終的に差損が出る可能性（６３.６％）の約半分であり、差損が出る場合の平均額は７７，３３９，０００円であって、差益が出る場合の平均額の４７，５１１，０００円の約１.６２倍であった（甲９の１６頁）。

　本件契約４は、結局、およそ３分の１強の確率で４７５１万円ほど差益を得る可能性がある代わりに、およそ３分の２弱の確率で７７３３万円ほど差損を被る可能性がある商品ということである。

　原告は、仮に上記３で述べたような期待損益を知っていれば、本件契約４を締結することなどなかった。

　一般にクーポンスワップなどのデリバティブは、時価評価で経済的価値を判断するものであるところ、原告は、そのことを知らなかった。

　そのため、原告は、本件契約４の交換レートの妥当性についても判断することができず、結果として、被告との間で、自らが得る「権利」に比較して過大な「義務」を知らない間に負担することになった。また、原告は、上記交換により、自らが得られる期待損益が上記のごとき原告に極端に不利になっているということにも気付けなかった。

　他方、被告は、本件契約４の商品設計のために本件契約４の時価を算定しており、当然、原告にとって上記のごとき不利な期待損益となることを認識していた。

　原告は、サイコロで例えるなら、「サイコロを振って、１か２の目が出たら平均４７５１万円程度得られる代わりに、３、４、５、６の目が出たら平均７７３３万円程度を失う」という条件となっている相対の勝負を、その条件を知らされないまま、被告にサイコロを振らされたようなものである（被告は当然この条件を知っていた）。

第５　被告の提案理由
１　被告の勧誘理由
　被告は、このような商品を、原告の事業には円安の為替リスクがあり、それをヘッジしなければならないとして勧誘している。

　しかし、以下に述べるように、原告の事業には円安の為替リスクなどない。

２　原告の事業には円安の為替リスクなどないこと
（１）原告は、西陣織ネクタイの製造卸会社であり、白生地を仕入れ、製造加工し、そして商社へ販売するというのが大まかな流れである。

　原告の仕入先は、（略）など、すべて日本国内の企業であり、仕入代金の支払いはすべて円で支払われる。

　もっとも、原告の扱う白生地の中に、一部中国製の白生地もある。

　しかし、その量はわずか総仕入額の２～４％程度であり（甲１０）、その他はすべて国

産である。
(2) また、原告は、中国製、国産を問わず、製造加工した生地について、販売先に対し、白生地の仕入原価と製造加工にかかる費用に約２５％の利益を載せて販売している。

従って、多少の仕入原価や製造加工にかかる費用に変動があったとしても、変動分を販売価格に転嫁できる。

すなわち、中国製白生地の仕入価格上昇のリスクを負うのは、原告の販売先（ないしその先の消費者）であって原告ではない。

(3) さらに、原告は、製造加工のうち、西陣織等の外注加工に関してその一部を中国の会社（（略）、以下「中国外注先」）へ依頼している。

原告の中国外注先への支払いは、加工代が人民元建てで計算されて決まり、それを便宜上ＵＳドルに換算して支払っている。

しかし、中国外注先への支払いは、もっとも多かった平成１８年でも年間でおよそ２９００万円であり、原告の加工費の１割にも満たない極めて僅少な額である（支払額の年度毎の推移につき甲１０）。

(4) 結局、原告は、その事業上、円安の為替リスクなど負っていなかった。

3 被告の真の勧誘目的
(1) 本件各契約の被告側のメリット

まず前提として、本件各契約は、原告と被告の相対取引である。相対取引である以上、原告が契約締結時に被った時価評価損は、相対当事者である被告に、契約締結時点で時価評価益（収益）として計上される。

本件で言うと、原告は、本件契約１締結時点で１４，３９７，０００円、本件契約２締結時点で２８，７０３，０００円、本件契約３締結時点で４７，４４１，０００円、本件契約４締結時点で２４，３６４，０００円もの時価評価損を負うこととなった。

反面、被告はそれぞれに相当する時価評価益を収益として上げることとなった。被告の収益は、いわゆる銀行業務（融資による金利）の収益と比較しても莫大である。

被告は、被告支店の原告担当者を含め、当時、支店の成績をあげるため、競うようにして、為替デリバティブを、時価会計していない中小企業に対して勧誘していたのであろう。

それが行き過ぎた結果として、原告のごとき円安の為替リスクなどない事業を営む会社にも、リスクヘッジニーズをねつ造して契約締結させたのである。

被告が本件各契約を原告に勧誘した目的は、原告の事業のリスクヘッジのためではなく、自ら収益をあげるためとしか説明できない。

(2) 原告契約締結目的からみて不合理な特約の付加

第1 第一審

　ア　本件各契約には、下記の述べるように、原告の「円安の為替リスクをヘッジするため」という契約締結目的からみて、不合理な特約が付されている。

　イ　レシオ特約（本件契約2～4）

（ア）本件契約2～4では、行使価格よりドル安円高の場合についてのみ取引量が2倍になる特約がついているが（以下「レシオ特約」）、これは原告の契約締結目的に反する。

（イ）例えば、本件契約2において、円安の為替リスクヘッジに資するコールオプションを購入するために被告から提示されたプレミアム金額は6,932,000円（甲3）であるが、本件契約2で原告から被告に代物弁済されたレシオ特約付きのプットオプションの時価は33,611,000円であった（甲7の14頁）。

　しかし、甲7によると、レシオ特約を付けないプットオプションであってもその時価は16,805,000円であるから、原告としては、被告に対し、レシオ特約を付けないプットオプションによって代物弁済することも可能であったはずである（当然、6,932,000円の金銭による弁済も可能であったはずである）。

　にもかかわらず、原告が、被告呈示のままに、レシオ特約付きのプットオプションで代物弁済することになった理由は、被告が、レシオ特約を付けることで、原告から受取るプットオプションの価値を16,805,000円高め、原告がその分為替リスクを過剰に引き受けるのと引き換えに、被告の収益を増大させようとしたからに他ならない。

　本件契約3でも、原告は、被告から9,161,203円と提示されたプレミアム金額（甲4）のコールオプションを購入するために、レシオ特約を付けないプットオプション（甲8：時価は24,781,000円）で代物弁済することも、金銭で支払うことも可能であったにもかかわらず、レシオ特約付のプットオプション（甲8：時価49,221,000円）で代物弁済することで、為替リスクを過剰に引き受けさせられている。

　従って、レシオ特約は、被告の利益のために原告に大きなドル安円高の為替リスクを負わせるものであり、レシオ特約の付された本件契約2～4は原告の契約締結目的に沿わないものである。

　ウ　ペイオフ特約（本件契約1～2）

（ア）本件契約1～2は、行使価格より円安の場合、一定価格しか受け取れないという特約（以下「ペイオフ特約」）が付されている。

　これも、原告の契約締結目的に沿わないものである。

（イ）例えば、本件契約1において、ペイオフ特約付のコールオプションを購入するために被告から提示されたプレミアム金額は4,900,800円（甲2）であるところ、本件契約1で原告から被告に代物弁済されたプットオプションの時価は17,781,000円であった（甲6の12頁）。

　しかし、甲6によると、ペイオフ特約を付けないコールオプションであってもその時価

は１６，６４２，０００円（甲６の１３頁）であることから、被告としては、原告に対し、プットオプションの対価として渡すコールオプションにペイオフ特約をつけないことも可能であったはずである。

にもかかわらず、被告が、原告に対し、自らが受け取るプットオプションの対価であるコールオプションにペイオフ特約を付した理由は、原告に渡すコールオプションの価値を１３，２５９，０００円下げることで、原告がその分為替リスクヘッジを受けられなくすることと引き換えに、自らの収益を増大させようとしたとしか説明できない。

本件契約２でも、被告が、原告に渡すコールオプションの価値を２２，９０６，０００円下げることで（甲７の１５頁「①行使日判定ＫＯ③デジタル→①プレインバニラ③なし」欄参照）、原告がその分為替リスクヘッジを受けられなくすることと引き換えに、自らの収益を増大させようとしたとしか説明できない。

従って、ペイオフ特約は、被告の利益のために原告の為替リスクヘッジ効果を減殺するものであり、ペイオフ特約の付された本件契約１～２は原告の契約締結目的に沿わないものである。

エ　ノックアウト特約（本件契約３）

(ア) 本件契約３のノックアウト特約（一定額以上円安になった場合に契約が消滅する）は、原告にとって為替リスクを回避すべき円安の場面（原告にとって契約がまさに真価を発揮すべき場面ともいえる）で、契約自体がなくなるというものであり、本件契約３が原告の円安の為替リスクを回避するという契約目的に反する。

(イ) しかも、甲８によると、本件契約３において、最終回までにノックアウトしなければ（ノックアウトしない確率４７．５８％）平均で１１４，１７１，０００円の為替差損を被ることから、ノックアウトしなければ、つまり円安方向に為替相場が動かなければ、原告に莫大な為替差損をもたらす商品となっている。ノックアウトしない場合、原告は９９．８７％の確率で１１４，３２０，０００円の為替差損を被るというシミュレーション結果となっている。

つまり、被告の提案によると、原告は、円安の為替相場に動くリスクを回避するために、為替相場がノックアウト価格に到達しなければ（つまり円安の為替相場に動かなければ）１００％に近い確率で莫大な為替差損を被るという本件契約３を導入させられているのである。

原告は、いわば、「円安の為替相場になってしまったときのリスク」を回避するために、「円安の為替相場になりノックアウトしなければ、ほぼ確実に莫大な為替差損を被る」という商品を導入させられているのである。

従って、ノックアウト特約は、原告の契約締結目的に沿わないものである。

（３）原告契約締結目的からみて不合理な契約期間の長さ

第1　第一審

ア　本件各契約の契約期間は、契約締結から取引終了まで約10年と極めて長期に設定されており（銀行が扱うこの種の商品で10年を超えるものは存在しない）、原告は向う10年間にわたるドル円相場という予測不可能なものに拘束される。

その結果、原告は、10年もの長期間にわたり、円高の為替リスクを引き受け、無制限の損失を被る危険性を負う。

原告にとって、為替リスクの回避に資するコールオプションの一括購入だけをとってみても、10年先までの契約額相当のドル建て債務の発生が確定しているというような例外的な事情がない限り、長期間分のコールオプションを一括して購入する必要性は乏しい。原告には、10年先までの契約額相当のドル建て債務が確実に発生する事情どころか、10年先までの具体的な事業計画もなかったのであるから、尚更である。

ましてや、原告にとって、10年先までのプットオプションを一括売却することは、無制限の損失を被る円高の為替リスクを長期間にわたって新たに負い続けることになるのであるから、不必要どころか有害でさえある。

イ　被告は、例えば、本件契約1～3を組成するにあたり、行使価格を本件契約1～3と同じ額に設定し、かつ期間を短期に設定することで原告が為替リスクに拘束される期間を短くすることも可能であったはずである（甲6の13頁、甲7の15頁、甲8の17頁）。

例えば、本件契約1であれば3年11か月、本件契約2であれば3年7か月、本件契約3であれば2年6か月の期間であっても、商品としては成立しえたのである。

にもかかわらず、被告が本件各契約を組成するにあたって期間を10年としたのは、原告により長期間にわたるドル安円高の為替リスクを引き受け続けさせることで、自らの収益を増加させるためとしか説明できない。

加えて、本件各契約は原則として中途解約できず、被告の同意を得て中途解約する場合であっても、被告の言い値の解約金を支払わなければならない。

この解約料の算定方法については、実際に要する解約料は被告が別途計算することとなり、原告には独自に検算しうるだけの算定方法すら明示されておらず、極めて不明瞭かつ不合理である。

ウ　以上、本件各契約は、相手方の収益増加のためだけに契約期間が約10年と極めて長期に設定されている点、その間の中途解約が原則不可である点、中途解約に際しての解約金を事前に具体的に想定し得ない点で、長期間円高の為替リスクに晒されるものであり、原告の契約締結目的に沿わないものである。

第6　適合性原則違反（不法行為の違法性）

1　狭義の適合性原則違反

金融商品取引法第40条1号は、金融商品取引業者等は、業務の運営の状況が「金融商

品取引行為について、顧客の知識、経験、財産の状況及び金融商品取引契約を締結する目的に照らして不適当と認められる勧誘を行って投資者の保護に欠けることとなっており、又は欠けることとなるおそれがあること。」に該当することのないように、その業務を行わなければならないと規定する。

また、金融商品販売法8条は、「金融商品販売業者等は、業として行う金融商品の販売等に係る勧誘をするに際し、その適正の確保に努めなければならない。」とし、同法9条は「金融商品販売業者等は、業として行う金融商品の販売等に係る勧誘をしようとするときは、あらかじめ、当該勧誘に関する方針（以下「勧誘方針」という。）を定めなければならない。」とする。

これらの条項から、被告は、顧客である原告の知識、経験、財産の状況および金融商品取引契約を締結する目的に照らして不適切な商品・取引については、（いかに説明を尽くしたとしても）そもそも販売・勧誘を行ってはならないという（狭義の）適合性原則が導かれる。

この適合性原則は、既に、金融商品取引において遵守すべき法的注意義務として確立しているから、適合性原則からの逸脱が著しい場合には民事上も違法となり不法行為を構成する（最高裁平成17年7月14日判決（民集59巻6号1323頁））。

2　平成17年最高裁判決

同最高裁判決は、顧客に対する説明が尽くされていたか否かではなく、当該商品が当該顧客に販売するに不適切なものでなかったか否かの判断を行っており、狭義の適合性原則からの著しい逸脱の有無の観点から判断し、証券会社の担当者が①顧客の意向と実情に反して、②明らかに過大な危険を伴う取引を、③積極的に勧誘するなど、適合性の原則から著しく逸脱した証券取引の勧誘をしてこれを行わせたときは、当該行為は不法行為法上も違法となるとする。

3　本件について

（1）被告は、第5で述べた円安の為替リスクなどない事業を営む原告に対して、円安の為替リスクをヘッジできるとして勧誘しており、①顧客の意向と実情に反していることは明らかである。

（2）また、被告は、原告に対し、結果として、円安の為替リスクの回避に資するコールオプション（ないしコールオプション相当）の対価として、それより最大で約27倍も時価のあるプットオプション（ないしプットオプション相当）を引き受けさせたのであるから、この点でも①顧客の意向と実情に反して②明らかに過大な危険を伴う取引であることは明らかである。

第1　第一審

　　また、被告は、リスクヘッジ商品として本件各契約を設計したが、本件各契約は原告に不利な期待損益になっており、そのことを知らない原告に契約させるのは、②明らかに過大な危険を伴う取引であることは明らかである。

（３）被告は、本件各契約について、収益を上げるのに熱心になるあまり、原告を勧誘し契約締結せしめたのであり、また、本件各契約を締結することでメリットがあるのは原告ではなく被告であることは第５で述べた通りであるから、③積極的に勧誘した場合に該当することは明らかである。

（４）従って、被告が、原告に対して、本件契約を勧誘し、契約締結に至らしめたことは、狭義の適合性の原則に違反し不法行為となることは明らかである。

第７　金融商品取引法上の違法性（不法行為の違法性）
　１　手数料開示義務違反

　　金商法は、金融商品取引業者等が金融商品取引契約を締結しようとするときは、原則として、「手数料、報酬、その他の当該金融商品取引契約に関して顧客が支払うべき対価に関する事項であって内閣府令で定めるもの」（金商法第３７条の３第１項４号）を記載した書面を交付しなければならないと規定し、これを受けた平成１９年９月３０日施行の金商業等府令８１条は、「「法第三十七条の三第一項第四号に規定する内閣府令で定めるものは、手数料、報酬、費用その他いかなる名称によるかを問わず、金融商品取引契約に関して顧客が支払うべき手数料等の種類ごとの金額若しくはその上限額又はこれらの計算方法（当該金融商品取引契約に係る有価証券の価格、令第十六条第一項第三号に規定するデリバティブ取引等の額若しくは運用財産の額に対する割合又は金融商品取引行為を行うことにより生じた利益に対する割合を含む。以下この項において同じ。）及び当該金額の合計額若しくはその上限額又はこれらの計算方法とする。ただし、これらの記載をすることができない場合にあっては、その旨及びその理由とする。」とし手数料を記載することを義務付けている（甲１１）。

　　このような手数料開示義務が定められた趣旨は、金融商品が自らに有用かどうかを判断する際には、まず当該金融商品に関してどれほどの手数料が必要なのかがわからなければ適切な判断をすることができないからである。

　　特に、本件各契約のような店頭デリバティブ取引は、その価格が一般に公開された市場で形成されないので、それを組成・販売する側（相手方）は、取引の相手方（原告）が当該取引の対象となったデリバティブ取引の対価の当否、手数料の多寡を判断することができないことに乗じて、実質的に金融商品の中に手数料を織り込むことで、取引相手に気づかれずに際限なく手数料を得ることが可能になるから、そのような事態を防ぐためであると考えられる。

被告は、本件各契約の締結に伴い、本件各契約の実質的な手数料に相当する時価評価損について説明せず、提案書にも記載しなかった。

被告は、このように説明をしなかったことにより、原告に本件各契約をしてこのような多大な手数料負担はないものと誤信させて、契約締結に至らしめ、結果として多額の収益をあげたのである。

従って、被告が本件各契約を勧誘し契約締結に至らしめたことは、金融商品取引法に反する説明義務違反があり、この意味でも不法行為に該当することは明らかである。

なお、被告の本件各契約の勧誘は、上記金商法・金商業等府令の施行前になされたものではあるが、同府令は、民法上の契約に付随する信義則上の説明義務違反の内容を確認の意味で明文化したものに過ぎないから、同勧誘が信義則に反し違法であったことは明らかである

2　刑事罰にも相当

金商法第157条は、「何人も、次に掲げる行為をしてはならない。」として不正行為の禁止を定め、その第2号で「デリバティブ取引等について、重要な事項について虚偽の表示があり、又は誤解を生じさせないために必要な重要な事実の表示が欠けている文書その他の表示を使用して金銭その他の財産を取得すること」を挙げ、これに反した場合は「十年以下の懲役若しくは千万円以下の罰金に処し、又はこれを併科する」としている（金商法第197条）。

被告は、本件各契約の勧誘時に、原告に対し、そもそも本件各契約を契約締結することで多額の時価評価損が原告に発生することを表示していない。

しかし、原告にとって、本件各契約の締結にあたり、契約締結時点での時価評価損こそが、本件各契約における原告の期待損益に直結する情報であり、契約を締結すべきかどうかを判断するうえでの最重要事項である。

にもかかわらず、被告はこれを表示せず、多額の収益をあげている。

これは上記金商法第157条第2号の構成要件のうち、少なくとも「誤解を生じさせないために必要な重要な事実」であるデリバティブ取引の時価の「表示が欠けている文書を使用して」、収益（評価益）という「金銭その他の財産」を「取得すること」に該当する。

このように、被告が本件各契約を勧誘し契約締結に至らしめたことは、金融商品取引法の刑事罰にさえ反するものであり、この意味でも不法行為に該当することは明らかである。

第8　損害

原告が本件各契約により被った損害は、まず、本件各契約の契約締結時点でのコールオプション（コールオプション相当分）とプットオプション（プットオプション相当分）と

第1　第一審

の差額合計１１４，９０５，０００円である。
　また、原告は、本件各契約に基づき不利なプットオプションを抱えた結果として、契約締結後から決済停止までの各権利行使により４０，３２９，６５０円の為替差損を被った（甲１２）。
　原告の損害は、これら合計金１５５，２３４，６５０円に、弁護士費用１割（金１５，５２３，４６５円）を加えた金１７０，７５８，１１５円を下らない。

第9　まとめ
　よって、請求の趣旨記載の判決を求める。

2　被告答弁書（平成２４年１０月３日付）

第1　請求の趣旨に対する答弁
原告の請求を棄却する。
訴訟費用は原告の負担とする。
との判決を求める。

第2　請求の原因に対する答弁
1「第1事件の概要」について
第1は否認し、争う。

2「第2当事者」について
（1）第2の第1段は認める。
（2）第2の第2段のうち、本件各契約当時原告が無借金経営であったことは認める。その余は不知。
（3）第2の第3段は認める。ただし、原告の主要取引銀行としては、被告以外にも地元の地方銀行があった。
（4）第2の第4段は認める。ただし、正確には、原告と本件契約１及び２を締結したのは、被告と合併する前の旧株式会社ＵＦＪ銀行である。また、本件契約４はオプション契約ではなくスワップ契約であるので、「行使価格」とあるのは用語としては「交換レート」が正しい。
　なお、原告は、被告（旧ＵＦＪ銀行）との間で、本件各契約（訴状別紙の４件の契約）以外にも、平成１６年６月２日付けで米ドル・円のクーポンスワップ契約を、平成１７年６月８日付けで米ドル・円のレバレッジ型クーポンスワップ契約をそれ

ぞれ締結しており、いずれの契約も平成19年2月28日に終了している。被告による一定の前提の下での試算（シミュレーション）によれば、これらの契約によって、原告は、それぞれ745万2000円と1322万9750円の利益を受けている。
（5）第2の第5弾は認否の限りではない。

3　「第3通貨オプションの実態」以降については、おって認否する。

3　原告第1準備書面（平成24年10月3日付）

第1　背景事情（勧誘の経緯）
1　本件各契約の締結前の経緯
　そもそも、原告が本件各契約を契約締結するに至ったのは、原告が、平成16年5月頃、中国工場に、染織加工に必要な機械（（略）他）の運搬に必要な費用として、10,000ドルを送金する必要が急遽生じたため、上記送金について、同月、被告に相談したことに端を発する。
　原告からの相談を受け、被告担当者Cは、同年6月1日、原告代表者A（当時61歳）および原告経理担当のBと約1時間ほど面談し、解約権付スワップ取引の提案をした（以下「訴外契約1」、甲13）。
　原告は、訴外契約1以前に、為替デリバティブ等の金融商品を購入したことはまったくなく、しかも喫緊で送金する必要があるのは金10,000ドルかつ1回きりであり、なぜ、被告が訴外契約1のような契約を勧誘するのか理解できなかった。
　しかし、Cは、今後の為替相場に関する見通しを伝え、為替が円高になった場合の訴外契約1のリスクに関する具体的な説明をしなかった。
　そこで、原告としては、中国工場への機械運搬が終了し、中国工場での生産が軌道に乗った場合には、将来的に（規模および通貨、金額はまったく未定であるものの）月々の委託加工費をドル建てで支払う可能性もないわけではなかったことから、被告がいわゆるメガバンクであり、かつ原告にとって創業以来の取引銀行であることも踏まえ、平成16年6月2日、訴外契約1を締結した。
　なお、被告は、平成19年2月、円安に相場が変動したことから、訴外契約1を解約したため、訴外契約1は終了している。

2　本件契約1～3および訴外契約2
　その後、Cは、Aらに対し、次々に本件契約1～3（甲2～4）および解約権付スワ

第1　第一審

ップ取引（平成17年6月8日付契約、以下「訴外契約2」甲14）を提案したため、契約締結することとなった。

なお、被告は、平成19年2月、円安に相場が変動したことから、訴外契約2を解約したため、訴外契約2は終了している。

3　本件契約4

平成19年3月中旬頃、被告担当者D（上記2までの担当者とは交代）は、Aらに対し、本件契約4を提案した（甲5）。

原告は、当時、中国への加工委託業務が極端に減少し、ドルで支払っていた加工委託費も減少していたため、被告に何度も断りを入れた。

しかし、Dは、訴外契約1、2が終了したのだから是非追加で導入するようにと非常に熱心な勧誘をして契約を迫ってきたので、原告としては断ることができなくなった。

最終的に、Dは、Aらと応接室で面会中、Aがなおも契約締結をためらっていたにもかかわらず、原告応接室より、Aらの面前で、直接携帯電話で銀行の支店ないし本部と思われる先に架電し、電話でのやり取りの中で、向かいに座るAらにも聞こえる大声で「はい、契約が取れました」などと言った。

Aは、被告のあまりの強引な手法に怖くなり、面会の翌日、被告に電話をして本件契約4の契約をしたくない旨再度伝えたが、被告は「昨日、その場で電話での契約が成立しているので、キャンセルは出来かねます」と述べてこれを拒否した。

原告は、やむなく、本件契約4を締結した

4　個人保証

平成19年9月18日、Dは、原告のもとを訪れ、Aに対し、極度額10億円の連帯保証をするよう述べた。

Aとしては、そのような個人保証を求められる心当たりがなく困惑し、その理由を問いただしたところ、Dは、本件各契約をしたから必要になったなどと述べた。

Aは、訴状でも述べたとおり完全無借金経営を目指し、平成12年頃にはそれを達成するなど、借金をしない経営方針を貫いてきたため、本件各契約に個人保証が必要であるという認識はまったくなく、寝耳に水であり大いに驚いた。

しかし、Dより本件各契約を契約したのだから必要だといわれると、すでに本件各契約を締結してしまっている以上返す言葉もなく、Aは、被告に対し、個人保証をした。

II 第2回期日(平成24年11月21日)までの双方主張
1 被告準備書面(1)(平成24年11月21日)

第1 訴状の請求の原因に対する答弁(続き)
 1 「第3 通貨オプションの実態」について
(1) 1項(本件契約1~3の概要)の(1)(通貨オプション)は認める。ただし、本件契約1、本件契約2で実勢為替相場が89.90円/ドル以上の米ドル高円安の場合及び本件契約3の前半期間においては、原告がコールオプションを行使した場合には、米ドルを直接受け取るのではなく、行使差額(ペイオフ金額)を円貨で受け取ることになる。
(2) 1項の(2)(本件契約1~3に基づく権利行使の各パターン)は認める。
(3) 1項の(3)(本件契約1~3での各オプションのプレミアム(対価))について
 ア (3)の第1段は認める。
 イ (3)の第2段は認める。
 ウ (3)の第3段は否認する。被告は、口頭による契約が成立する前に、原告に対し、コールオプションの購入代金とプットオプションの売却代金が同額になること、すなわち本件各契約がゼロコスト型であることを説明している。
 エ (3)の第4段は否認する。
 オ (3)の第5段のうち、原告の認識は不知、被告の認識は否認する。
 カ (3)の第6弾は争う。
(4) 2項(本件契約1~3の時価)の(1)(オプションの時価価値)について
 ア (1)の第1段および第2段は争わない。
 イ (1)の第3段については認否の限りではない。ただし、原告が、ブラック・ショールズ・モデルで算出された通貨オプションの時価評価を「公正価値」との用語で呼称することは、誤解を招きかねない用語法であり、適切ではないと思料する。
　　原告は、デリバティブ取引の時価評価について、それが当該デリバティブ取引におけるリスクの大きさを、したがって、契約当事者が将来利益もしくは損失を受ける確率及び発生する利益もしくは損失の大きさ(期待損益)を示すものであるとの理解を前提として、時価評価のことを、上記のような意味を持つものとして「公正価値」との用語で呼称しているものと考えられる。また、上記理解を前提として、時価評価は、デリバティブ取引の契約の締結意思の判断に際しての最重要の考慮要素であるから、被告は、本件各契約の勧誘時に、原告に対し本件各契約の時価評価を説明する義務があったと主張するものと考えられる。
 ウ しかし、そもそも、原告の上記理解が誤りであり、デリバティブ取引の時価評価は、

第1 第一審

そのデリバティブ取引におけるリスクの大きさや、契約当事者が将来損失を受ける確率及び発生する損失の大きさを示すものではない。

エ また、為替予約に使用されるフォワードレート(先渡しレート)とは、基準となる時点でのスポット取引相場と、米ドルと円の金利差から機械的に決まるものであって、将来現実の為替相場が必ずそのレートになるという意味を全く持たないのはもちろんのこと、将来現実の為替相場がそのレートもしくはこれに近いレートになる蓋然性が高いという意味も持たない。将来の現実の為替相場は、フォワードレートとは無関係に決まるものである。

オ その結果、契約締結時における時価評価額がマイナスであっても、契約締結後の為替相場の動向によっては、実際の決済による損益がプラスになることがあるし、逆に、契約締結時における時価評価額がプラスであっても、実際の決済による損益がマイナスになることがある。このように、実際の決済から生ずる損益は、もっぱら契約後の為替相場の動向により左右されるものであり、契約時における時価評価により決まるものではない。契約の時価評価という問題と現実の為替レートとは関わりがなく、逆に契約時の時価評価は、その後の為替変動の影響を受けないものなのである。

カ この点について、山下章太公認会計士の著書「金融マンのための実践デリバティブ講座」(中央経済社)では、金利スワップを例に、「デリバティブ取引においては、『将来の金利が5％になる』ことや『将来の為替レートが1ドル60円になる』ことは、一切関係ありません。実際に、1ドル60円になってもならなくてもいいのです。」「金利スワップは、契約条件に応じて、決済時点における決済額と時価評価額には、何の関係もありません」「…受取額と支払額を計算するために、現在の金利水準を基に将来金利を計算し、時価評価を行っていましたが、これはあくまで計算上の仮定であり、将来の金利水準を想しているわけでも、将来の決済額を予想しているわけでもありません」「たまに大きな誤解があるようなのですが、時価評価で用いている前提は、金融工学における前提(裁定取引ができないという大前提)を利用して計算しているだけで、将来の金利とも決済額とも何の関係もないのです」「決済額と時価評価額には何の関係もないことに注意して下さい」との説明がされ(乙1号証125頁〜127頁。アンダーラインも原文のまま)、デリバティブ契約に基づく決済額と時価評価との間には関連性がないとされている。

この論述は、直接的には金利デリバティブについて述べているが、為替デリバティブについても等しく妥当する。

キ このように、デリバティブ取引の時価評価は、実際の決済に基づく決済額や為替リスクヘッジ機能には影響を及ぼさないのであり、デリバティブ取引の基本的部分ないし重要部分をなすものではない。したがって、被告は原告に対し、本件各契約の締

結にあたり、各契約の原告にとっての時価評価額や被告の収益（実質的な手数料部分）に係る説明を行う義務を負うことはないのであって、原告の主張は失当である。

(5) 2項の(2)（本件契約1）について
　ア (2)の(一)のうち、被告が本件契約1のコールオプションの購入代金として４９０万０８００円を示したことは認め、その余は否認する。
　イ (2)の(二)のうち、被告が本件契約1のプットオプションの売却代金として４９０万０８００円を示したことは認め、その余は否認する。
(6) 2項の（訴状8頁から始まる）(3)（本件契約2）について
　ア (3)の(一)のうち、被告が本件契約2のコールオプションの購入代金として６９３万２０００円を示したことは認め、その余は否認する。
　イ (3)の(二)のうち、被告が本件契約2のプットオプションの売却代金として６９３万２０００円を示したことは認め、その余は否認する。
(7) 2項の（訴状9頁から始まる）(3)（本件契約3）について
　ア (3)の(一)のうち、被告が本件契約3のコールオプションの購入代金として９１６万１２０３円を示したことは認め、その余は否認する。
　イ (3)の(二)のうち、被告が本件契約3のプットオプションの売却代金として９１６万１２０３円を示したことは認め、その余は否認する。
(8) 2項の(4)（小括）について
　ア (4)の第1段は否認する。
　イ (4)の第2段は、「公正価値」が単なる時価評価の意味であれば、認める。
　ウ (4)の第3段は否認する。
(9) 3項（本件契約1～3の期待損益）は否認する。
(10) 4項（まとめ）のうち、被告が本件契約1～3の「時価評価額」を算定していたことは認める。その余は否認する。

2「第4　クーポンスワップの実態」について
(1) 1項（本件契約4の概要）は認める。
(2) 2項（本件契約4の時価）について
　ア 2項の(1)は、経済的・実質的には原告の主張のような説明も可能であることは争わない。ただし、法律上は、クーポンスワップ契約は、あくまでも、両当事者間であらかじめ決められた額の円貨の支払いと米ドルの支払い（キャッシュ・フロー）とを交換することを約する交換（民法５８６条）または交換類似の契約である。
　イ 2項の(2)のうち、クーポンスワップ契約においては交換レートの設定如何で「時

第1 第一審

価評価額」が変化することは認める。その余は否認する。
（3） 3項（本件契約4の期待損益）のうち、被告が本件契約4の「時価評価額」を算定していたことは認める。その余は否認する。

3 「第5 被告の提案理由」について
（1） 1項（被告の勧誘理由）は否認する。
　被告は、平成16年5月ころ、原告のA社長から、原告は中国の企業に西陣織ネクタイ等の製造・加工を委託しており、従来は大部分を商社を介して間接的に仕入れていたが（いわゆる間接貿易）、昨年来の投資継続により、ようやく中国企業との本格的な直接貿易が開始し、その輸入・加工代金を米ドル建てで支払っている、今後も中国からの仕入額は増加傾向にある、為替変動の影響を受ける仕入額は間接貿易分・直接貿易分を合わせて年間約310万ドルであるとの説明を受けたうえ、A社長から為替リスクヘッジについて相談を受けたことから、訴外契約及び本件各契約を提案したものである。
（2） 2項（原告の事業には円安の為替リスクなどないこと）について
　ア　2項の（1）のうち、原告が西陣織ネクタイの製造卸会社であること及び原告の仕入商品の中に中国製の製品があることは認める。原告の仕入代金がすべて円で支払われることは否認する。その余は不知。
　イ　2項の（2）のうち、仕入原価や製造加工の費用が変動（上昇）しても原告が変動分をすべて販売価格に転嫁できることは否認する。その余は不知。原告は、仕入原価と製造加工費用に25％の利益を載せて販売先に対し販売しているから、多少の仕入原価や製造加工費用に変動があったとしても変動分を販売価格に転嫁できると主張するが、意味不明である。仕入価格にどの程度の利益を載せて販売しているかということと、仕入価格の上昇分を販売価格に転嫁できるかということは、なんらリンクしないはずである。仕入価格が上昇した場合、原告の利益を削減すれば、販売価格を変動させずに据え置くことは可能であろうが、それでは価格転嫁したことにはならない。
　ウ　2項の（3）の第1段及び第2段は認める。第3段は不知。
　エ　2項の（4）は否認する。
　オ　原告は、そもそも原告は米ドル高円安の為替リスクなど負っておらず為替ヘッジニーズはなかったと主張するが、もしそうであれば、原告が被告との間で本件契約1～4と訴外契約1及び2の全部で6本もの為替デリバティブ契約を行ったことの合理的な説明がつかない。
　　この点について、原告は、被告の担当者が熱心に勧誘したことや、被告がいわゆるメガバンクでありかつ原告にとって創業以来の取引銀行であったことから、不本意

ではあったが本件各契約を締結したものであると説明する。

しかし、原告も認めるとおり原告・被告間には融資取引はなく、本件各契約当時具体的な融資案件も存在していなかった。また、原告は、被告以外にも、地元の地方銀行との取引もあった。そのため、取引上の立場としては、むしろ原告の方が優位であって、被告は、原告に対し、不必要な為替デリバティブ契約を押し付けることができるような優越的な地位になどまったくなかったのであり、原告の説明は不合理である。

(3) 3項（被告の真の勧誘目的）の(1)について

3項の(1)のうち、本件各契約は原告と被告の相対取引であること、本件各契約の締結の結果、被告が、時価会計上の処理として、収益を計上していることは認める。その余は否認する。

(4) 3項の(2)について

ア (2)のアは否認する。

イ (2)のイのうち、本件契約2〜4では米ドル安円高の場合に取引量が2倍となるいわゆるレバレッジ特約（原告の用語法によれば「レシオ特約」）が付されていることは認め、その余の事実は否認し、法的主張は争う。

本件契約2〜4は、2倍のレバレッジ特約が付されていることとの見合いで、原告の権利部分の行使価格（通貨オプションの場合）または交換レート（クーポンスワップの場合）がそうでない場合と比べて原告に有利に設定されているものである。なお、訴外契約2も2倍のレバレッジ型である。したがって、契約内容の一部分だけを取り上げて有利・不利を論じるのは表面的である。

ウ (2)のウのうち、本件契約1及び2では行使価格よりも米ドル高円安の場合に原告が一定額のペイオフ金額しか受け取れないとの特約が付されていることは認め、その余の事実は否認し、法的主張は争う。

本件契約1及び2は、米ドル高円安の場合における原告の利益が一定額のペイオフ金額に限定されていることとの見合いで、原告の権利部分の行使価格がそうでない場合と比べて原告に有利に設定されているものである。したがって、契約内容の一部分だけを取り上げて有利・不利を論じるのは表面的である。

エ (2)のエのうち、本件契約3はノックアウト特約が付されていることは認め、その余の事実は否認し、法的主張は争う。本件契約3は、ノックアウト特約が付されていることと見合いで、原告の権利部分の行使価格がそうでない場合と比べて原告に有利に設定されているものである。したがって、契約内容の一部分だけを取り上げて有利・不利を論じるのは表面的である。

(5) 3項の(3)について

第1 第一審

ア （3）のアのうち、本件各契約の契約期間が約10年であること、向こう10年間の米ドル・円の為替相場が予測不可能であること、原告は10年間に亘り米ドル安円高の為替リスクを負うことは認める。その余の事実は否認し、法的主張は争う。

　本件各契約における理論上の原告の損失額は無制限ではなく、有限である。たとえば、本件契約1の場合、為替相場が行使価格である88.80円／ドルを超えた米ドル安円高になったときに原告が負うこととなる損失の算式は、1回あたり「2万ドル×（88.80円－実勢為替相場）」であるところ、理論上1ドル0円を超えてまで米ドル安円高が進行することはないし、本件契約1における取引回数は119回と決まっている。したがって、理論上、本件契約1による原告の損失の最大額は「2万ドル×（88.80円－0円）×119回」であり有限である。このことは本件契約1の基本的な仕組みを理解していれば、後は算数の知識と為替相場に関する基本的な理解があれば、容易に算出可能である。

　なお、上記の算式は、本件契約1を締結した翌月に突然為替相場が0円／ドルになったという現実的にはありえない場合（本件契約1締結時点でのスポット取引相場は103.70円／ドルであった）を想定したものである。

イ （3）のイのうち、本件各契約は各契約期間中は原則として中途解約ができないこと、被告の同意を得て中途解約する場合には被告の提示する解約清算金を支払わなければならない場合があることは認める。その余の事実は否認し、法的主張は争う。

ウ （3）のウは否認する。

　本件各契約の契約期間は、被告が原告と相談し、原告の意向（原告からは、「レート（行使価格）を有利にすることを重視する、そのために契約期間が10年となること（によるリスク）も許容できる」との意向表明もあった）を反映した上で、双方の合意で決まったものである。

エ　そもそも、期間の定めのある契約については、中途解約権を定めた特約もしくは法律の特別の規定がない限り、一方当事者が一方的に中途解約できないのが、法律上の原則である。そのことは、継続的契約の代表である賃貸借契約においても変わりはない（民法617条、618条、借地借家法38条5項参照。法律の特別の定めの例として、民法626条1項、628条）。したがって、中途解約が原則不可であるからといって、そのことを理由として法律上不当な契約であるとは評価できない。

　したがって、また、そもそも本件各契約は（原告の権利としては）中途解約ができないのであるから、原告が被告の同意を得て行う中途解約とは合意解約であるところ、相手方に義務のない合意解約を承諾してもらうためには、相手方に対し、中途解約に伴う相手方の損失を補償する必要があるのは当然である。このことは、本件各契約に限らずすべての契約に共通のことであり、取引社会においては常識に属す

ることである。たとえば、不動産賃貸借において、契約期間途中での賃貸人からの賃借人に対する立退き要求は、賃貸借契約の合意解約の申込みにほかならず、賃借人に立退き（合意解約）を応諾してもらうためには「立退料」の支払いが必要となる。しかも、「立退料」の金額は事前には想定できない。しかし、だからといって、賃貸借契約が不当な契約とされるわけではないし、賃借人による「立退料」の要求が不当と非難されることもない。

4 「第6 適合性原則違反（不法行為の違法性）」について
（1）1項（狭義の適合性原則違反）は認める。ただし、金融商品取引法が施行されたのは、本件各契約の締結日よりも後の平成19年9月30日である。
（2）2項（平成17年最高裁判決）は認める。
（3）3項（本件について）について
　ア　3項の（1）のうち、被告が原告に対し、米ドル高円安の為替リスクをヘッジできるとして本件各契約を勧誘したことは認め、その余は否認する。
　イ　3項の（2）は否認する。
　ウ　3項の（3）は否認する。
　エ　3項の（4）は争う。

5 「第7 金融商品取引法上の違法性（不法行為の違法性）」について
（1）1項（手数料開示義務違反）について
　ア　金融商品取引法及び金融商品取引業等府令の規定内容は認める。ただし、同法及び同府令が施行されたのは、本件各契約の締結日よりも後の平成19年9月30日である。
　イ　同法及び同府令によって手数料開示義務が定められた趣旨についての原告の主張及び同府令が民法上の契約に付随する信義則上の説明義務の内容を確認の意味で明文化したものであることはいずれも争う。
　　手数料開示義務が定められた趣旨は、金融商品の購入契約を締結しようと検討している者にとって必要な情報とは、当該金融商品を購入するためには要するに総額でいくら支払う必要があるかということであるところ、当該金融商品の対価（たとえば、株式を購入する場合の株価）がわかっても、対価とは別に必要となる手数料（たとえば、証券会社の手数料）の金額が不明であれば、総額でいくら支払う必要があるのかが不明だからである。原告が主張するように、「金融商品が自らに有用かどうかを判断する際には、まず当該金融商品に関してどれほどの手数料が必要なのかがわからなければ適切な判断をすることができないから」ではない。

第1　第一審

　　　　ましてや、デリバティブ取引は「それを組成・販売する側（相手方）は、取引の相手方（原告）が当該取引の対象となったデリバティブ取引の対価の当否、手数料の多寡を判断することができないことに乗じて、実質的に金融商品の中に手数料を織り込むことで、取引相手方に気づかれずに際限なく手数料を得ることが可能になるから、そのような事態を防ぐため」ではない。同法及び同府令には原告が主張するような趣旨はなく、上記は原告独自の特異な主張である。

ウ　被告が本件各契約の締結に際して原告にとっての時価評価額を逐一説明せず、提案書（取引説明書）にも記載しなかったことは認める。

　　ただし、被告は、本件各契約の締結にあたり、原告に対し、「本取引のご約定後、時価の通知をご希望される場合は当行担当者までお申し出ください」と記載された取引説明書を交付したうえで、口頭でもその旨を伝えたが、原告からは、希望はなかった。

エ　被告による本件各契約の勧誘に金融商品取引法に反する説明義務違反があり、不法行為を構成することは争う。

オ　なお、金融商品取引法は行政法であり、同法上の義務が当然に不法行為法上の義務となるものではない。むしろ、金融商品取引業者と顧客との民事法上の関係について定める民事法である金融商品販売法は、金融商品販売業者が説明義務を負う事項として手数料は定めていない（同法3条1項）

カ　また、東京地方裁判所判決平成23年1月28日・金融法務事1925号105頁は、証券会社との間で仕組み債を購入した顧客が、証券会社には潜在的手数料あるいは実質的手数料の説明義務があると主張したのに対し、「一般に商品を販売する際に販売業者がいくら手数料や利益を得ているかという点についてまで説明する義務があるとはいえないことは明らかである」と明言している。

（2）2項（刑事罰にも相当）について

　　　2項のうち、金融商品取引法の規定内容は認める。ただし、同法が施行されたのは、本件各契約の締結日よりも後の平成19年9月30日である。

　　　被告が、本件各契約の締結時に、同時点での原告の時価会計上の評価損を表示しなかったことは認める。

　　　その余は否認し、争う。

6「第8　損害」について

（1）本件各契約に基づく権利行使により原告に為替差損が生じていることは認めるが、その金額は不知。その余の事実は否認し、法的主張は争う。

（2）原告の主張する損害のうち、契約締結時点での損害は、原告の主張によったとしても、

時価会計上の評価損にすぎず、現実の損失ではない。理論上・会計上マイナスの時価評価が発生したことによって、原告の財産が外部に流失したわけではないし、キャッシュ・フロー上の悪影響が生じたわけでもない。よって、これは不法行為法上の損害ではない。

7 「第9まとめ」は争う。

第2 原告の平成24年10月3日付け第1準備書面の「第1背景事情」に対する認否
 1 1項について
（1）1項のうち、平成16年5月から6月初旬ころ、被告の担当者が原告を訪問し、原告のA社長及び経理担当者のB課長と面談し、訴外契約1を提案したこと、原告がそれ以前には為替デリバティブ取引の経験がなかったこと、原告と被告が同年6月2日訴外契約1を締結したこと並びに平成19年2月被告が訴外契約1を解約したことは認める。
　　1項のその余の事実は否認する。
（2）なお、訴外契約1は、契約締結後最初の交換日から解約時点まで常に原告に利益が生じており、被告による一定の前提の下での試算（シミュレーション）によれば、原告は745万2000円の利益を受けている（乙8号証）。

 2 2項について
（1）2項のうち、被告担当者が原告のA社長らに対し本件契約1〜3及び訴外契約2を提案したこと、原告と被告がこれらの契約を締結したこと並びに平成19年2月被告が訴外契約2を解約したことは認める。
　　被告担当者が「次々に」提案したため、原告は本件契約1〜3及び訴外契約2を締結することとなったことは否認する。これらの契約は、原告からの依頼に基づき提案したものであるし、被告は、原告の為替ヘッジニーズを勘案しながら、十分に時間をかけて提案し、説明をしている。
（2）なお、訴外契約2（原告の主張によれば不合理な特約であるはずのレバレッジ特約付きの契約である）は、契約締結後最初の交換日から解約時点まで常に原告に利益が生じており、被告による一定の前提の下での試算（シミュレーション）によれば、原告は1322万9750円の利益を受けている（乙19号証）。

 3 3項について
（1）3項のうち、平成19年3月中旬ころ、被告の担当者が原告のA社長とB課長に対

第1　第一審

し本件契約4を提案したこと及び原告と被告が本件契約4を締結したことは認める。

3項のその余の事実は否認する。

(2) 被告が本件契約4を提案した理由は、平成19年2月28日に訴外契約1及び2が終了したために、原告から、それに代わる別の為替ヘッジ商品を提案してほしいとの依頼があったためである。

また、その際、被告は、本件契約4（クーポンスワップ）ではなく通貨オプションを提案し、原告も、平成19年3月15日、一旦は、通貨オプションを行うことで了解した。しかし、直後に原告から被告に電話があり、上記通貨オプションに付されているレート逆ステップという条件を外してもらいたいとの申入れがあった。よって、被告は、同年3月27日原告を訪問して、あらためて、原告の希望に沿う別の商品として本件契約4を提案したところ、原告も了解し、同日付けで本件契約4が締結されたものである。

4　4項について

(1) 4項のうち、原告のA社長が、被告との間で、平成19年9月18日付けで、極度額10億円の連帯保証契約を締結したことは認める。ただし被告の担当者が原告を訪問してA社長に対し個人保証を依頼したのは、同年9月18日ではなく、同年8月27日である。4項のその余の事実は否認する。

(2) A社長は、被告との間で、昭和63年2月9日付け保証書（乙26号証）並びに平成元年5月31日付け、平成2年8月31日付け、平成8年2月27日付け及び平成12年4月7日付けの各保証極度額変更追約書（乙27号証の14）に基づき、従前から期限の定めのない極度額3億円の根保証契約を締結していたところ、根保証契約に関する民法改正による経過措置が平成20年3月で終了することを受けて、被告は、平成19年夏ころから、期限の定めのある契約への変更を依頼していた。そして、合わせてこれまでの為替デリバティブ契約（通貨オプション及びクーポンスワップ）に伴う原告の債務についても保証するよう依頼したところ、A社長も了解し、平成19年9月18日付けで新たな保証契約の締結に至ったものである（乙28号証）。

第3　裁判例

中小企業に為替リパティブ契約を提案・勧誘した銀行の不法行為責任を否定した裁判例として、仙台地方裁判所判決平成7年11月28日・金融法務事情1444号64頁、その控訴審判決の仙台高等裁判所判決平成9年2月28日・金融法務事情1481号57頁、東京地方裁判所判決平成10年7月17日・判例時報1666号76頁がある。

Ⅲ 第3回期日(平成25年1月10日)までの双方主張
1 原告第2準備書面(平成24年12月25日付)
第1 はじめに

1 原告はデリバティブの専門家の協力を得て、本件契約1ないし4(以下「本件各契約」)の商品の内容について分析してもらい、本訴を提起した。

原告および原告代理人は、現時点においてもデリバティブというものがよく理解できていない。したがって、訴状での請求や主張が必ずしもデリバティブの理論に照らし、間違っていないと確信しているわけではない。

専門家によると、デリバティブというのは時価(理論値)がいくらであるかということを共通の尺度として取引されるもののようである。

もっとも、デリバティブの時価は一物一価的に決まるものではなく、採用する評価モデルや代入する数値により、一定の幅があるようである。

2 被告は本訴訟にいたっても、デリバティブの取引についての共通の尺度である、原告主張の時価について単に否認するのみで、自らの主張を明らかにしない。

この点、被告の主張が出れば、互いの時価に関する検証の結果、それだけで紛争が解決し、原告が被告に詫びないといけない事態も考えられるのに、である。

問題は、結局のところ、本件各契約のごとき金融商品は、刑法の賭博罪の構成要件に該当するものでありながら、金融商品取引法の店頭デリバティブ取引として、金融商品取引業者の登録をした銀行に勧誘・販売が許されているということを前提に、原告の契約時点の状況から、本件各契約は原告に契約させることがふさわしいものであったのか、ということである(原告はそうではなかったと考えている)。

その際、本件各契約が客観的にどのような商品であったのかは、契約をするかどうかの判断をするにあたり、リスクとリターン、対価(コスト)と効果(メリット)を正しく評価(費用対効果)するために重要な事項であったはずであり、それは単に契約を特定するのと同じではない。

被告は、金融商品取引業者であるから、自らが販売した金融商品について、説明すべき責任を負っているはずであり、そうであれば本件各契約がどんな商品であったのかという客観的な商品の内容、性質、経済効果、などを明らかにし、それがどのように説明されているか、ということを明らかにすべきである。

客観的な商品性の議論なくして適合性原則の議論はできないし、説明義務の前提となる説明の対象についても客観的な商品性を抜きに議論できない。

客観的な商品性が明らかになれば、適合性、説明義務以前に、詐欺(不法行為)、錯誤が問題となることもあるからである。

第1　第一審

第2　請求原因認否にかかる被告主張について
　　被告側平成24年11月21日付準備書面（1）（以下「被告書面」とする）の「第1」の請求原因の認否にかかる被告主張について、認否反論する。

1　被告書面第1の1（3）ウ（被告書面2頁）
　　本件契約1ないし3がゼロコスト型である旨を契約締結前に知らされていたことは争わないが、具体的なプレミアム（オプション料）の提示を受けるのは契約締結後である。原告は、具体的にプレミアム（オプション料）がいくらになるのかは、契約締結時点では知る由もない。

2　被告書面第1の1（3）エ（被告書面2頁）
　　被告は、原告の主張のうち、「本件契約1ないし3のコールオプションの購入代金およびプットオプションの売却代金は、およそ同額になるはずがないほどに、その時価に開きがあったのである」（訴状6頁目下から3行目）についても否認するようである。
　　ここは、本件契約1ないし3のコールオプションと、プットオプションの時価に開きがあったこと自体を争うということなのか、それとも時価に開きがあること自体は認めたうえで、およそ等価とはいえない開きとまでは言えないとしてその開きの程度を争うのか。（求釈明1）
　　求釈明1につき、被告が「およそ等価とはいえない開き」とまでは言えないとして争う趣旨であれば、被告は「等価といえる」基準をどれくらいまでと考えているのか。（求釈明2）

3　被告書面第1の1（3）オ（被告書面2頁）
（1）被告は、「しかも、原告はデリバティブ（オプション）の価値も評価の仕方も全く知らず、本件契約1ないし3が店頭取引であったため比較の対象もなく価値の把握ができなかった。他方、被告はそのこと（原告がオプションの価値も評価の仕方も全く知らないこと）を知っていた。」という主張（訴状7頁上から1行目以下）のうち、原告の認識は不知ということである。
　　ここは、具体的には、原告の認識のうち、「原告は、デリバティブ（オプション）の時価を知らなかった」ことと「原告はデリバティブ（オプション）の評価の仕方も全く知らなかった」ことは、金融商品取引業者たる被告の立場として、いずれも不知でも構わないという趣旨か。（求釈明3）

また、本件契約1ないし3が店頭取引であったことは争わないであろうから、それを前提として、原告は、「本件契約1ないし3が店頭取引であったため比較の対象がなく、比較の対象もないから価値の把握ができなかった」という主張もしている（訴状7頁上から3行目）。この部分の認否も不知なのか。（求釈明4）

（2）また、原告主張のうち、「被告はそのこと（原告がオプションの価値も評価の仕方も全く知らないこと）を知っていた」という点について否認しているが、これは、原告がオプションの時価や評価の仕方を知っていたという意味での否認か、もしくは、被告は、原告がオプションの価値も評価の仕方も全く知らないことを知らなかった（知っていると思っていた）という意味での否認か。（求釈明5）

4　被告書面第1の1（4）イないしキ（被告書面2頁ないし4頁）
　　用語については、前回期日の訴訟指揮に従い、「時価」で統一する。
　　被告主張は、論点をすり替えるものである。デリバティブ取引において、時価が共通の尺度であり、契約締結を判断するうえで重要な要素であることは、後に第3で詳述する。

5　被告書面第1の1（5）（被告書面4頁）
　　原告側の専門家の計算によると、本件契約1では、コールオプションの契約締結時点での時価が3,383,000円であるのに対し、プットオプションの契約締結時点での時価が17,781,000円となった（甲6の12頁）。
　　この時価の差は、コールオプションの時価に比して、プットオプションの時価がおよそ5.25倍になっている（本件では、本件契約2、3が異常に開きすぎているので、相対的に開いてないような印象を受けかねないところではあるが、原告代理人の知る被告が販売した訴外他社での契約の分析内容における開きと比較してもかなり大きな開きである）。
　　被告は、本件契約1の契約締結時点でのコールオプションとプットオプションの各時価に差があること（原告にとってマイナスであること）は認識していたのか。それとも差はないと考えていたのか。（求釈明6）
　　求釈明6において、差はあると考えていた場合、その差の程度は、原告の認識と同程度なのか、異なるのか。異なるのであれば、どれほどと考えていたのか。（求釈明7）
　　また、原告は（原告には契約当時そのような発想はなかったが）、契約締結時、本件契約1のコールオプションのみを、プレミアム4,900,800円を支払うことで購入することは可能であったのか。（求釈明8）
　　プレミアムにつき金銭を支払うことで、コールオプションのみの購入が可能なので

第1　第一審

あれば、被告は、原告に対し、契約締結時、コールオプションのみの購入が可能であることを説明・提案したか。（求釈明９）

コールオプションのみ金銭を支払うことで購入するという選択肢の説明・提案をしなかったのであれば、何故しなかったのか。（求釈明１０）

6　被告書面第１の１（６）（被告書面５頁）

原告側の専門家の計算によると、本件契約２では、コールオプションの契約締結時点での時価合計が４，９０８，０００円であるのに対し、プットオプションの契約締結時点での時価が３３，６１１，０００円となった（甲７の１４頁）。

この時価の差は、コールオプションの時価に比して、プットオプションの時価がおよそ６．８５倍になっている。

被告は、本件契約２の契約締結時点でのコールオプションとプットオプションの各時価に差があること（原告にとってマイナスであること）は認識していたのか。それとも差はないと考えていたのか。（求釈明１１）

求釈明１１において、差はあると考えていた場合、その差の程度は、原告の認識と同程度なのか、異なるのか。異なるのであれば、どれほどと考えていたのか。（求釈明１２）

また、原告は（原告には契約当時そのような発想はなかったが）、契約締結時、本件契約２のコールオプションのみを、プレミアム６，９３２，０００円を支払うことで購入することは可能であったのか。（求釈明１３）

プレミアムにつき金銭を支払うことで、コールオプションのみの購入が可能なのであれば、被告は、原告に対し、契約締結時、コールオプションのみの購入が可能であることを説明・提案したか。（求釈明１４）

コールオプションのみ金銭を支払うことで購入するという選択肢の説明・提案をしなかったのであれば、何故しなかったのか。（求釈明１５）

7　被告書面第１の１（７）（被告書面５頁）

原告側の専門家の計算によると、本件契約３では、コールオプションの契約締結時点での時価合計が１，７８０，０００円であるのに対し、プットオプションの契約締結時点での時価が４９，２２１，０００円となった（甲８の１６頁）。

この時価の差は、コールオプションの時価に比して、プットオプションの時価がおよそ２７．７倍になっている（本件契約３は、原告代理人の知る限り、被告が販売した訴外他社での契約の分析内容における開きと比較しても、１、２を争うほど時価の開きが著しい）。

被告は、本件契約３の契約締結時点でのコールオプションとプットオプションの各時価に差があること（原告にとってマイナスであること）は認識していたのか。それとも差はないと考えていたのか。（求釈明１６）

　求釈明１６において、差はあると考えていた場合、その差の程度は、原告の認識と同程度なのか、異なるのか。異なるのであれば、どれほどと考えていたのか。（求釈明１７）

　また、原告は（原告には契約当時そのような発想はなかったが）、契約締結時、本件契約３のコールオプションのみを、プレミアム９，１６１，２０３円を支払うことで購入することは可能であったのか。（求釈明１８）

　プレミアムにつき金銭を支払うことで、コールオプションのみの購入が可能なのであれば、被告は、原告に対し、契約締結時、コールオプションのみの購入が可能であることを説明・提案したか。（求釈明１９）

　コールオプションのみ金銭を支払うことで購入するという選択肢の説明・提案をしなかったのであれば、何故しなかったのか。（求釈明２０）

8　被告書面第１の１（８）イ（被告書面５頁）
　この部分の原告主張（訴状１０頁下から６行目）については、「時価」との表現に直し、本訴訟で争いのない事実であることを確認する。

記

「一般に、コールオプションの時価とプットオプションの時価は、通貨オプションの行使価格が円高に設定されればされるほど差が小さくなり（コールオプションとプットオプションの時価の差がゼロに近づく）、逆に行使価格が円安に設定されればされるほど差が広がる（コールオプションに比較してプットオプションの時価の差が大きくなる）関係にある。」

以上

　つまり、コールオプションの時価は、買主にとって、行使価格が円安に設定されればされるほど時価が低くなり、逆に、行使価格が円高に設定されればされるほど高くなる（例えると、コールオプションの買主にとって、２０１３年▲月×日に１ドル９０円で１万ドル購入できるコールオプションの時価は、同日に１ドル８０円で１万ドル購入できるコールオプションの時価より低い）。

　逆に、プットオプションの時価は、売主にとって、行使価格が円安に設定されればされるほど時価が高くなり、逆に、行使価格が円高に設定されればされるほど低くなる（例えると、プットオプションの売主にとって、２０１３年▲月×日に１ドル

第1 第一審

90円で1万ドル購入しなければならないプットオプションの時価は、同日に1ドル80円で1万ドル購入しなければならないプットオプションの時価より高い)。

とも言い換えられる。

本件契約1ないし3につき、上記の事実をもとに、コールオプションとプットオプションを組み合わせ、ゼロコスト型の商品にしたてあげたのは、他ならぬ被告である。

しかも、被告は、本件契約1ないし3の時価を算定していたことは認めている(被告書面5頁下から6行目)。

9 被告書面第1の1(8)ウおよび(9)(被告書面5頁)

専門家によると、時価と期待損益との間には、強い関連性がある。この点は、後に第3で詳述する。

10 被告書面第1の2(2)イ(被告書面6頁)

原告側の専門家の計算によると、本件契約4では、コールオプション相当部分の契約締結時点での時価合計が30,082,000円であるのに対し、プットオプション相当部分の契約締結時点での時価が54,446,000円となった(甲9の14頁)。

この時価の差は、コールオプション相当分の時価に比して、プットオプション相当分の時価がおよそ1.80倍になっている。

被告は、本件契約4の契約締結時点で、本件契約4の時価が、原告にとってマイナスであることは認識していたのか。(求釈明21)

求釈明21において、マイナスであると認識していた場合、そのマイナスは、原告の認識と同程度なのか、異なるのか。異なるのであれば、どれほどと考えていたのか。(求釈明22)

11 被告書面第1の3(1)および(2)(被告書面6頁ないし8頁)

否認する。

ここは、契約締結の経緯等に関する部分なので、第3準備書面で論ずる。

12 被告書面第1の3(3)(被告書面8頁)

被告は、本件各契約が相対取引であり、本件各契約の締結の結果、被告が収益(時価評価益)を計上していることを認めていることは、反面、原告が時価評価損(マイナス)を被ることも認めていると読めるが、それでよいのか念のため確認する。(求釈明23)

そのことを前提に、被告としては、本件各契約の勧誘当時、原告がどれだけの時価評価損（マイナス）を抱えても問題ないという方針であったのか。それとも一定の額を超える時価評価損（マイナス）を抱えさせてはいけないという方針であったのか。（求釈明２４）

　　求釈明２４の回答が後者の場合、その基準となる一定の額については、原告ではなく被告が判断すればよいということであったのか。（求釈明２５）

１３　被告書面第１の３（４）（被告書面８頁）
　　否認し争う。
　　被告は、原告が契約内容の一部分だけを取り上げて難ずるかのごとき反論をするが、原告は、あくまで契約内容の一部分（コールオプション）が、契約内容の残りの部分（プットオプション）と釣り合っていない、だから組み合わせとしておかしい、という議論をしているのである。
　　なお、レシオ特約、ペイオフ特約の点については、後の第５で補足主張する。

１４　被告書面第１の３（５）ア（被告書面９頁）
　　被告は、「本件各契約における理論上の原告の損失額は無制限ではなく、有限である。」「このことは、本件契約１の基本的な仕組みを理解していれば、後は算数の知識と為替相場に関する基本的な理解があれば、容易に算出可能である。」という。
　　確かに、被告主張のように「１ドル＝０円を超えてまで円高米ドル安が進行することはない」し、取引回数も争わない。
　　しかし、１ドル＝０円になる確率は低いだろうから、要は確率の問題であり、結果の期待損益についての確率の問題である。
　　被告は、その点の端緒である、時価の説明はおろか開示もしていない。

１５　被告書面第１の３（５）．ウ（被告書面１０頁）
　　否認し争う。
　　被告は、原告が「レート（行使価格）を有利にすることを重視する、そのために契約期間が１０年となること（によるリスク）も許容できる」などと意向を表明したなどと主張するが、この意向は否認し争う。
　　そもそも、契約期間が１０年であるということ（リスク）を許容できるかどうかは、あくまで、それに伴い行使価格がどの程度円高方向に設定されているのかということ（リターン）との程度問題であり、それらの兼ね合いでしか決めようがないものである。そして、それらが釣り合うかどうかは、デリバティブを時価評価しないと

第1　第一審

　　判断できないのである。

　　なお、期間の長さが不合理である点については、後の第6で補足主張する。

１６　被告書面第1の5（1）（書面１１頁ないし１３頁）
（１）※この部分で論ずる「手数料」は、前回期日の訴訟指揮に従い、「時価」ではなく、あくまで手数料である。
（２）手数料開示義務について、金融庁の考え方は、確かに「<u>基本的には取引の対象となるものそれ自体の対価は『手数料等』に当たらないものと考えられます。</u>」（下線は原告代理人）としている。

　　しかし、それに続けて「ただし、手数料等を取引価格に織り込むことにより一律に手数料等の開示が不要となるとはいえず、実質的に手数料等に相当する部分が存在する場合には、当該手数料等の表示が必要になると考えられます。」としている（甲１１「コメント概要及びコメントに対する金融庁の考え方」の3枚目、２５６頁１８６項ないし１８８項の右側参照）。

　　被告の本件各契約の手数料は、（被告が取得した時価評価益のうちいくらが手数料となるのかの内訳はさておき）、まさに、「手数料等を取引価格に織り込む」ものである。

　　なお、被告の手数料は「デリバティブ取引における売付けの価格と買付けの価格の差であるスプレッド自体」ではない。

　　また、金融庁の考え方では、「『顧客に事前交付する取引内容説明書等にその算定式が記載されているもの』は、手数料等の計算方法の概要であるとみとめられ、そのような表示方法も許容し得るものと考えられます。」とされるが、被告はその計算式を記載してもいなかった。金融商品取引法では契約締結前交付書面（３７条の3第１項4号、金商業府例８１条）では、手数料、報酬その他の顧客が支払うべき対価の合計額または計算方法等の記載ができない場合は、その旨および理由を記載することが金融商品取引業者に義務付けられている。
（３）被告は、「金融商品取引法は行政法であり、同法上の義務が当然に不法行為法上の義務となるものではない。むしろ、金融商品取引業者と顧客との民事法上の関係について定める民事法である金融商品販売法は、金融商品販売業者が説明義務を負う事項として手数料は定めていない（同法3条1項）」とする。

　　また、東京地方裁判所平成２３年1月２８日が、「証券会社との間で仕組み債を購入した顧客が、証券会社には潜在的な手数料あるいは実質的手数料の説明義務があると主張したのに対し、『一般に商品を販売する際に販売業者がいくらの手数料や利益を得ているかという点についてまで説明義務があるとはいえないことは明らかで

ある』と明言している。」と指摘する。
　しかし、投資判断をするには（為替リスクのヘッジをするかどうかの判断もヘッジ対象との兼ね合いの点を除き、投資判断と同様である）、結局リスクとリターンノートレードオフをどう考えるかであるから、金融商品のリスクとリターンを知るために必要な重要な事項は開示説明する義務があることは、金融商品販売法も、上記裁判例も、それを否定することはない。

１７　被告書面第１の５（２）（被告書面１３頁）
　被告は、「２刑事罰にも相当」（訴状３０頁以下）に記載の規定内容および時価評価上の評価損を表示しなかったこと以外の事実を「否認し、争う。」としている。
　ここで、被告は、本件契約１ないし３に基づき、原告からプットオプションを取得すること、本件契約４に基づき、プットオプション相当分を取得することは、金商法第１５７条第２号の「その他の財産」を「取得すること」に該当すると考えているが、そこも争われるのか。（求釈明２６）

１８　被告書面第１の６（被告書面１３頁ないし１４頁）
　被告は、原告の損害のうち、為替差損の発生以外の事実を否認ないし不知とするが、その意味は、本件契約１ないし４の契約時点での時価評価が原告にとってマイナスであることまでを否認しているのか、時価評価のマイナスについては認めるが、それが損害であることだけを否認ないし争うのか、いずれであるか、明らかにされたい。（求釈明２７）
　被告は、「原告の主張する損害のうち、契約締結時点での損害は、原告の主張によったとしても、時価会計上の評価損にすぎず、現実の損失ではないから、不法行為上の損害とならない。」というが、一方で、被告は、自ら認めるように、当初の時価評価のプラスを収益計上しているのであり、それが決算書にも反映されて、被告の現実の株価形成にも影響しているはずである。
　原告の時価のマイナスと被告の時価のプラスは、表裏をなすから、被告が原告の時価評価のマイナスを「現実の損害でない」というのはデリバティブであるという特性を無視したまったく不合理な立論である。
　それは、交通事故による怪我（傷害）自体を損害ととらえることや専業主婦の遺失利益を認めることと平仄が合わず、これを不法行為上の損害としなければ、デリバティブに関しては公平な損害の分担がはかれない。

１９　被告書面第２（被告書面１４頁ないし１６頁）

第1　第一審

　　　ここは、契約締結の経緯等に関する部分なので、第3準備書面で論ずる。

第3　時価の重要性
1　時価評価はあくまで理論値である。
　　被告は原告の主張を曲解し、問題をすり替えている。
　　確かに被告が主張するように、「契約締結時における時価評価額がマイナスであっても、契約締結後の為替相場の動向によっては、実際の決済による損益がプラスとなることがあるし、逆に、契約締結時における時価評価額がプラスであっても、契約締結後の為替相場の動向によっては、実際の決済による損益がマイナスとなることがある。」(被告書面3頁オ)ことは争わない。
　　しかし、被告の上記主張にもかかわらず、「デリバティブ取引の時価評価は…デリバティブ取引の基本的部分ないし重要部分をなすものではない。」(被告書面4頁キ)ということではないし、「本件各契約の締結にあたり、デリバティブ取引の時価評価や被告の収益(実質的な手数料部分)に係る説明を行う義務を負うことはない」(被告書面4頁)ということでもない。そこには大きな論点のすり替えがある。

2　原告は時価が現実の損益に直接影響すると主張していない。
(1)　そもそも、原告は、デリバティブ取引の契約時点の時価が、デリバティブ取引の実現損益に直接影響を及ぼす(直接の因果関係がある)とまでは言っていない。
　　しかし、デリバティブ取引の締結時点の時価は、デリバティブ取引の期待損益と強い関連性があり、契約を締結するかどうかを判断するにあたっての重要な事項である。
　　なぜなら、将来どうなるかは確率でしか考えられないから、理論値である時価で考えるというのがデリバティブ取引での共通の了解事項だからである。
(2)　原告の主張は、デリバティブ取引の時価と現実の損益に直接の因果関係がある、という主張ではなく、デリバティブ取引の時価が将来の確率分布(リスクの大きさ)に強い関連性があるという仮定で成り立っているのが共通の了解事項であり、いわばデリバティブ取引は、時価を前提にして成り立っている取引である(時価評価できるし、時価がわかっているからこそ取引が可能である)ということが大前提であって、それを知らせないでデリバティブ取引をさせるということは適合性の原則に反するという主張である。
　　デリバティブ取引については、時価以外には共通の尺度がないから、時価がわからないと、売買したオプションの価格の妥当性が判断できない。
　　ここにデリバティブ取引と他の取引との違いがある。

被告は、リスクや期待値と無関係に、時価評価が会計上のルールとしてだけ決められているかのようにもいうが、時価評価を指標とすることに一応の合理性があるから、会計上もルール化されたのであり、時価評価（理論値）の合理性が前提でデリバティブ取引自体が成り立っているのである。

3　被告は問題をすり替えている。
（1）確かに、デリバティブ取引の時価は、将来の市場価格の変動を直接予測するものでない。

　しかし、デリバティブ取引の時価は、オプションの行使確率および行使時の本源的価値（＝オプション行使後の受渡し金額）とは数学的に明確な関連性がある。また、金融商品としての為替オプションと、オプション満期後の決済額とは同一の事象ではないが、強い関連性がある。

　したがって、デリバティブ取引の時価が、デリバティブ取引契約の結果生じる現実の決済額を直接規定するものでないことを論ずるのはまったく的外れであり、問題のすり替えである。

　契約後の為替が、契約時点の時価の影響を受けないからといって、契約時点の時価が、契約（為替デリバティブ取引契約）の期待損益に関連がないとは言えない。

　むしろ期待損益と時価評価は、強い関連性があるという共通認識で、デリバティブ取引は成り立っているのである。

（2）そもそも、為替のような「不確実な価格変動を伴う資産」の将来価格は金融工学では確率変数で表わされる。

　一般に、その将来価格は実現可能な値として複数個あり、一定の確率分布に従って、1つの値を実現するとみる。サイコロの例でいえば、サイコロを投げる前の目を表す事前的変数が確率変数であり、サイコロ投げの後に出た目は確率変数の実現値である。（刈谷武昭・小暮厚之「金融工学入門」２００２年４月東洋経済新報社４３から４４頁）

「デリバティブ取引の時価評価は、そのデリバティブ取引におけるリスクの大きさや、契約当事者が将来損失を受ける確率及び発生する損失の大きさを示すものではない。」という被告の主張（被告書面2頁下から2行目）は、要するに、事前的変数である確率変数と、その実現値は違うという、いわば当たり前のことを言っているに過ぎない。

　しかし、デリバティブ取引をするにあたって、将来のことは確率で判断するしかないのであり、その際には、契約時点の時価が、事象が起こる前に理論的に計算できる確率変数であり、かつ唯一の指標なのである。

第1　第一審

　　したがって、たとえ「実際の決済から生ずる損益は、もっぱら契約後の為替相場の動向に左右されるものであり、契約時における時価評価により決まるものではない。契約の時価評価という問題と現実の為替レートとは関わりがなく、逆に契約時の時価評価は、その後の為替変動の影響を受けないものなのである。」（被告書面3頁）としても、また、「デリバティブ取引の時価評価は、実際の決済に基づく決済額や為替リスクヘッジ機能には影響を及ぼさない」（被告書面4頁）としても、時価評価が、デリバティブ取引をするかしないかの意思決定するに際しての重要な考慮要素であることは変わりない。

　4　時価評価の重要性（文献）
（1）デリバティブ取引の契約時点の時価評価については、その重要性にもかかわらず、ほとんど説明されている文献がない。

　　時価評価オプション関係の入門書などでも、金融マン向けのものが多いからか、「鞘」（契約時点の時価評価のマイナス）のことにまったく触れずに「オプション料」や「オプション・プレミアム」が説明され、デリバティブ取引の価格の決定について説明されている。

　　おそらくは、業界全体がそのことを詳らかにしないことにより、原告のようにデリバティブ取引についての基礎的な知識のない会社に、知識のないままに契約させることにより、時価評価のプラス（顧客側のマイナスは相対のゼロサム取引であるから銀行側のプラスとなる）を収益計上するというのが、暗黙のうちに慣行的に行われていたのだろう。

　　以下では、時価評価の重要性に関して記載のある文献を指摘する。

（2）デリバティブに関する多数の著作がある日本銀行出身の可児滋氏の「デリバティブの落とし穴」（2004年5月日本経済新聞社）によると、「業者が提示してくる商品のプライシングの適否を、顧客は、自分の力で判断できるエキスパータイズを備えていることが、店頭デリバティブ取引の契約締結の大前提である。」（同書130頁）とする。

　　また、「一般に為替デリバティブ取引はモデルによる理論価格で適正価格を判断する以外に方法はない。ところが、この理論値の計算も、モデルの仕組み自体が複雑な場合には容易ではない。

　　店頭デリバティブ取引についても、顧客が自前の価格算定モデルを持っている場合には、業者の言い値との比較の中で、価格の妥当性を判断することが可能である。しかし、そうでない場合には、業者の言う価格をそのまま鵜呑みにすることになるか、そこまで極端でなくとも、少なくともディーラーの言う価格を基準として、価格の

妥当性を考えざるを得ない。つまり、顧客が業者と対等の立場で価格交渉をしようとしても、自分の懐に妥当と考える価格の目途を持っていないと、勢い価格交渉力も弱くなる。

　店頭デリバティブを取引するにあたっては、顧客が独自で計算した価格と業者が提示した価格を照らし合わせてそれが妥当かどうか判断する、もしくは少なくとも業者の唱える価格の計算のベースであるモデルが妥当であるかどうかの判断ができる能力を持ち合わせていることが必須条件となる。」（同書３３７頁）としている。

　上記はいずれもデリバティブ取引の価格の妥当性ということが意識できての話であるが、原告は、被告から、そもそも時価評価という概念などのデリバティブ取引の基礎的な事項について説明を受けておらず、本件各契約については、ゼロコストということで、価格の妥当性について関心が行かないように仕組まれていた。

（３）数学に関する著作も多い経済学者の小島寛之氏は「景気を読みとく数学入門」（角川ソフィア文庫平成２３年３月）の中で、ブラック・ショールズの公式をきちんと理解するためには、「確率微分方程式」という最先端の数学が必要となることを述べ（同書１３５頁）、この公式は、「証券の価格変化に対して、ある仮定を置いて、未来の証券価格を確率的に表現し、それを利用して妥当なオプション価格をはじき出すものである。つまり、オプション価格についての『ひとつの目安』を与えるのである。買い手も売り手もこのブラック・ショールズ公式でいったんオプションの価格をはじき出したあと、現在のオプション相場をその価格と見比べ、それに各自の思惑（あるいは嗜好）を加味し、妥当だと双方が思う価格で契約を結べばいいわけである。」（同書１３５頁）としている（為替についても妥当する）。そして「ブラック・ショールズ公式が『目安』を与える、ということが市場参加者に一種のコンセンサスを築き上げたために、オプション取引というものが現実に可能になったのではないか」という（同書１３６頁）。

　同氏はさらに「ブラック・ショールズ公式も、それ自体が金融市場の実体的な変動を正確に反映している、ということではなく、『市場参加者がみなブラック・ショールズ公式を前提に取引の計画を立てているというそのコンセンサス』が、相場上でのある種の安心感を生み出し、それによってオプション市場を成立させ、またそれが再び公式の有用度を逆保証する、という自己循環になっていると思われる。」（同書１３６頁）と述べている。

（４）平成１２年税制改正以前のものであるが、実務家（日本長期信用銀行出身）の千保喜久夫氏は「デリバティブの知識」（日経文庫１９９８年９月）の中で、（オプションの）「プレミアムは事務処理にともなう取扱手数料といったものではありません。取引時点において買い手が支払うプレミアムは，売り手が支払うであろう将来の価値を現在

第1　第一審

価値に割り戻したもので、この両者は等価になっているのです。スワップ取引と同様に、オプション取引においても買い手と売り手は、等しい現在価値を交換しているのです。」（同書１３１ないし１３２頁）「オプションのプレミアムも買い手が、時間のもつ期待値をプレミアムという形で売り手に先払いしているに過ぎない。つまり、両取引当事者は等価の現在価値を交換しており、したがって取引が成立する。ただ、その後市場条件が刻々変化してゆくため、各々のオプションポジションに評価損益が発生していくことはスワップ取引などと同じ。」（同書１４７頁）と述べている。

　ここでの「等価」というのは、善意に解釈すれば、デリバティブ取引は、可児滋氏のいう「顧客が独自で計算した価格と業者が提示した価格を照らし合わせてそれが妥当かどうか判断する、もしくは少なくとも業者の唱える価格の計算のベースであるモデルが妥当であるかどうかの判断ができる能力を持ち合わせている」ことを前提に、小島寛之氏のいうような「買い手も売り手もこのブラック・ショールズ公式でいったんオプションの価格をはじき出したあと、現在のオプション相場をその価格と見比べ、それに各自の思惑（あるいはし嗜好）を加味し、妥当だと双方が思う価格で契約を結べばいい」というような状況で行われるということを措定して話をしているのだろう（そういう当事者同士でしかデリバティブ取引をすることはないという認識なのだろう）。そうでなければ、ここでいう等価というのは、原野商法でも理念的には等価の売買ということで契約をした、という意味でしかないのだから。

　千保氏は、さらに「オプションのブラック・ショールズ・モデルも、予見しがたい資産価格の変動を確率として数式に取り込んでくれました。それでも、ある資産の将来の価格変動を確かなものとして示すものではありません。しかし、これによるプレミアム額の計算が「勘」に頼るより、はるかに勝ることはいうまでもありません。」（同書２０６ないし２０７頁）と述べている。

　このことを前提に時価評価は重要な契約の一部でないから説明する必要はないという被告の主張は、金融商品取引業者である専門家が、デリバティブ取引では時価評価を共通の尺度とするということすら知らない顧客に対して、大きなリスクのある商品を、尺度を教えずに、「勘」で勝負させるというものであるが、通常はこういうことを詐欺というのではないか。

5　説明義務違反

　被告は、そもそもデリバティブ取引をするのであれば、取引の相手方が、デリバティブ取引を行うについての共通の尺度が時価（理論値）であり、それが、どういうものであるかを、勧誘時に説明すべきなのだろう。

　被告主張のように、時価がマイナスであっても現実の損益には影響ないというので

あれば、それを説明することになんの不都合もないはずである。契約締結後であれば通知してくるというのであればなおさらであろう（乙5の3頁9の括弧7）。

しかし、実際には、時価は実現損益に強い関連性があるから、説明すれば契約しなくなる（その結果として被告が利益を上げられなくなる）ことを慮って説明しなかったのだろう。無借金経営を方針としていた原告は、時価がマイナス何千万円にもなるなどと聞いていたら、本件各契約を絶対に締結していない。

本来、時価評価について当該取引ではそれがどういう数値になるのかを取引の前提事項として説明されてしかるべきであり、少なくともその程度のことは説明しなくても相手方が理解しているかどうかくらいは確認すべきであろう。

被告の原告に対する本件各契約の勧誘が仮に狭義の適合性違反でないとしても、デリバティブ取引での時価評価の重要性や契約時点の時価評価のマイナスを説明しないで行った本件為替デリバティブ取引契約の勧誘は少なくとも広義の適合性原則違反である。

広義の適合性原則違反は、説明義務違反と同義であり、説明義務の根拠は信義則のほか金融商品取引法37条の3 I ④、157条②および金融商品販売法3条である（ここの法律構成は、以下の第4で詳述する）。

6 「金融マンのための実践デリバティブ講座」（山下章太中央経済社）

被告は、「デリバティブ契約に基づく決済額と時価評価との間には関連性がない」とする証拠として、山下会計士の著書を引用している。為替についても金利と同じことがいえるとする被告の前提に立てば、時価評価は、金融工学における裁定取引ができないという前提を利用して計算しているだけで、実現損益と「何の関係もない」ということである。しかし、決済額と時価評価との間に関連性がない、「何の関係もない」というのは間違っており、仮に当初の時価評価と決済額に因果関係がないとしても、時価評価の重要性を何ら減殺するものではない。

この山下会計士の著書は、本の帯にも「デリバティブの仕組みを理解することで、顧客の心をつかむ提案方法を身につける！」とあるように、実際の契約事例を交えて解説しており、特にロールプレイの部分は、「どのような提案が効果的か？」という観点から非常におもしろく書かれているが、なぜ時価評価というものがあり、なぜ当初から時価評価がマイナスになるのかという原因の説明や、マイナスの意味については、金融マン向けであるせいであるのか、全く説明がない。

第4 時価の説明義務違反（用語統一を受け訴状の主張を整理する）
1 金融商品販売法第3条

第1　第一審

　　被告のような金融商品販売業者は、顧客を勧誘するにあたり、金融商品販売業者と顧客の情報格差の是正のため、当該金融商品による利益や危険性に関する的確な情報を提供し、顧客がこれについて正しく理解した上、その自主的な判断に基づいて当該金融商品について契約するか否かを決めることができるように配慮すべき信義則上の義務を負う（顧客に自己責任を問う前提として、必要最低限の情報は与えられていなければならない）。

　　金融商品販売法3条は、不法行為の特則としてこの説明義務を具体化し、金融商品の販売について「相場の変動」や「金融商品の販売を行う者の業務又は財産の状況の変化」を直接の原因として「元本欠損が生ずるおそれがある」等の場合に、「元本欠損が生ずるおそれがある」旨を説明するよう義務付けている。

　　そして、「元本欠損とは」金融商品の販売により「顧客が支払うこととなる金銭や譲渡することとなる権利等」の額が「顧客が取得することとなる金銭や権利等」の額を上回ることを言う。

　　本条は、顧客にとって取引開始時の判断材料として重要で、かつ、金融商品販売業者が説明義務を履行できる範囲で、金融商品の価値の変動と関連性のある要因について説明義務を負わせる趣旨で、金融商品の価格変動と関連性のある要因のうち「相場の変動」や「金融商品の販売を行う者の業務又は財産の状況の変化」を直接の原因として「元本欠損が生ずるおそれがある」等の場合の説明義務を定める規定である。

　　しかるに、本件各契約のように、契約当初から元本欠損（時価のマイナス）がある場合には、顧客にとって取引開始時の判断材料としてより重要性が高く、金融商品販売業者が説明義務を履行することも容易で（金融商品販売業者たる被告は、意図的に、契約当初から時価がマイナスになるように商品を設計している）説明義務の範囲が無限定となる事態は考えられない。

　　したがって、金融商品販売法3条の趣旨から、金融商品販売業者は契約当初からの元本欠損（時価のマイナス）について説明義務を負う（金融商品販売法における各種推定規定の適用があるかどうかは別として、同法3条との均衡上、金融商品販売業者は元本欠損（時価のマイナス）に関する説明義務を負う）。

2　金融商品取引法第37条の3第1項4号

　　金融商品取引法は、金融商品取引業者等が金融商品取引契約を締結しようとするときは、原則として、あらかじめ、顧客に対し、「手数料、報酬、その他の当該金融商品取引契約に関して顧客が支払うべき対価に関する事項であって内閣府令で定めるもの」（金融商品取引法第37条の3第1項4号）

　　を記載した書面を交付しなければならないと規定し、これを受けた平成19年9

月３０日施行の金商業等府令８１条は、「法第三十七条の三第一項第四号に規定する内閣府令で定めるものは、手数料、報酬、費用その他いかなる名称によるかを問わず、金融商品取引契約に関して顧客が支払うべき手数料等の種類ごとの金額若しくはその上限額又はこれらの計算方法（当該金融商品取引契約に係る有価証券の価格、令第十六条第一項第三号に規定するデリバティブ取引等の額若しくは運用財産の額に対する割合又は金融商品取引行為を行うことにより生じた利益に対する割合を含む。以下この項において同じ。）および当該金額の合計額若しくはその上限額又はこれらの計算方法とする。ただし、これらの記載をすることができない場合にあっては、その旨およびその理由とする。」とし、手数料を記載することを義務付けている。

金融商品取引における情報格差是正の重要性に鑑み、金融商品販売法における説明義務違反に相当する行為を行為規制の１つとして位置付け、業者の違反行為に対して直接的に監督上の処分を発動できることとするため金融商品取引法第３７条の３が制定されたのである。

同条の趣旨からしても、被告は、本件各契約締結に当たって、本件契約の時価が当初からマイナスとなることを説明すべきであった。

3 金融商品取引法第１５７条２号

金融商品取引法第１５７条は、「何人も、次に掲げる行為をしてはならない。」として不正行為の禁止を定め、その第２号で「デリバティブ取引等について、重要な事項について虚偽の表示があり、又は誤解を生じさせないために必要な重要な事実の表示が欠けている文書その他の表示を使用して金銭その他の財産を取得すること」を挙げ、これに反した場合は「十年以下の懲役若しくは千万円以下の罰金に処し、又はこれを併科する」としている（金融商品取引法第１９７条）。

虚偽の表示が問題となる「重要な」事項、あるいは誤解を生じさせないために必要な「重要な」事実に当たるかどうかは、顧客が契約するかどうかを決定するにあたり重要であると考えるかどうかという基準で判断される。

また、規制対象となる「事項」ないし「事実」には、契約を締結するか否かに影響を及ぼすものである限り、あらゆる事項・事実が含まれる。

本件各契約の契約締結にあたり、契約締結時点での時価の差（マイナス）は、本件各契約において原告の期待損益に関する情報であり、契約を締結すべきかどうかを判断するうえで最重要事項である。

また、本件各契約において、被告が、デリバティブ取引の時価の差（プラス）ないしプットオプションを取得することは、「金銭その他の財産の取得」に該当する。

本件各契約締結にあたり、被告が、時価の当初からのマイナスに関して誤解を生じ

第1　第一審

させないために必要な重要な事実の表示が欠けている契約書面を使用し、時価の差（プラス）ないしプットオプションを取得したことは、金融商品取引法第１５７条の構成要件に該当し刑事罰に問われる可能性のある勧誘であり、同条の趣旨に反し不法行為を構成する。

　　４　被告の説明義務違反
　　　被告は、金融商品販売法３条、金融商品取引法３７条の３第１項４号、同法１５７条２号に基づき、本件各契約における契約当初からの時価のマイナスについて説明義務を負っていたにもかかわらず、被告は、上記説明を行うどころか、金融商品の時価の重要性の認識がない原告に対し、多額の時価のマイナスが発生すると知っていれば契約しなかったはずであるにもかかわらず、契約締結に引きずり込んだのだから、説明義務違反による不法行為責任を負う。

第５　各特約に関する補足主張
　１　訴状における各特約についてのシミュレーションは、説明をやや省略したため、ここで再度シミュレーションの詳細を補足説明する。

　２　レシオ特約に関する補足説明
（１）本件契約２を例として、他の契約条件を変えず、レシオ特約を付さなかった場合をシミュレーションしてみる（甲７の１５頁の「３．２シミュレーションによる特約の効果の検証」）。
　　　本件契約２において、コールオプションを購入するために被告から提示されたオプション料合計は６，９３２，０００円（甲３）であったが、本件契約２において、原告から被告に代物弁済されたレシオ特約付きのプットオプションの時価は３３，６１１，０００円であった（甲７の１５頁「シミュレーションの結果」の表のうち「本取引」欄の②時価）。
（２）しかし、甲７によると、レシオ特約を付けないプットオプションであってもその時価は１６，８０５，０００円であるから（甲７の１５頁「シミュレーションの結果」の表のうち「レバレッジ・レシオ２倍→１倍」欄の②時価）、原告としては、被告に対し、レシオ特約を付けないプットオプションによって代物弁済することも充分に可能であったはずである（レシオ特約をつけなくとも、なお原告にとってマイナス１１，８９８，０００円である）。
　　　にもかかわらず、被告が、原告に対し、レシオ特約付きのプットオプションで代物弁済させた理由は、被告が、原告より取得するプットオプションにレシオ特約を付

けることで、原告から受取るプットオプションの価値を１６,８０５,０００円高め（甲７の１５頁「シミュレーションの結果」の表のうち「レバレッジ・レシオ２倍→１倍」欄の「本取引との差額」参照）、原告がその分円高の為替リスクを不必要に引き受けるのと引き換えに、被告の収益を増大させようとしたからに他ならない。

(3) 被告は、レシオ特約が付されていることとの兼ね合いで、本件契約２の行使価格が原告に有利に設定されていると反論する。

　　しかし、原告には、デリバティブを時価評価することはできなかったのだから、行使価格が有利であるという判断は原告にはできない。

　　行使価格が有利かどうかは、あくまでプットオプションにレシオ特約が付されるという負担（リスク）と、行使価格がいくら円高に設定されたのか（メリット）との兼ね合いでなければ判断しえないはずである。

　　もし、仮に、原告も、デリバティブを時価評価することが出来たならば、原告自身で、レシオ特約を付すというリスクに比較して、行使価格というリターン（コールオプションの行使価格は、円高に設定されるほどメリットがある）が釣り合っているかの判断が出来たはずである（その両者を比較できれば、結果として、本件契約２のような条件では契約するはずがない）。

　　しかし、原告にはその評価ができなかった。

(4) 仮に、原告が、被告から、本件契約２（レシオ特約あり、行使価格１ドル８６.９０円）と、本件契約２Ａ（レシオ特約なし、行使価格１ドル８６.９０円、他本件契約２と条件は同じ）のどちらを選ぶか尋ねられたら、間違いなくレシオ特約のない本件契約２Ａを選ぶであろう。

　　にもかかわらず、原告が、レシオ特約が付された本件契約２の契約締結に合意してしまったのは、本件契約２の行使価格というリターンに釣り合わせるためには、レシオ特約を付さなければならないかどうかということが分からなかったからに他ならない（時価評価し、時価を算定すれば、コールオプションとプットオプションの時価の差となって現れるので端緒となる）。

3　ペイオフ特約に関する補足説明

(1) 本件契約１を例として、他の契約条件を変えず、ペイオフ特約を付さなかった場合をシミュレーションしてみる（甲６の１３頁の「3.2シミュレーションによる特約の効果の検証」）。

　　例えば、本件契約１において、ペイオフ特約付のコールオプションを購入するために被告から提示されたプレミアム金額は４,９００,８００円（甲２）であるところ、本件契約１で原告から被告に代物弁済されたプットオプションの時価は

第1　第一審

　　　　１７，７８１，０００円であった（甲６の１３頁「シミュレーションの結果」の表のうち「本取引」欄の①時価）。
（２）しかし、甲６によると、ペイオフ特約を付けないコールオプションであってもその時価は１６，６４２，０００円（甲６の１３頁「シミュレーションの結果」の表のうち「②デジタルオプション→プレインバニラオプション」欄の②時価）であることから、被告としては、原告に対し、プットオプションの対価として渡すコールオプションにペイオフ特約をつけないことも可能であったはずである。

　　　にもかかわらず、被告が、原告に対し、（自らが受け取るプットオプションの対価である）コールオプションにペイオフ特約を付した理由は、原告に渡すコールオプションの価値を１３，２５９，０００円下げることで（甲６の１３頁「シミュレーションの結果」の表のうち「②デジタルオプション→プレインバニラオプション」欄の「本取引との差」欄参照）、原告がその分為替差益を得られなくすることと引き換えに、自らの収益を増大させようとしたとしか説明できない。
（３）被告は、ペイオフ特約が付されていることとの兼ね合いで、本件契約１の行使価格が原告に有利に設定されていると反論する。

　　　しかし、原告には、デリバティブを時価評価することはできなかったのだから、行使価格が有利であるという判断は原告にはできない。

　　　行使価格が有利かどうかは、あくまでコールオプションにペイオフ特約が付されるという負担（リスク）と、行使価格がいくら円高に設定されたのか（メリット）との兼ね合いでなければ判断しえないはずである。

　　　もし、仮に、原告も、デリバティブを時価評価することが出来たならば、原告自身で、ペイオフ特約を付すというリスクに比較して、行使価格というリターン（コールオプションの行使価格は、円高に設定されるほどメリットがある）が釣り合っているかの判断が出来たはずである（その結果として、本件契約１のような条件では契約するはずがない）。

　　　しかし、原告にはその評価ができなかった。
（４）仮に、原告が、被告から、本件契約１（ペイオフ特約あり、行使価格１ドル８８．８０円）と、本件契約１Ｂ（ペイオフ特約なし、行使価格１ドル８８．８０円、他本件契約１と条件は同じ）のどちらを選ぶか尋ねられたら、（ペイオフ特約のついていないコールオプションであれば、円安になればなるほど為替差益がそれだけ多く発生するのだから）、間違いなくペイオフ特約のない本件契約１Ｂを選ぶであろう。

　　　にもかかわらず、原告が、ペイオフ特約が付された本件契約１の契約締結に合意してしまったのは、本件契約１の行使価格というリターンに釣り合わせるためには、ペイオフ特約を付さなければならないかどうかということが分からなかったからに

他ならない（時価評価し、時価を算定すれば、コールオプションとプットオプションの時価の差となって現れるので端緒となる）。

4　小括

　　被告は、原告の訴状および本書面の上記主張に対し、「本件各契約は、2倍のレバレッジ特約、ペイオフ金額しか受け取れないとの特約、ノックアウト特約が付されていることとの見合いで、原告の権利部分の行使価格がそうでない場合と比べて原告に有利に設定されている」という被告主張（被告書面8〜9頁）の趣旨を、具体的に明らかにして反論されたい。（求釈明28）

第6　契約期間に関する補足主張

1　訴状における契約期間についてのシミュレーションは、説明をやや省略したため、ここで、再度シミュレーションの詳細を補足説明する。

2（1）例えば、本件契約3において、他の契約条件を変えず、契約期間を2年6か月に短縮した場合をシミュレーションしてみる（甲8の17頁の「3.2シミュレーションによる特約の効果の検証」。もっとも、本シミュレーションは、契約期間2年6か月の通貨オプションの合理性を認めるものでない。以下同じ）。

（2）契約期間を2年6か月とした場合、原告が権利として取得するコールオプションの時価は1,780,000円から1,493,000円に減少する（甲8の17頁表「シミュレーションの結果」のうち、「本取引」および「契約年数：10年→2年6か月」各欄の各①および③の時価合計参照）。

　　しかし、他方で、原告が義務として負担するプットオプションの時価も49,221,000円から1,744,000円へと格段に減少する（甲8の17頁表「シミュレーションの結果」のうち、「本取引」および「契約年数：10年→2年6か月」各欄の各②および④の時価合計参照）。

　　結果として、本件契約3の契約期間を2年6か月としても、コールオプションとプットオプションの時価の差は251,000円あった（原告にとってなおマイナスである）。

　　本件契約3は、期間がさらに長い10年（銀行が販売するこの種の商品では最長である）とされたために、コールオプションとプットオプションの各時価の差が、47,191,000円拡大し（甲8の17頁表「シミュレーションの結果」のうち、「契約年数：10年→2年6か月」の「本取引との差額」欄参照）、47,441,000円となっている。

第1　第一審

(3) 上記シミュレーション結果を見ると、遠い将来のコールオプションを購入することが原告にとってほとんどメリットはないことに比較して、原告に遠い将来のプットオプションを大量に売却させることが被告にとって非常にメリットが大きいことが見て取れる。

　被告が、本件契約3の契約開始から取引終了までの期間を10年としたのは、原告に将来のプットオプションを大量に売却させ、コールオプションとプットオプションの時価の差を拡大させることによって、自らの収益取得を目論んだものとしか説明できない。

(4) この点、被告は、契約開始から取引終了までの期間が10年とされていることは、行使価格を有利にするために、原告および被告間で合意したものであると反論する。

　しかし、原告には、デリバティブを時価評価することはできなかったのだから、行使価格が有利であるという判断は原告にはできない。

　行使価格が有利かどうかは、あくまで契約期間が10年であり、その間円高の為替リスクにさらされ続けると負担（リスク）と、行使価格がいくら円高に設定されたのか（メリット）との兼ね合いでなければ判断しえないはずである。

　もし、仮に、原告も、デリバティブを時価評価することが出来たならば、原告自身で、期間を10年にするというリスクに比較して、行使価格というリターン（コールオプションの行使価格は、円高に設定されるほどメリットがある）が釣り合っているかの判断が出来たはずである（その結果として、本件契約3のような条件では契約するはずがない）。

　しかし、原告にはその評価ができなかった。

(5) 仮に、原告が、被告から、本件契約3（契約期間10年、行使価格1ドル103.70円）と、本件契約3C（契約期間2年6か月、行使価格1ドル103.70円、他本件契約3と条件は同じ）のどちらを選ぶか尋ねられたら、間違いなく本件契約3Cを選ぶであろう。

　にもかかわらず、原告が、契約期間が10年である本件契約3の契約締結に合意してしまったのは、本件契約3の行使価格というリターンに釣り合わせるためには、10年間もの間、円高の為替リスクにさらされ続けなければならないのかどうかということが分からなかったからに他ならない（時価評価し、時価を算定すれば、コールオプションとプットオプションの時価の差となって現れるので端緒となる）。

　　3　小括

　被告は、原告の訴状および本書面の上記主張に対し、「本件各契約期間は、被告が原告と相談をし、原告の意向を反映したうえで、双方の合意で決まったものである」

という被告主張（被告書面１０頁）の趣旨について、いったいどのように原告の意向を反映させたというのか、具体的に反論されたい。（求釈明２９）

第７　期待損益とプレミアム（オプション料）の関係
 1　デリバティブ取引の時価のマイナスが大きければ大きいほど、原告が、本件各契約に基づき将来得られるであろう期待損益は、確率上、原告にとって不利な結果となる。

　　　このことは、甲第６ないし９号証ならびに訴状１１頁以下および１６頁以下で主張した通り、モンテカルロ・シミュレーションを用いて算定すれば明らかとなる（モンテカルロ・シミュレーションとは、数値計算法の一つであり、乱数により生成された多数の試行による計算結果を平均すること等により近似的な解を求める手法であって、解析的な解法が存在しない問題に対して回答を得るための有力な手法である。参考：東京地裁平成２４年１１月１２日判決）。

　　　モンテカルロ・シミュレーションに基づく期待損益は、原告が負担したプレミアム（オプション料）と比較すると、被告の設定したプレミアム（オプション料）がいかにいびつかが明らかになる。

2（１）本件契約３を例に説明すると、原告は、本件契約３に基づき、９,１６１,２０３円のコールオプションのプレミアム（オプション料）を負担している（実際にはゼロコスト）。

　　　しかし、本件契約３で、総損益がプラスになる場合の期待値は、わずか１,４７１,０００円なのである（甲８の１９頁、上から二つ目の表、「総損益がプラスとなる場合の差損益期待値」）。

　　　常識で考えて、９,１６１,２０３円も負担して、将来１,４７１,０００円が手に入ることを期待する人間などいるはずがない。

　　　なぜこのようなことが起コールかというと、コールオプションのプレミアム（オプション料）が、コールオプションの価値に比較して高すぎるからである（オプション料を払いすぎている）。

（２）逆に、本件契約３では、原告は、９,１６１,２０３円のプットオプションのプレミアム（オプション料）を受け取っている（実際にはゼロコスト）。

　　　しかし、本件契約３で、総損益がマイナスになる場合の期待値は、１０６,２８３,０００円なのである（甲８の１９頁、上から二つ目の表、「総損益がマイナスとなる場合の差損益期待値」）。

　　　常識で考えて、９,１６１,２０３円を受け取る代わりに、将来１０６,２８３,０００

第1　第一審

　　円を支払わされるリスクを負う人間などいるはずがない。
　　　なぜこのようなことが起コールかというと、プットオプションのプレミアム（オプション料）が、プットオプションの価値（ここでの「価値」は被告にとってであり、原告から見れば危険性）に比較して低すぎるからである（オプション料の受取額が少なすぎる）。

3　この、コールオプションのプレミアム（オプション料）を払いすぎている、プットオプションのプレミアム（オプション料）の受取額が少なすぎるという重要なことが、原告のごとき時価のわからない者には気づけない。
　　しかも、本件契約3は、ゼロコストになっているため、オプション料を実際に金銭で払うこともなければ受け取ることもないので、払いすぎている（ないし受け取らなさすぎている）ことに、さらに気づきにくくなっている。
　　被告は、原告が気づけないのをいいことに、何本もデリバティブ取引を勧め、多額の収益をあげたのである。

第8　求釈明
　　本文中の求釈明1ないし29（求釈明の索引を容易にするため、最終頁に別紙リストを付する）につき、回答されたい。

第9　結び
　　原告は、原告の如き中小企業に、為替デリバティブ取引を勧誘販売することは、適合性を著しく欠いているのであり、さらにその商品性については、デリバティブに精通した金融機関や機関投資家に対してであればともかく、デリバティブについて全く無知である原告程度の会社に対しては、それなりに、デリバティブ取引をするについて必要な基礎的な知識（時価）と、当該商品の特性を説明しておく必要があるのではないか、と考える。
　　もちろん、原告代理人は、そもそもデリバティブ取引のようなデリバティブの組合せ商品が必要な中小企業など存在しないと思うが、それはそれとして、本件各契約がどのような商品であるかについては、被告もデリバティブに精通した金融商品取引業者として、フェアに開示して訴訟での議論に協力すべきではないかと思う。
以上

2 原告第3準備書面（平成24年12月25日付）

第1 本件各契約の経緯について
1 はじめに
　　第2準備書面でも主張した通り、本件における争点は、あくまで本件各契約の商品性であると考えている。
　　しかし、契約の経緯について被告の主張があまりに事実と異なるため、以下簡単に反論し、合わせていくつか釈明を求める。
　　経緯について反論する前提として、原告の外貨送金の明細を甲第19号証として提出する。

2 被告書面第1の3（1）（被告書面6頁）
（1）原告は、当時、中国の提携工場の元で、染色加工をする準備を進めていた。
　　もっとも、後に述べるように、中国の提携工場との継続的取引が本格的にスタートしたのは、平成17年9月以降であり、中国の提携工場との継続的取引契約書を締結したのも同月2日である（甲20）。それまでは、試行錯誤（設備投資や試し染めなど）、紆余曲折を繰り返しながら、準備をしていたのである。
　　平成16年5月、染織加工に必要な機械〔（略）〕の運搬に必要な費用として、10,000ドルを送金する必要が急遽生じた。
　　原告は、それまで、ドルの送金どころか、ドルの口座すら持っていなかったため、上記の急な送金について、同月、被告担当者に相談したことに端を発する。
（2）原告からの相談を受け、被告担当者は、同年6月1日、A（当時61歳）および原告経理担当のBと約1時間ほど面談し、解約権付スワップ取引の提案をした（以下「訴外契約1」、甲13）。
　　原告は、訴外契約1以前に、為替デリバティブ等の金融商品を購入したことはまったくなく、しかも喫緊で送金する必要があるのは金10,000ドルかつ1回きりであり、なぜ、被告が訴外契約1のような10年の期間の契約を勧誘するのか理解できなかった。しかも、当時Aは訴外契約1が終了するころには71歳になっていることも気がかりであった。
　　しかし、被告担当者は、「契約期間は10年ですが、5年後くらいに実勢レートが1ドル120円くらいのレートであれば、当行が解約権を行使しますので、契約期間10年よりももっと早く解約されて契約が終了することになると思います。万が一、契約期間中に本契約の交換レート97.80円より円高になることがあっても、しばらく米ドルを保有していただいて、交換レートより円安になった時点で円転し

第1　第一審

てもらえれば差益が生じるから大丈夫です」という趣旨の説明をし、合わせて、「かつて為替レートが1度80円を割ったこともありますが、半年で元の水準に戻っております」という為替相場に関する話もした。

そこで、原告としては、中国工場への機械運搬等が終了し、中国工場での生産が軌道に乗ったあかつきには、将来的に（規模および通貨、金額はまったく未定であるものの）月々の委託加工費をドル建てで支払う可能性もないわけではなかったことから、創業当時からの取引銀行の勧めでもあり、訴外契約1を導入することとした。

原告は、その際、期間が10年であるものしか提案を受けなかったため、この種の商品は10年という期間が通常なのだ、という認識しかなかった。

翌6月2日、書類を持ってきた被告担当者に対し、Aは挨拶を済ませて退室し、書類に関する手続はBが行った（社印、社判もすべてBが押した）。

(3) (ア) 被告は、平成16年5月の時点で、「昨年来の投資継続により、ようやく中国企業との本格的な直接貿易が開始し」などと主張するが（被告書面6頁3の括弧1）、当時はそもそも染織加工に必要な（略）すら設置されていなかったのであるから、明らかな虚偽であり、Aがそのような話をするはずがない。

そもそも、原告は、訴外契約1の締結後、ドルの口座を被告の元で開設し、6月30日の第1回決済で2万ドルの入金があり、そのドルを用いて、その口座から、（略）の運搬費用をL貨運有限公司に送金しているのであるから、被告は、原告の中国の提携工場がどのような稼働状況かは知っていたはずである。

(イ) また、被告は、「その輸入、加工代金を米ドル建てで支払っている、今後も中国からの仕入額は増加傾向にある、為替相場の影響を受ける仕入額は間接貿易分、直接貿易分を合わせて年間310万ドルであるとの説明を受けた」とあるが、これも明らかな虚偽である。

この点、原告は、本訴提起前の平成23年4月26日、為替差損に苦しみ、被告と会談した際に、被告に対し、訴外契約1から本件契約4までの販売記録を説明してほしいと依頼した。

その際、被告は、「訴外契約1は、契約が既に消滅してしまっていて、その販売記録は用意できていない」と回答していた。

そこで、被告が、本訴訟で主張する「平成16年5月の時点で年間310万ドルであるとの説明を受けた」の根拠となっていると思われる訴外契約1の販売記録を開示されたい。（求釈明30。被告側次回反論の便宜のため、第2準備書面からの通し番号とした）。

(ウ) なお、原告は、本訴提起前の平成23年4月26日、被告と会談した際に、被告より、訴外契約1の記録は確認できていないが、訴外契約1の記録と大差ないであろう

ということで、本件契約１（契約締結日：平成１６年１２月２４日）の販売記録として、口頭で、以下の内容の開示を受けた。

記

２００４年１２月期の決算において、原告は、外貨建決済金額が１３０万ドル、円貨建決済金額が１８０万ドルで合計３１０万ドルであり、これは２００４年１２月期のご決算なのですが、書類作成は１２月２日付で、ヒアリングしたのは１１月２５日となっております。

以上

　まず、上記１２月２日付で作成されたという本件契約１の際の販売記録の開示を求める。（求釈明３１）

　そのうえで、外貨建決済金額が１３０万ドルという数字が、いったいどこから出てきたものなのかを説明されたい。（求釈明３２。なお、甲第１９号証によると、原告が口座開設以降、被告がヒアリングしたとする１１月２５日までに送金したドルは１７４，４２５ドルである）

　また、円貨決済金額が１８０万ドルであるという数字の内訳および算定根拠も明らかにされたい。（求釈明３３）

３　被告書面第２の３（２）について（被告書面１４頁ないし１６頁）
（１）被告は、原告が架電により「レート逆ステップという条件を外してもらいたい」という申入れをしたと主張するが、原告には「レート逆ステップ」なる条件が具体的にどういったものか、本訴提起の今となってもなおわからない。

　そこで、被告が当初提案したと主張する、レート逆ステップの付された通貨オプションの提案書（それがなければ契約内容の概略）を開示されたい。（求釈明３４）
（２）被告は、本件契約４の説明資料として乙第２４号証を提出している。

　この書面は、被告側作成が平成１９年３月１９日付（乙２４の１頁）であり、４頁目の原告側の社判、社印の上には、「説明を受けた日」および「署名捺印日」として「平成１９年３月２７日」と記載されている。

　しかし、原告の手元には乙第２４号証の控えはなく、原告の手元には、本件契約４に関する説明文書として、平成１９年３月２７日付の「クーポンスワップ（レバレッジのご案内）」と題する書面（甲２１）だけ残されていた。

　被告の手元にも、原告の手元にある甲第２１号証と同じ書面があるはずだが、それには、原告の社判、社印がなされているのか。もし被告の手元の書面に社判、社印があるのであれば、開示されたい。（求釈明３５）

第1 第一審

(3) なお、乙第24号証は、1頁右上欄に「株式会社被告京都支社」となっているところ、甲第21号証では、1頁右上欄に「株式会社被告京都支店」となっており、「支社」と「支店」とで表記が異なっている(取引確認書である乙第25号証の右下「乙」欄の社判では甲第21号証と同じく「株式会社被告京都支店」となっている)。

　被告よりわずか1週間の間に出された2つの書面(乙24、甲21)の表記が異なっているのは、いかなる理由があるのか。(求釈明36)

4　被告書面第2の4について(被告書面16頁)
　被告が、Aに対し、為替デリバティブに伴う債務の個人保証を求めてきたのが、本件契約4の締結後であったことを、争いのない事実として確認する。

以上

IV　第4回期日(平成25年3月7日)までの双方主張
1　被告準備書面(2)(平成25年3月7日付)

第1　本件各契約の契約締結日の当月末時点での時価評価本件各契約の契約締結日の当月末時点での時価評価(合計)額は以下のとおりであり、その明細は乙29号証〜乙32号証のとおりである。なお、契約締結日時点での時価評価額のデータは残っていない。評価基準日　時価評価(合計)額
①本件契約1　平成16年12月30日　－16,297,549円
②本件契約2　平成17年6月30日　－24,961,857円
③本件契約3　平成18年9月29日　－45,235,470円
④本件契約4　平成19年3月30日　－28,894,641円

第2　原告の平成24年12月25日付け第2準備書面での時価評価に関する主張について
1　原告は、デリバティブ取引の契約締結時点の時価評価は、デリバティブ取引の期待損益に強い関連性があり、当該契約を締結するかどうかを判断するにあたっての重要な事項であるとして、時価評価の重要性について纏々述べる。

　しかし、被告の平成24年11月21日付け準備書面(1)2頁〜4頁で既に述べたとおり、そもそも、デリバティブ取引の時価評価は、実際の決済に基づく決済額や為替リスクヘッジ機能には影響を及ぼさない(現実の損益との因果関係がない)だけでなく、そのデリバティブ取引におけるリスクの大きさや契約当事者が将来損

失を受ける確率及び発生する損失の大きさ（原告のいうところの期待損益）を示すものでもないから、時価評価はデリバティブ取引の基本的部分ないし重要部分をなすものではない。よって、契約締結時における時価評価の議論は、本件訴訟上の争点との間に合理的な関連性を有しないものである。すなわち、時価評価はデリバティブ取引の期待損益に強い関連性があるという原告の前提そのものが誤りである。

2　この点、原告の主張によっても、時価評価がデリバティブ取引を行うにあたって重要であるとする理由は、「デリバティブ取引の時価が将来の確率分布（リスクの大きさ）に強い関連性があるという<u>仮定</u>で成り立っているのが共通の了解事項であり」「時価評価を指標とすることに<u>一応の合理性</u>があるから、会計上もルール化されたのであり」（原告の第2準備書面14頁。アンダーラインは被告代理人による）「デリバティブ取引の時価は、オプションの行使確率および行使時の本源的価値（オプション行使後の受渡し金額）とは<u>数学的に明確な関連性がある</u>」から（原告の第2準備書面15頁。アンダーラインは被告代理人による）というにとどまる。

　むしろ、原告の援用する小島寛之氏の著書によれば、オプションの時価評価額の算定に使われる「ブラック・ショールズ公式は、数学という<u>完全な形式論理の産物であ</u>」り（甲17号証135頁。アンダーラインは被告代理人による）、「ブラック・ショールズ公式も、それ自体が金融市場の実態的変動を正確に反映しているということではなく」（同号証136頁）、「貨幣経済と同じように、オプション市場も市場参加者のある種の共同幻想の上に成立している」（同号証137頁）とされている。ここで小島氏が「ある種の共同幻想」と呼んでいるものは、文脈からして、「ブラック・ショールズ公式（によって算定される時価評価額）がデリバティブ取引におけるリスクないし損益の発生確率の『目安』となる、というコンセンサス」のことであることは明らかであろう。

　このように、時価評価額がデリバティブ取引におけるリスクの大きさや損益の発生確率ないし期待損益の「目安」となるということが、「完全な形式論理の産物」によって導かれる単なる「仮定」や「ある種の共同幻想」にすぎないものであるならば、契約締結にあたって必要不可欠な事項とはいえない。

3　実質的に考えてみても、もし原告の主張するように、時価評価額がそれほどまでにリスクの大きさや損益の発生確率ないし期待損益と強い関連性があるのであれば、時価評価額の計算は、金融機関はもちろん、金融や数学の知識がある者ならば誰でも可能なのであるから、そのような者や企業、法人はデリバティブ取引で確実に利益を上げることができるはずである。しかし、現実にはそうなっておらず、むしろ、国内

第1　第一審

外を問わず、一流の金融機関や商社、ヘッジファンド等がデリバティブ取引で大きな損失を出すことも決して稀ではない。このことからも、時価評価額が期待損益と強い関連性をもつものではないことは容易にわかるであろう。

4　以上のとおり、時価評価は、デリバティブ契約を締結するか否かを決定するにあたっての重要な事項ではないから、被告が時価評価を知らない者との間でデリバティブ契約を締結したとしても、契約の相手方が時価評価を知らないことをもって適合性原則違反となるものではない。また、被告には、デリバティブ取引の契約締結にあたって当該デリバティブ取引時価評価を契約の相手方に説明する義務がそもそもないのであるから、被告が時価評価の説明をしなかったとしても、そのことで説明義務違反となるものでもない。

したがって、原告が本件各契約締結当時に本件各契約の時価評価を知らなかったとしても、被告が原告との間で本件各契約を締結したことが適合性原則違反となるものではないし、被告が本件各契約締結当時に本件各契約についての時価評価を原告に説明していなかったとしても、説明義務違反とはならない。

第3　デリバティブの時価評価や金融工学上のメカニズム、算式、仕組み等の詳細についてまでの説明義務はないこと

1　本件各契約のようなデリバティブ取引を販売する際に、金融商品販売業者には、「元本欠損が生ずるおそれを生じさせる当該金融商品の販売に係る取引の<u>仕組みのうちの重要な部分</u>」（金融商品販売法3条1項。アンダーラインは被告代理人による）については説明義務があるが、これを超えて、当該金融商品の時価評価や、金融工学上のメカニズム、算式、仕組みの詳細についてまで説明する法的義務はない。

2　もっとも、金融商品販売法3条1項の上記規定は、金融商品取引法の制定と同時の改正によって「金融商品の販売に係る取引の仕組みのうちの重要な部分」が新たに説明義務の対象となったものであるところ、この改正規定の施行日は平成19年9月30日であり、本件各契約の締結日よりも後である。よって、そもそも本件各契約についてはこの改正規定は適用されない。

3　その点はおくとして、「金融商品の販売に係る取引の仕組み」とは、デリバティブ取引については、当該取引の仕組み、と定義されている（同条5項5号）。そして、その具体的な内容については、金融庁の金融商品取引法及び金融商品販売法の改正法の立案担当者の解説によれば、「デリバティブ取引については、例えば、『顧客が取引

開始時に保証金を支払う必要があること』、『当該取引の対象となっている株式等の原資産等にかかる相場の変動により、追加保証金を支払う必要が生じ得ること』、『当該取引の終了時には、株式等の原資産等にかかる相場の変動により、当初支払った保証金およびその後に追加して支払った保証金から減額された金額が返還される可能性があること』等の事項」とされている（乙33号証「一問一答金融商品販売法」319頁、320頁）。

4 もし、原告の主張するように、デリバティブ取引においては時価評価がそれほどに重要であり、契約締結にあたっては時価評価の情報が必要不可欠であって、かつそのことがデリバティブ取引に関与する者すべての共通認識であったならば、金融商品取引法の制定及び金融商品販売法の改正の際に、当然、金融商品取引業者（金融商品販売業者）が説明義務を負う事項として「時価評価」が明文で規定されるはずである。少なくとも、金融商品取引（販売）業者が説明義務を負う「金融商品の販売に係る取引の仕組み」の内容の具体例として、真っ先に、時価評価額ないし時価評価に関する事項が挙げられそうなものである。しかし、金融商品取引法においても金融商品販売法においても、金融商品取引（販売）業者が説明義務を負う事項として時価評価（額）は規定されていないし、上記のとおり、金融庁の立案担当者による解説でも、「金融商品の販売に係る取引の仕組み」の内容の具体例として時価評価に関する事項は挙げられていない。

5 むしろ、金融庁で金融商品取引法の立案担当者であった松尾直彦東京大学大学院客員教授は、「当該リスクに関連する範囲でデリバティブ取引等の仕組みの重要部分について説明することが肝要である。例えば仕組債に実質的に組み込まれたオプションの内容等の仕組みの細部についてまで顧客に説明する必要はないのみならず、顧客による当該リスクの理解に支障を来さないようにする観点からは、むしろ細部まで説明するべきではない」と述べている（乙34号証金融法務事情1939号78頁）。

6 また、広島高等裁判所平成23年11月25日判決・金融・商事判例1399号32頁（乙35号証）は、仕組み債について、「ノックイン価格等の条件設定の理由については、元本毀損の条件の一つとされているノックインとは何を意味するのか、ノックインと元本損失発生の条件及び額の関係はどのようになっているかについての説明・情報があれば、ノックインの事項にかかわる本件債券購入についてのリスク判断は可能であり、金融工学上のどのような理由により、かかる条件が設定されたか等は、本件債券を購入する際のリスク判断に必要な事項とは認められない。また、前記認定事実のとおり、

第1 第一審

本件債券についてどのような場合に損失が発生するかについては説明がされたと認められ、その発生のメカニズムについては、本件債券を購入する際のリスク判断に必要な事項とは認められない」と判示している。

7 なお、原告は、被告が時価評価について説明義務を負うことの法的根拠として、金融商品取引法３７条の３第１項４号及び１５７条２号を援用するが（原告の第２準備書面２３頁２５頁）、同法の施行日は平成１９年９月３０日であり、本件各契約の締結日よりも後である。よって、同法は本件各契約には適用されない。

第4 契約締結時点での時価評価上のマイナスは不法行為法上の損害ではないこと

1 原告は、本件各契約により発生した原告の損害として、本件各契約に基づく現実の受払いによって生じた為替差損だけでなく、本件各契約の締結時点の時価評価上のマイナスも損害であると主張し、これは被告の不法行為による損害であるとして、その賠償を請求する。

しかし、この契約締結時点での「損害」とは、原告の主張によったとしても、単なる時価会計上の評価損にすぎず、現実の損失ではない。理論上・会計上マイナスの時価評価が発生したことによって、原告の財産が外部に流失したわけではないし、キャッシュ・フロー上の悪影響が生じたわけでもない。よって、これは不法行為法上の損害ではない。

2 なお、被告が本件各契約による収益を計上しているとしても（ただし、その金額は原告の主張する時価評価額と同額ではなし,）、それは、時価会計上のルールとして計算上そうしているだけであって、被告においても、契約締結時点で現実的な利益が発生しているわけではない。

3 また、時価評価は、契約締結後も為替相場の変動によって絶えず変動し、上昇することも下落することもある。したがって、原告の主張に従えば、契約締結時点で一旦確定的に発生したはずの不法行為法上の損害が、その後の為替相場によって増大したり減少したりする（場合によれば、消滅することもある）ことになるが、不合理である。

4 契約締結時点での時価評価とは、いわば、当該契約に基づき将来金銭の受払いが行われる可能性があるという「不確定な契約上の地位」を、会計上の一定のルールに従って評価・算定したものにすぎない。その後、各権利行使日及び受払日が到来することによ

って、上記の「不確定な契約上の地位」が確定的な受払いの結果（具体的な差益または差損）に転化して確定するものである。したがって、不法行為法上の損害としては、現実の受払いによって現実に発生した損失（為替差損）だけを観念すれば足り、かつそれで、十分である。

5　このことは、極めて単純な1回限りの不動産売買のケースを想定してみれば容易に理解できることである。

　たとえば、売買代金を1億円とし、契約締結の1年後に売買代金の支払い及び所有権の移転・引渡しを行うという内容の土地売買契約を想定する。この場合、契約締結時点での合理的な予測として、1年後に土地の評価額が7000万円に下落すると予測できるとしたならば、契約締結時点での買主の地位の時価評価額は、一応、マイナス3000万円（7000万円－1億円）といえる（単純化するため、中間利息や諸費用は考慮、しないものとする）。しかし、1年後の決済時点では、実際には土地の評価額が1億2000万円になっていたならば、買主の地位の時価評価額はプラス2000万円（＝1億2000万円－1億円）に確定するはずであって、この場合に、買主の地位の時価評価額は契約締結時のマイナス3000万円と決済時のプラス2000万円を差し引きしたマイナス1000万円であり、買主に1000万円の損害が発生している、とはならない。あるいは、1年後の決済時点で実際には土地の評価額が9000万円であったならば、買主の地位の時価評価（損失）額は、マイナス1000万円（＝9000万円－1億円）に確定するはずであって、この場合に、買主の地位の時価評価額は契約締結時のマイナス3000万円と決済時のマイナス1000万円を合算したマイナス4000万円であり、4000万円が買主の損失である、とはならない。

第5　被告における支社と支店の違いについて
　　被告においては、支社とは、主に法人取引先との取引の窓口及び法人に対する営業活動を担当する拠点であり、支店とは、主に個人取引先との取引全般及び法人取引先との預金や融資等の勘定取引自体を行う拠点である。

　　原告との取引については、窓口となるのは京都支社であるが、預金、当座貸越、本件各契約等の取引店は京都支店となっている。

　　なお、被告（旧東京三菱銀行）と合併する前の旧UFJ銀行においても、主に法人取引先との窓口及び営業活動を担当する法人営業部と称する拠点があったが、提案書、契約書上の表記は取引店となる支店名義で、行っていた。

以上

第1　第一審

V　第5回期日（平成25年4月18日）までの双方主張
1　原告第4準備書面（平成25年4月10日付）

第1　時価に関する釈明の回答を受けて

1　原告は、前回第2準備書面において、被告に対して釈明を求めた。

これに対し、被告側は、契約締結月の末日における被告算定の時価を裁判上に提出してきたところ、これらの時価を比較すると本書面添付の別紙の通りとなり、原告算定の時価と大きく異ならないものであった。

2　この結果により、店頭デリバティブ取引の時価は、採用する評価モデルや代入する数値により一定の幅（多少の差）があるが、合理的な数値を代入する限りにおいて一定の値の範囲に収束する、ということが明らかとなった。

店頭デリバティブ取引は、この時価がいくらであるかということを将来のリスク（ないしメリット）の合理的な見積もりとして指標にし、それを共通の尺度として取引されるのであるにもかかわらず、原告はそのことを知らず、他方で被告はそのこと（原告が知らないこと）を知っていた、というのが本件である。

3　被告は、釈明により時価について開示してもなお、契約締結に際し、時価が重要な情報ではないということを主張する。

しかし、相対取引の一方当事者にとってリスクの合理的な見積もりとして重要な情報が、なぜ、相対取引の他方当事者である原告には重要ではないのか。

被告は、契約締結後に時価を通知するというのであれば（乙第5号証の3頁）、被告の認識では、原告が、契約締結後の時価の変動を気にする必要があったということになるが、それではなぜ、原告が契約締結時点でそもそも時価がいくらであったかを知らなくていいのか。

もはや被告の主張は強弁としかいいようがない。

本件は、被告が、原告に対し、時価の概念を説明、理解させなかったため、原告は、原告にとってのメリットを合理的に見積もった時価のコールオプションと、原告にとってのリスクを合理的に見積もった時価のプットオプションとをいびつに組み合わせた商品を購入させられることとなったことが最大の問題なのである（以下、本件契約4についても、コールオプション相当部分、プットオプション相当部分について主張を準用する）。

第2　被告側平成25年3月7日付準備書面2（以下「被告2書面」）への反論

1 「時価は重要ではない」という点に対する反論

（1）被告は「そもそも、通貨オプションの時価は、その通貨オプション契約におけるリスクの大きさや、契約当事者が将来損失を受ける確率及び発生する損失の大きさを示すものではなく、実際の決済に基づく決済額や為替リスクヘッジ機能には影響をおよぼさないから、時価は通貨オプション契約の基本的部分ないし重要部分をなすものではない。よって、契約締結時における時価の議論は、本件訴訟上の争点との間に合理的な関連性を有しないものである。」（被告2書面2頁上から4行目以降）という。

この主張は、①時価は、その通貨オプション契約におけるリスクの大きさを示すものではない、②時価は、契約当事者が将来損失を受ける確率及び発生する損失の大きさを示すものではない、③時価は、実際の決済に基づく決済額や為替リスクヘッジ機能には影響をおよぼさない、①②③から、④時価は契約の基本的部分ないし重要部分をなすものではない、を導き、④から、⑤契約締結時における時価の議論は、「本件訴訟上の争点」との間に合理的な関連性がない、という構成である。

（2）④のうち、原告は時価が契約の「部分」であるとは主張していないから、時価が、本件各契約の「部分でない」ことに争いはない。

そこで、「部分」でなくても重要な事項であるということはありうるから、問題は①②③から、時価が重要でないといえるか、である。

①②は、確かに、時価はその時点の市場条件から合理的に見積もられる期待値の現在価値であるから、当該金融商品で将来損失を受ける確率や発生する損失の大きさを直接示すものではない。

しかし、時価はデリバティブ取引の評価尺度（物差し、指標）であり、時価を測定することなしに、合理的にリスクを測ることはできないから（他に手段もない）、時価評価がデリバティブ取引のリスクと強い関連性があることは否定できない。①②は問題のすり替えである。

また、③は事前の確率変数が、結果に対して直接因果関係がないことを述べたにすぎず、当然のことで（1から6までの目が6分の1ずつの確率で出るサイコロでも振る前の事前の確率変数は、実際の結果に対して因果関係はない）、論ずる意味はない。

要するに、被告の主張は、問題のすり替えと、意味のない当然のことをそれらしくいう目眩ましに過ぎない（オプション価格が合理的に見積もられるようになって、山勘の時代を終え、活発に取引されるようになったことは後に本書面5頁目以降第3で述べる）。

（3）被告は、もし時価が、リスクの大きさや損益の発生確率ないし期待損益と強い関連性があるのなら、時価の計算ができる金融機関などはデリバティブ取引で確実に利益

第1 第一審

を上げることができるはずだが、現実にはそうではなく、大きな損を出すことも希ではないから、時価が期待損益と強い関連性をもつものでないことは容易にわかるなどというが（被告2書面3頁の項目3）、乱暴な議論である。

「時価が、リスクの大きさや損益の発生確率ないし期待損益と強い関連性があるのなら、時価の計算が可能ならデリバティブ取引で確実に利益を上げることができるはずだ」という点は間違っている。

そもそも時価の枠組みの大前提の一つが、「市場に無リスクで収益を上げられる裁定取引の機会は存在しない」というものであり、デリバティブ取引で確実に利益を上げられるようになっていないというのは、まさにこのことの証明である。

むしろ、デリバティブ取引は相対でのゼロサムの勝負だから、時価を知っている者同士が勝負すれば勝ったり負けたりするのが当然のことであるのに、被告が中小企業との間ではノーリスクで収益を上げているのは、時価の概念を知らない原告のような中小企業が、デリバティブ取引の原資産価格の変動以前に、デリバティブ取引の買値（契約締結時点の時価）で大きく負けているからである。

2 「時価を説明する必要がない」という点に対する反論
（1）原告は、理論値としての時価を含むデリバティブについての基礎的な理解は、店頭デリバティブ取引を行うのに必要な顧客がそなえるべき基本的属性であり、これを欠いている者に対する勧誘は、狭義の適合性の原則に反すると主張しているだけであり、時価の概念を含むデリバティブについての基礎的な事項を超えて「金融工学上のメカニズム、算式、仕組み等の詳細」の理解が、デリバティブ取引に必要な属性であると主張しているわけではない。まして、そこまで説明してまで「売って欲しかった」と主張しているわけではない。

被告の指摘する金融商品販売法3条1項は、本件各契約のような為替デリバティブ取引組合せ商品を想定していなかったのである。同条項は、「元本欠損が生ずるおそれを生じさせる当該金融商品」とあるように、「元本」が存在し、それが契約後に欠損を生じるような金融商品（たとえば投資信託のような）について規定しているのであって、もともと契約することによって、ネガティブな経済価値（時価のマイナス）を押しつけられる本件各契約のような金融商品を想定していない。

もっとも、同条項は、信義則の具体化であって、全ての金融商品についての説明すべき重要な事項を限定的に列挙した規定ではない。

したがって、この規定からすれば、元本が存在して、その欠損が生ずるおそれを生じさせる取引の仕組みのうちの重要な部分について説明する義務があるのであれば、本件各契約のような本件為替デリバティブ取引組合せ商品のように当初から元本欠

損に相当する契約時点の時価のマイナスについては、信義則上の説明義務（これは法的な義務である）があると考えるのが自然である。

被告のように「金融商品の販売に係る取引の仕組みのうちの重要な部分」は、金融商品取引法の制定と同時の改正によって新たに説明義務の対象となり、それまでは説明義務の対象ではなかったという解釈は間違っている。投資判断ないし意思決定に重要かどうかは、例示的に法律で列挙した時期にかかわらず、金融商品の特性から、決まるものだからである。立法担当者の解説も本件各契約のような本件為替デリバティブ取引組合せ商品のような金融商品を想定していなかっただけである。

（2）被告は、「原告の主張するように、デリバティブ取引においてそれほどに時価が重要であり、契約締結にあたって時価の情報が必要不可欠であって、かつそのことがデリバティブ取引に関与する者すべての共通認識であったならば、金融商品取引法の制定及び金融商品販売法の改正の際に、当然、金融商品取引業者（金融商品販売業者）が説明義務を負う事項として「時価」が明文で規定されるはずである。」とする（被告2書面5頁上から3行目以降）。

しかし、話は逆である。立案担当者がデリバティブ取引の時価を含むデリバティブの基礎的な事項を理解していなかったのであれば、単に想定していなかったというだけである（そんなことはないであろうが）。

そこで、立案担当者もデリバティブの基礎的な事項を理解していたという前提で考えると「デリバティブ取引においてそれほどに時価が重要であり、契約締結にあたって時価の情報が必要不可欠であって、かつそのことがデリバティブ取引に関与する者すべての共通認識であった」からこそ、デリバティブ取引では、時価など説明するまでの必要がなく、したがって、「金融商品取引法の制定及び金融商品販売法の改正の際に、当然、金融商品取引業者（金融商品販売業者）が説明義務を負う事項として「時価」が明文で規定される」までもなかったのは、そのような共通認識のない属性の者はデリバティブ取引に関与する適合性がないと判断されたということであり、よもや時価概念の理解もない者との間で金融商品取引（販売）業者が相対で勝負するということは想定されなかったのである。

それはとりもなおさず、そういう属性の顧客への販売が狭義の適合性原則に反するということなのである。そうでなければ、あるいは、立案担当者は、銀行がここまで歪な金融商品を売るようなことを想定していなかったのかもしれない。

（3）また、被告は「少なくとも、金融商品取引（販売）業者が説明義務を負う「金融商品販売に係る取引の仕組み」の具体例として、真っ先に、時価ないし時価に関する事項が挙げられそうなものである。」とするが（被告2書面5頁上から8行目以降）、被告が指摘するように、時価は「金融商品販売に係る取引の仕組み」ではないから、具

第1 第一審

体例として挙げようがないのである（それ以前に本件各契約のような為替デリバティブ取引組合せ商品のような金融商品を時価の概念も理解していない属性の者に販売するようなことが金融商品販売法3条1項では想定されていなかったことは先に述べた）。

続けて、被告は「しかし、金融商品取引法においても金融商品販売法においても、金融商品取引（販売）業者が説明義務を負う事項として時価（額）は規定されていないし、」「金融庁の立案担当者による解説でも、「金融商品の販売に係る取引の仕組み」の内容の具体例として時価に関する事項は挙げられていない。」という（被告2書面5頁上から12行目以降）。

この点も同じである。つまり、時価は「金融商品販売に係る取引の仕組み」（下線は原告代理人）ではないから、具体例として挙げようがなく、本件為替デリバティブ取引組合せ商品のような金融商品を時価の概念の理解がない属性の者に販売するようなことを金融商品販売法3条1項はそもそも想定していなかったのである（勧誘が狭義の適合性原則違反であるから、それに反して販売までするという想定がなかったのである）。

（4）さらに、被告は、立案担当者であったという松尾直彦弁護士の論文中「当該リスクに関連する範囲でデリバティブ取引等の仕組みの重要部分について説明することが肝要である。例えば仕組債に実質的に組み込まれたオプションの内容等の仕組みの細部にまで顧客に説明する必要はないのみならず、顧客による当該リスクの理解に支障を来さないようにする観点からは、むしろ細部まで説明するべきではない。」を引いている（被告2書面5頁下から11行目以降）。

原告も一般論としては松尾氏のこの点の主張に異存はないが、そのことと時価の概念を含むデリバティブの基礎的な事項についての理解がない属性の者に勧誘販売することが、狭義の適合性の原則に反するということはまったく矛盾しない。

時価の概念を含むデリバティブの基礎的な事項の理解があれば、細部まで説明せず、時価は当初どの程度なのかの説明があって、仕組みの重要部分さえわかれば、投資判断、意思決定は可能だからである。

しかし、ハイリスク・ローリターンの仕組み債を、そうとは知らされずに（専門家が分析しないとわからないから）、仕組みの重要な部分だけの説明で買わされる投資者は、話が別だろう。

原告が引く広島高裁の判決（乙35）は原告の弁護士が時価についての適切な主張をなさず、裁判所に時価を含むデリバティブについての基礎的事項を理解して判断してもらうことができず、裁判所が被告に誤導されたのである（裁判所も法を知る者であるが、デリバティブの基礎的事項を知らなかったから、原告の主張立証がな

ければそのような観点を欠いて判断することになるのである)。時価の概念を、原告も知らず、裁判所も知らなかった、要するに、原告だけではなく、裁判所も被告に騙されるのである。

(5) 被告は、もともと本件各契約のような為替デリバティブ取引組合せ商品のような金融商品を想定していない金融商品販売法3条1項だけを挙げて、時価の説明をする法令上の根拠がないようにいうが、金商法37条の3第1項7号、金商業等府令93条1項7号、金商法38条6号、金商業等府令117条1項1号などからすれば、「重要な事項」の説明義務が法令上あった。

　デリバティブ取引における理論値としての時価はこの「重要な事項」に該当する。「「金融商品取引法制に関する政令案・内閣府令案」に対するパブリックコメントの結果について」の「コメントの概要及びコメントに対する金融庁の考え方」(「金融庁意見」)でも、「実質的に手数料等に該当する部分が存在する場合には、当該手数料等の表示が必要になる」とされており、具体的な方法は「個別事例ごとに実態に即して実質的に判断されるべきものと考えられる」とされ、表示しない場合は、「表示できない旨とその理由」を記載することになっている(甲11)。

　デリバティブ取引に関する主要な用語およびその他の基礎的な事項についても、金融庁意見では、顧客がこれらを「十分に理解していなければ、その保護に欠けるおそれがあ」り、その「趣旨に照らして個別事例ごとに実態に即して実質的に判断されるべきもの考えられる」としている(甲11の質問251～253に対する回答)。

　また、「一般論としても、金融商品を販売する際に販売業者がいくら手数料や利益を得ているかという点についてまで説明義務があるとは言えない」として挙げられている判例(東京地判平成23年1月28日)(乙34の松尾論文にも引用されている)も、金融商品の契約の意思決定のために必要なリスクとリターンを正しく評価するための情報を提供する必要が、誠実義務を負う金融商品取引業者にないとはいわないだろう。

　手数料や利益を説明させる趣旨ではなく、あくまでリターンの対比との関係でリスクを知る必要があるからであり、そうさせることは、実態を五官で感得できる金融商品の特殊性(不動産や自動車との違い)から、特段非常識なことでもなく、上記金融庁意見は当然のことを述べたにすぎない。

(6) なお、法人税法では、デリバティブ取引に時価主義が導入され、決算期末において未決済のデリバティブ取引は、期末時点の時価で決済したものとみなし、その評価損益に対して課税されるから(法人税法61条の5①)、時価会計をする必要のない中小企業も、期末の未決済デリバティブ取引を時価により評価することが義務づけられる。

第1　第一審

　　したがって、契約時点での時価の理解がなければ、契約日が決算期末日であれば、まさに時価を損益計算書に直接計上しなければならないのにそれができず、そうでなくても時価を把握していなければ税効果を含めたリスクとリターンを正しく評価した意思決定はできない。「デリバティブ取引のリスク管理」というのであれば、契約日当日が決算期という場合を想定すれば、契約後決算期日の時価の把握だけでなく契約時点の時価を把握することが含まれることも当然である。

第3　時価の重要性（第2準備書面の補足）
1　はじめに
　　本件で問題となっている本件各契約は、店頭デリバティブ取引であり、原告被告間の相対取引である。
　　店頭デリバティブ取引である以上、本件契約のコールオプションの購入代金たるプレミアム（オプション料）についても、プットオプションの売却代金たるプレミアム（オプション料）についても、株式のように明確な市場価格があるわけではない。
　　とすれば、被告は、いったいコールオプションの購入代金たるプレミアム、およびプットオプションの売却代金たるプレミアムを、どのようにして定めたのであろうか。そもそも、市場価格のないオプションについて、両者が妥結できるプレミアムなど決定しうるのであろうか。
　　その答えを握るのが時価なのである（甲第17号証「景気を読みとく数学入門」の135～136頁）。

2　プレミアムと時価
（1）店頭デリバティブ取引は、将来発生する権利義務についての取引であり、将来発生する権利義務である以上、取引時点から将来にかけての時間経過による不確定さを本質的に内包する。
　　そこで、店頭デリバティブ取引を行うためには、その不確定さを共通の尺度で把握することが必須となる。
　　仮に、共通の尺度を測るすべがなければ、不確かなことについての認識が当事者間で合理的な範囲で擦り合うはずもなく、オプションの値決めがそもそも不可能となって、ひいては取引自体が成立しないことになってしまう（実際に、ブラック・ショールズ・モデルが世に出る1973年まではオプション取引は少なかった）。
　　しかし、実際は、店頭デリバティブにおいて、一方当事者が考える不確定さを反映させる手法と他方当事者が考える不確定さを反映させる手法とに、その把握の仕方（測り方）に共通性があり、そこに一定のコンセンサスがあるからこそ、デリバティ

ブの値決めも可能となって取引しうるのである。
　　　その唯一のコンセンサスが、時価なのである。
(2)(ア)たとえば、コールオプションの時価とは、購入する者（本件では原告）にとっては将来の権利であることから、一定の計算方法を用い、その不確定な将来のメリットを合理的に反映させたうえで、その価値を数値化したものである。

　　コールオプションを購入する者（本件では原告）としては、コールオプションの理論値である時価がいくらであるかを自ら算定し把握したうえで、それを購入するプレミアム（売主たる被告の提示額）が妥当かどうか、不確定な将来のメリットに見合うかどうかを判断することとなる。

　　その結果、プレミアムを支払ってでも、その将来の権利にそれ以上の効用があると判断すれば購入することになるし、そうでないと思えば購入しないことになる。

　　逆に、コールオプションを売却する者（本件では被告）としては、コールオプションの時価がいくらかであるかを自ら算定し把握したうえで、それを売却するプレミアムが妥当かどうか、不確定な将来のリスクに見合うかどうかを判断することとなる。

　　その結果、これだけのプレミアムを受け取れば、その将来の義務（コールオプションを売却するということは義務を負うということである）にはそれ以下の負担（リスク）しかないと判断すれば売却することになるし、そうでないと思えば売却しないことになる。

(イ)本件契約で例に挙げると、本件契約３の６０本目のコールオプション（行使期日２０１１／８／２９）の時価は、３，１７８円である（甲第８号証の３２頁「付録２」の表③中、「番号３６」の「オプション時価欄」参照）。

　　これは、時価のわかる者が購入するのであれば、平成１８年９月２０日（契約締結日）の時点で、「平成２３年８月２９日に１ドル１０３．７０円で３万ドルを購入する」という権利を購入するなら、少なくとも３１７８円程度のプレミアムを支払うのでなければ将来のメリットに見合わないという判断をするということである。

　　しかるに、被告は、その対価として、原告が６万３９３５円のプレミアムを支払っても見合うという判断を、被告側でしたことになる（甲第４号証の別紙Ｃの表中Ｎｏ．３６のプレミアム金額）。

　　原告は、契約締結時に時価の概念がなかったため、被告の判断に異論をはさむ余地もなかったし、交渉するにも、時価という指標がなかったため交渉することもできなかった（甲第１６号証「デリバティブの落とし穴」の１３０頁の第４段落部分、なお「ＯＴＣ取引」とは店頭デリバティブ取引のことである）。

第1　第一審

（3）（ア）プットオプションでも同じである。

　　プットオプションの時価とは、売却する者（本件では原告）にとっては将来の義務であることから、一定の計算方法を用い、その不確定な将来のリスクを合理的に反映させたうえで、その価値を数値化したものである。

　　プットオプションを売却する者（本件では原告）としては、プットオプションの時価がいくらであるかを自ら算定し把握したうえで、それを売却するプレミアム（売主たる原告が本来提示すべき額であるが、本件では被告が提示している）が妥当かどうか、不確定な将来のリスクに見合うかどうかを判断することとなる。

　　その結果、これだけのプレミアムを受けとれば、その将来の義務にそれ以下の負担（リスク）しかないと判断すれば、売却することになるし、そうでないと思えば売却しないことになる。

　　逆に、プットオプションを購入する者（本件では被告）としては、プットオプションの時価がいくらかであるかを自ら算定し把握したうえで、それを購入するプレミアム（売主たる原告が本来提示すべき額）が妥当かどうか、不確定な将来のメリットに見合うかどうかを判断することとなる。

　　その結果、これだけのプレミアムを支払ってでも、その将来の権利にはそれ以上の効用があると判断すれば、購入することになるし、そうでないと思えば購入しないことになる。

（イ）本件契約で例に挙げると、本件契約3の60本目のプットオプション（行使期日2011／8／29）の時価は、487,665円である（甲第8号証の35頁「付録2」の表④中、「番号36」の「オプション時価欄」参照）。

　　これは、時価のわかる者であれば、平成18年9月20日（契約締結日）の時点で、「平成23年8月29日に103.70円で6万ドルを購入する」という義務を引き受けるには、少なくとも48万7665円程度のプレミアムを受け取らないと見合わないという判断をするということである。

　　しかるに、被告は、原告がその対価として11万1060円のプレミアムを受け取れば見合う、という判断を、被告側でしたことになる（甲第4号証の別紙Dの表中No.36のプレミアム金額）。

　　原告は、契約締結時に時価の概念がなかったため、被告の判断に異論をはさむ余地もなかったし、交渉するにも、時価という指標がなかったため交渉することもできなかった。

3　被告がコール・プット両方のプレミアムを決めている

（1）当然ではあるが、被告は、市場価格のないオプションだからといって、プレミアム

を思いつきや気分に任せて決めたりしたわけではない。

　被告は、市場価格のないオプションについて、自らコールオプションおよびプットオプションの理論値である時価（被告算定の時価）をそれぞれ算定している。

　被告は、それを前提に、自らが売却するコールオプションについては、自らが受け取るプレミアムを決定し、自らが購入するプットオプションについても、自らが支払うプレミアムを決定しているのである。

（2）本件は、被告は、自らが売却するコールオプションの不確定な将来のメリットに基づく原告の権利を評価し、原告が支払うプレミアム（自らが受け取るプレミアム）を設定している。

　逆に、自らが購入するプットオプションについては、その不確定な将来のリスクに基づく原告の義務を評価し、原告が受け取るプレミアム（自らが支払うプレミアム）を設定している。

　そうして、コールオプションとプットオプションを束にして組み合わせたのが本件各契約である。

（3）そもそも、被告の店頭デリバティブ取引における商品組成、条件設定は、相対取引の他方当事者である原告にとっては利益相反的である。

　利益相反的立場であるが被告が、原告を過度かつ無用のリスクにさらすことを厭わず、収益を極大化することを目指した結果が、いびつなオプションの組み合わされた本件各契約なのである。

4　小括
（1）原告は、店頭デリバティブ取引という市場価格のない取引において、コンセンサスの得られた一般的なリスクの評価手法について知らなかった。

　そのことは、原告が、自らが権利として取得するコールオプションの将来における効用、および自らが義務として負担するプットオプションの将来におけるリスクについて、合理的な指標を持つことができなかったことを意味する。

　そのため、原告は、（利益相反的立場の）被告のなした不確定な将来の価値の評価の偏りにも気付ける余地がなかったため、被告の決めたコールオプション、プットオプションのプレミアムが妥当かどうか合理的に判断することができなかった。

　その結果、原告は、コールオプションのプレミアムを払い過ぎ、プットオプションのリスクに見合う充分なプレミアムを受け取れず、本件各契約に基づいて不利な地位に立たされることになったのである。

（2）店頭デリバティブ取引である為替デリバティブ取引において、時価の概念がなければ、不確定な将来の価値を合理的に判断するすべがなくなり、オプションのおおよその価

第1 第一審

値すら理解できず、ひいてはオプションに設定されたプレミアムの妥当性が判断できない。

　例えば、マクドナルドのポテトがひとつ３０００円と言われて購入する者はいないであろう。それは、皆、マクドナルドのポテトのおおよその価値がわかっているからである（中にはおおよその価値はわかった上で主観的価値を見出し３０００円払っても食べたい人もいるかもしれないが、それはあくまで個人の自由であり、食べた後で高いと文句を言ってもそれは自己責任ということになるであろう）。

　逆に、銀座四丁目の土地を一坪１０万円で売ってくレート言われて売却する者はいないであろう。それは、皆、銀座四丁目の土地の１坪当たりのおおよその価値がわかっているからである。

　店頭デリバティブ取引では、上記例の「おおよその価値」が時価である。

　しかし、おおよその価値すらまったくわからない原告のような会社が、時価を独自に算定できる被告と相対取引した場合には、全く釣り合わないプレミアムを払ってコールオプションを購入し、逆に全く釣り合わないプレミアムを受け取ってプットオプションを売却してしまうといった事態が起こってしまう。

（３）以上述べた通り、コールオプションとプットオプションを複数組み合わせた本件各契約のような為替デリバティブ取引を、相対当事者間で対等に契約締結に際し、それぞれのオプションの時価が、契約締結を判断するうえで重要であることは明らかであり、「時価評価の認識はオプション取引を行うための必須要件」である（『デリバティブキーワード３００』甲第２２号証）。

　オプションの売買の世界においては、将来のリスクを合理的に見積もった「時価」を指標として取引を行うことが常識なのである。

５　時価評価につき説明された各種提案書

（１）店頭デリバティブ取引を契約するに際し、時価が重要であることは、以下に述べるように、被告以外の銀行が作成した提案書や、為替デリバティブ以外の提案書からも明らかである。

（２）他行の為替デリバティブ

　被告が筆頭株主である訴外十六銀行が販売した為替デリバティブ取引（クーポンスワップ）の提案書などでは、「相場変動等により評価損失が生じるリスクについて」という項目のもと、時価（時価）の説明がなされている（甲第２３号証）。

　同書面では、「理論レート」と「弊行調達レート」と「弊行提示レート」という概念を用いてそれぞれ説明を加えるとともに、「弊行調達レート」と「弊行提示レート」の差がなぜ発生するかを示し、差の上限の目安を「総外貨交換金額に５円を乗じた

金額」などと具体的に明示している（甲第２３号証の３枚目）。

　また、同書面では、シミュレーションの前提条件として、契約締結直後に市場変動（円高）が起きた場合の評価損益額を具体的に示すとともに、「ご注意」と題した欄で「約定後、為替相場全く変動しないと仮定した場合でも、上記②の部分に相当する評価損は発生します」（原文ママ）として、②の欄に「市場コスト、弊行事務手数料等」という名目で、具体的な金額（例：２４００万円）を目安として挙げている（甲第２３号証の８頁の「☆シミュレーションの前提条件」）。

　これこそが、原告が説明すべきであると主張する時価である（訴外十六銀行が提示する金額も理論値であり、当然、代入する数値によっては若干の誤差はあろうが、原告側で計算しても大きなズレはないと思われる）。

　同書面では、契約締結時点でどの程度の時価のマイナスが発生するかをグラフで示すとともに、約定時からの為替変動が将来の解約清算金と、概ねどのような関係になるかも示されている（甲第２３号証の８頁）。

　被告側の提案書面には、上記のいずれも記載がなく、時価について説明していないことには争いはない。

　仮に、被告が主張するように契約締結に際し時価が重要ではないとすると、訴外十六銀行がこのような提案書を作成したのは、重要ではない、すなわち契約するに際し意味のない情報を、わざわざ複数頁を割いて記載したということになるが、そんなことはないであろう。

（３）金利スワップ

　さらに、同じ店頭デリバティブである金利スワップ（将来にわたって受け取る固定金利と将来にわたって支払う変動金利を交換する取引）などでは、他ならぬ被告の作成した契約締結前の商品の提案書面に、「２．重要事項に関するご説明」として、約定直後の時価評価損について、具体的な金額を示して説明しているものもある（※よもや争われることはないであろうが、念のため認否を確認する）。

　説明書面に記載された内容だけでは、金利スワップ取引のリスクとリターンを正しく評価して契約するかどうかの判断をすることはできないが、このマイナスは何かという疑問をきっかけにデリバティブ取引の時価評価やデリバティブの基礎的事項の理解に近づいたかも知れないし、取引をすることを断念することになったかも知れず、少なくともリスクとリターンを正しく評価する機会を得たかも知れない。

　しかるに、被告は、被告の販売する金利スワップでは約定直後の時価評価損は重要事項であるとして説明をし、かたや為替デリバティブでは契約締結直後の時価評価損は重要ではないなどと主張しているが、背理でありおよそ理解しがたい。

第1　第一審

第4　損害（無効主張を含む請求の変更予定）

　　時価のマイナスは、受け取るべきプレミアムを失ったことにより被った損害（「マイナス」）であり、従って損害を評価するに当っては、現実の受払によって発生した分のキャッシュ・フロー上の出入を観念するだけでは足りない。かかるプレミアム喪失損害も考慮しなければならない。

　　本件各契約のような為替デリバティブ取引契約は、1つの組合せ金融商品の売買であり、その契約によって、原告は、理論値としての時価のマイナスを負担することになった。

　　もし、本件各契約の契約日が決算期日であれば、法人税法上も理論値としての時価評価のマイナスを損益計算書に損金計上しなければならない。また契約直後に解約する場合にも、時価のマイナス相当額の解約精算金を支払わなければならない。

　　契約後の受払による実現損（いわゆる為替差損金）は、当初に立たされた不利な地位によって生じたものであるから、不利な地位に立たされたことと相当因果関係のある損害として当然加算すべきである。

　　ただし、為替差損金のうち、当初の時価のマイナスに起因する分は契約時点の時価のマイナスで評価されていると考えられるから差し引かれる。たまたま為替差損金が出ず、為替差益が出た場合には、損益相殺の対象となるだけである。

　　このように解しないと、原告は被告の金融商品の販売によってプレミアム喪失損害を被らされたという不法行為の実態にそぐわない。またこのように解さないと、銀行が収益目的で顧客を故意にリスクにさらしながら、たまたまその後の為替相場で顧客にキャッシュ・フロー上の損が出なければ損害がないとされるならば、そのような不法行為を助長することにもなる。

　　したがって、本件各契約で原告が蒙った損害は、以下のとおりになるから、原告は、ゼロバリュー価格を分析したうえで損害額を算定し、無効主張も含めて請求を変更する予定である。

　　本件各契約による損害は次のように分類できる。

（1）契約時点の時価のマイナス（プレミアム喪失損害）・・・A
（2）為替差損金→①Aに基づく分・・・B
　　　　　　　　②為替変動による分・・・C
（3）解約精算金（口頭弁論終結時点）
　　　　　　　→①Aに基づく分・・・D
　　　　　　　　②為替変動による分・・・E

上の（１）契約時点の時価のマイナス（Ａ）は、観念上の損害ではなく、キャッシュ・フローの出入はないものの現実の損害であることに留意を要する。商品の時価は、受取るべきプレミアム（プットオプション）、支払うべきプレミアム（コールオプション）の差であり、一種の理論値ではあるが、これに基づいて金銭のやり取りがなされる。

　原告は、この受け取るべきオプション料と支払うべきオプション料との差引清算をすれば一定額（本件契約１では１４，３９７，０００円、本件契約２では２８，７０３，０００円、本件契約３では４７，４４１，０００円、本件契約４では２４，３６４，０００円）を受取ることができたはずであったが、原告はオプションに時価があることを知らなかったし、それを知る術も能力もなかったところに、被告から受け払いプレミアムは同額（ゼロコスト）であると詐欺的説明を受けたために、得べかりしプレミアムを失ったといえるから、その喪失額相当の損害を被っているのである。本書面ではこれを時価のマイナス、ネガティブな市場価値（経済価値）等という言葉で表現している。

　ここで、Ａは民法４１６条でいえば１項の通常損害に相当し、Ｃ、Ｅは同条でいえば２項の特別損害に相当する。いずれも本件金融商品の販売と相当因果関係の範囲の損害である。

　Ｃは当初の時価評価がプラスマイナスゼロになるオプション料喪失がない場合（「ゼロバリュー」）の行使価格での損益である。

　Ｅは、ゼロバリューになる行使価格での解約清算金である。

　したがってＢは為替差損金からＣを差し引いた、Ｄは（口頭弁論終結時点の）解約清算金からＥを差し引いた金額である。

　本件金融商品による損害は、Ａ＋Ｃ＋Ｅである。

以上

２　原告第５準備書面（平成２５年４月１５日付）

第１　原告の会社規模

１　売上高（甲２４）

平成１５年１月〜平成１５年１２月（第３２期）：１２億８４４７万円

平成１６年１月〜平成１６年１２月（第３３期）：１３億４５８８万円

平成１７年１月〜平成１７年１２月（第３４期）：１２億１１６４万円

平成１８年１月〜平成１８年１２月（第３５期）：１１億８７３５万円

平成１９年１月〜平成１９年１２月（第３６期）：１０億４６７５万円

平成２０年１月〜平成２０年１２月（第３７期）：９億６２９６万円

第1　第一審

　　平成２１年１月～平成２１年１２月（第３８期）：７億４８４４万円
　　平成２２年１月～平成２２年１２月（第３９期）：７億１８２４万円

　２　営業利益（甲２４）
　　平成１５年１月～平成１５年１２月（第３２期）：６２０７万円
　　平成１６年１月～平成１６年１２月（第３３期）：５１７３万円
　　平成１７年１月～平成１７年１２月（第３４期）：３４９４万円
　　平成１８年１月～平成１８年１２月（第３５期）：１４７８万円
　　平成１９年１月～平成１９年１２月（第３６期）：１１６４万円
　　平成２０年１月～平成２０年１２月（第３７期）：８１９万円
　　平成２１年１月～平成２１年１２月（第３８期）：６３５万円
　　平成２２年１月～平成２２年１２月（第３９期）：２９８万円

　３　経常利益（甲２４）
　　平成１４年１月～平成１４年１２月（第３１期）：５４０８万円
　　平成１５年１月～平成１５年１２月（第３２期）：５８１５万円
　　平成１６年１月～平成１６年１２月（第３３期）：５８６９万円
　　平成１７年１月～平成１７年１２月（第３４期）：４５６１万円
　　平成１８年１月～平成１８年１２月（第３５期）：２６５０万円
　　平成１９年１月～平成１９年１２月（第３６期）：２０２９万円
　　平成２０年１月～平成２０年１２月（第３７期）：▲４１９万円
　　平成２１年１月～平成２１年１２月（第３８期）：２１４万円
　　平成２２年１月～平成２２年１２月（第３９期）：▲８０６万円

　４　従業員
　現在、正社員１０名パート２名
　（平成１５年時点では正社員１７名、パート４名）

第２　会社代表者等の経歴
　１　Ａ
（１）生年月日（略）（満７０歳）
（２）経歴
（略）

2　原告従業員B
（１）生年月日（略）（満４８歳）
（２）経歴
（略）

第３　原告の事業には被告主張の為替リスクはない
　１　訴状でも記載したが、原告は、西陣織ネクタイの製造卸会社であり、白生地を仕入れ、製造加工し、そして商社へ販売するというのが大まかな流れである。
　　　原告の白生地の仕入先は、すべて日本国内の企業であり、仕入代金の支払いはすべて円で支払われるが、国内企業から仕入れる白生地の中に、一部中国製の白生地もある。
　　　しかし、その量はわずか総仕入額の２％〜４％程度であり（甲１０の５頁）、その他はすべて国産である。

　２　原告で扱う中国製の白生地のうち、取引量が最も多く、かつ、継続して取引のあった商品である「(略)」の価格については、原料である生糸相場の変動と需給バランスにより変動するものであり、為替相場との相関性は薄いものであった（甲１０の５頁）。
　　　原告としても、為替相場を日々気にしながら事業するようなこともなかった。

　３（１）もっとも、原告が、わずかとはいえ（しかも金額および支払時期については被告主張と大きく異なるものの）中国の提携工場にドル建てで加工賃を支払ったこと自体は事実であるので（甲１９）、原告の事業に円安の影響がまったくないなどという主張までするつもりはない。
　　　しかし、為替相場というのは、ひとり原告にのみ適用されるものではなく、業界全体に適用されるものである。
（２）そこで、為替相場が円安になった場合を仮定しよう。
　　　円安になった場合、原告としては、短期的にドルの調達コストが上がる結果として、加工賃が当面短期的には上がることもあるだろう。
　　　しかし、その場合は、原告のみならず、他の海外で加工を行う業者もすべて同じ理屈で加工賃が上がることとなるため、業界として、それを販売価格へ転嫁するという動きが出る。
　　　販売先も、（原告のみの転嫁の提案が他の会社と比べて異常に高いというのであれば格別そうでない限り）、販売価格への転嫁に応じることとなる。

第1　第一審

とすると、加工賃の短期的な上昇分は、一時的な円安の影響であったとしても「長期の為替リスク」などではない。ましてや、１０年もの円高の為替リスクを新たに負担してまでヘッジする必要などどこにもない。

（３）同様に、為替相場が円高になった場合を仮定しよう。

円高になった場合、原告としては、短期的にドルの調達コストが下がる結果として、加工賃が当面短期的には下がることもあるだろう。

しかし、その場合は、原告のみならず、他の海外で加工を行う業者もすべて同じ理屈で加工賃が下がることとなるため、そこで競争も起こるだろうし、販売先から、販売価格を見直すよう動きが出る（円高還元圧力）。

原告ほか仕入先も、（販売先の見直し提案が他の販売先と比べて異常に安いというのであれば格別そうでない限り）、販売価格の見直しに応じることとなる。

とすると、加工賃の短期的な下落分は、一時的な円高の影響であったとしても永続性のあるような「メリット」ではない。

従って、本件各契約に基づく円高の為替リスクが長期的に実現した場合、原告の事業構造上、それを補うようなことはできず、その分だけ事業を直撃することになる。

（４）このような事業の流れを示すように、原告の粗利率は為替の変動にもかかわらずほぼ一定であった（甲第１０号証の６頁３－ⅲ）。

4　小括

本件各契約の効果は、「行使価格より円安になった場合のメリット」と「行使価格より円高になった場合のリスク」をいずれも長期間同時に受けるということである。

この「行使価格より円安になった場合のメリット」というのが本件各契約のコールオプション（コールオプション相当分）であり、「行使価格より円高になった場合のリスク」というのが本件各契約のプットオプション（プットオプション相当分）である。

原告が問題にしているのは、この「行使価格より円安になった場合のメリット」と「行使価格より円高になった場合のリスク」とがまったく見合っていないから、結果として「行使価格より円高になった場合のリスク」のみを長期間負うに等しい事態に陥っているということである（甲６～甲９）。

第4　経緯に関する追加の求釈明

1　原告は、第３準備書面において、被告が、本訴訟で主張する「平成１６年５月の時点で年間３１０万ドルであるとの説明を受けた」（被告第１準備書面６頁下から８行目）の根拠となっていると思われる訴外契約１の販売記録を開示されたい旨求めた

ところ、乙第３６号証を提出してきた。

しかし、乙第３６号証には「年間３１０万ドル」との数字がどこにも出てこない。

乙第３６号証には「ようやく中国協力企業からの本格的な直貿を開始。対象取引はＵＳＤ５０，０００以上／月となっているものの…」とあるが、これと年間３１０万ドルとはどのような関係になるのか（求釈明１）。

2　原告は、第３準備書面において、被告が、本訴提起前に口頭で開示した「２００４年１２月期の決算において、原告は、外貨建決済金額が１３０万ドル、円貨建決済金額が１８０万ドルで合計３１０万ドルであり、これは２００４年１２月期のご決算なのですが、書類作成は１２月２日付で、ヒアリングしたのは１１月２５日となっております。」の根拠となっていると思われる本件契約１（契約締結日：平成１６年１２月２４日）販売記録を開示されたい旨求めたところ、乙第３７号証を提出してきた。

しかし、乙第３７号証には「外貨建決済金額が１３０万ドル」、「円貨建決済金額が１８０万ドル」との数字がどこにも出てこない。

期日において、被告訴訟代理人が間違いない旨述べたように記憶するが、念のため、「２００４年１２月期の決算において、原告は、外貨建決済金額が１３０万ドル、円貨建決済金額が１８０万ドルで合計３１０万ドルであり、これは２００４年１２月期のご決算なのですが、書類作成は１２月２日付で、ヒアリングしたのは１１月２５日となっております。」との記載が当時の稟議書に書かれていることについて、間違いないかどうか、念のため再度認否を確認する（求釈明２）。

第５　事実の経緯のまとめ

1　原告の事業方針

原告は、ネクタイ業界の規模が縮小してきたことを受け、平成７年頃から（略）徹底して自己資本比率を高めるとともに、安定した無借金経営を目指し、平成１２年頃には完全無借金経営としたことから（争いなし）、借入もせず、当然ではあるが、リスクのある金融商品については導入しない方針であった。

本件各契約については、いずれも契約締結時点で多額の時価のマイナスの発生する取引であり、原告としては、そのようなことを知っていれば、事業方針に著しく反するため、導入するはずがなかった。

以下、契約ごとの経緯を補足する。

2　訴外契約１に至る経緯

平成２４年１０月３日付第１準備書面の第１の１（１頁目）および平成２４年１２

第1　第一審

月25日付第3準備書面の2（1頁目）において既に主張した通りである。

3　本件契約1に至る経緯

被告担当者Cは、平成16年12月中旬頃、Aらに対し、『マルチコンティンジェントフォワード（差額受取型）』（以下「本件契約1」）を提案した。

被告担当者Cは、「現在契約中の訴外契約1のレートを下げるメリットがあり、原告にとって有利な商品である」などと述べ、原告を強く勧誘をした。

原告は、同年12月24日、本件契約1を締結した。

4　本件契約2および訴外契約2に至る経緯

被告担当者Cは、平成17年5月末、Aらに対し、『マルチシンセティックフォワード（差額受取／レバレッジ型）』（以下「本件契約2」）および『マルチコーラブルクーポンスワップ（差額受取型）』（以下「訴外契約2」乙第16号証）を提案した。

被告担当者Cは、いずれの商品についても、原告にとってメリットがあるという強調をする勧誘を行った。

原告は、同年6月8日、本件契約2および訴外契約2を締結した。

なお、被告は、平成19年2月、円安に相場が変動したことを受け、訴外契約2を解約した。

5　当座貸越の依頼（事情）

被告担当者Cは、平成17年9月末、原告に対して、原告の事業には必要のなかった当座貸越について、被告の顔を立てて欲しいので是非取り組んで欲しいと依頼し、原告は同依頼を断りきれず同年11月14日までの間これに応じ、被告に対し支払利息として金12万8000円を支払った。

また、被告担当者Cは、平成18年3月末にも、原告に対して、再び原告には必要のなかった当座貸越をするよう依頼し、原告は同依頼を断りきれず同年5月15日までの間これに応じ、被告に対し支払利息として金10万9000円を支払った。

原告としては、当時、創業以来のメインバンクである被告に対して全幅の信頼を寄せており、円滑な取引関係を継続したいと強く願っていたので、基本的に被告からの依頼、勧誘については、原告の事業方針に反しない範囲で受けていた。

6　本件契約3に至る経緯

被告担当者Cは、平成18年9月上旬、Aらに対し、『(前半) デジタルスプレッド（レンジ内メリット型）&（後半）マルチノックアウトフォワード（リアノックアウト型・

レバレッジ型)』(以下「本件契約3」)を提案した。
　被告担当者Cは、「現在の経済情勢ですと、原告が2年後に3万ドルを買う頃には、まず銀行が解約権を行使することとなります。」「このような商品は、原告のような優良企業にしかお勧めしていない商品なので、他には口外しないでください。」などと述べて勧誘した。
　原告は、被告担当者Cに「それなら前半2年間の受取のみで、いわば勝ち逃げみたいになる商品ということですか」と尋ねると、被告担当者Cは「そうです」と答えた。
　原告は、同年9月20日、本件契約3を締結した。

7　本件契約4に至る経緯
　平成24年10月3日付第1準備書面の第1の3（2頁目）において既に主張した通りである。なお、原告第3準備書面で求めた、被告が当初提案したと主張する、レート逆ステップの付された通貨オプションの提案書（それがなければ契約内容の概略）を開示されたい（求釈明3）。

以上

3　被告準備書面（3）（平成25年4月18日付）

　被告は，東京地方裁判所平成25年2月22日判決（乙38号証）最高裁判所第一小法廷平成25年3月7日判決（乙39号証）及び最高裁判所第三小法廷平成25年3月26日判決（乙40号証）を踏まえ，以下のとおり主張を補充する。

第1　原告が為替変動リスクを負っており為替変動リスクヘッジニーズがあったことについて

1　原告が米ドル建てで直接的にもしくは商社を介して間接的に中国から輸入を行っており、円安米ドル高の為替変動リスクを負っていたこと、並びに被告はそのこと及び原告の輸入取引量を、原告からのヒアリングによって確認していることは、被告の平成24年11月21日付け準備書面（1）6頁で主張したとおりであり、また、本件当時の「情報ノート」（乙36号証、乙37号証の5）に記録されているとおりである。
　原告が、為替リスクヘッジ目的で、被告との間で、訴外契約を含め全部で6件の通貨オプション取引及びクーポンスワップ取引を行っていることからしても、原告が為替リスクを負っていたこと及び為替リスクヘッジニーズを有していたことが明白である。もし原告が、為替リスクヘッジニーズがないのにこれらの為替デリバティ

第1 第一審

ブ取引を行ったのであれば、（原告の内心では）投機目的でこれらを行ったものとしか考えられないが、原告は投機目的であったことを否定している。

したがって、本件各契約は円安米ドル高の為替リスクをヘッジするという原告のニーズ及び意向に合致していたものである。

2 なお、仮に、本件各契約による取引量が原告における為替リスクを負っている輸入取引量に照らして過大（いわゆるオーバーヘッジ）であったとしても、そのことによっては、被告が不法行為責任を負うことはない。

けだし、後述のとおり、被告は、本件各契約の商品内容、取引の仕組み、メリット、リスク・デメリット等について、取引説明書及び口頭で具体的に詳しく説明しており、原告は、自己責任の下で本件各契約を締結するか否かの合理的な判断を行うのに必要な程度に被告の説明を理解していた。

そうであれば、原告において実質的に為替リスクを負っている取引量について一番よく知っているのは被告ではなく原告自身なのであるから、為替リスクを負っている取引量を勘案して、本件各契約の取引量をどの程度にすべきか、いわゆるヘッジ率をいくらにするか、本件各契約の取引量は過大ではないか等の点については、まずもって原告自身が判断すべきものであり（この判断は、個々の経営者の経営方針やリスク志向の程度によって変わりうる経営判断事項であって、画一的な法律的判断にはなじみにくいものである）、かつそれは可能であったというべきであるからである。

3 この点について、東京地方裁判所平成25年2月22日判決は、被告の勧誘によって顧客が被告との間で本件各契約と同様の通貨オプション取引を行った同種事案において、「そもそも、約定取引額（を）どの程度にすべきか（は）、第一次的には原告において決定すべき経営判断事項であることからすると、全国銀行協会あっせん委員会が、本件各取引における年間の最大取引量（408万ドル）は明らかに過大であり、適合性原則の観点から問題があるといわざるを得ない旨の指摘をしていることを考慮しても、やはり、被告の担当者が本件各取引を勧誘したことが、適合性原則に違反し、不法行為を構成するとまではいえない」と判示しており（乙38号証22頁、23頁）、このことは本件にも同様にあてはまる。

第2 本件各契約に関する被告の説明について

1 本件各契約のいずれについても、提案・勧誘にあたっては、その都度、商品内容、取引の仕組み、メリット、リスク・デメリット等について、被告の京都支社（旧ＵＦ

J銀行当時は京都法人営業第2部）の担当者であるC（本件契約1～3）またはD（本件契約4）と被告のデリバティブの専門部署である市場営業部の担当者のIまたはJが、原告（A社長及びB課長）に対し、取引説明書（提案書）（乙10号証、乙13号証、乙22号証、乙24号証）及び口頭で詳しく説明している。そして、原告も、本件各契約のいずれについても、リスク確認書（乙12号証、乙15号証）または取引説明書のリスク承知文言部分（乙22号証6頁、乙24号証4頁）に任意に記名・捺印し、もって、取引の仕組み及びリスク並びにメリット・デメリットについて十分に理解したうえで自らの自由な意思に基づく判断で各契約を締結したものであることを確認している。

　なお、以上は、訴外契約1及び2についても、同様である（乙5号証、乙7号証、乙16号証、乙18号証）

2　銀行がデリバティブ取引を勧誘・販売する場合の説明義務に関する初めての最高裁判所判決である最高裁判所第一小法廷平成25年3月7日判決（乙39号証）は、金利スワップに関する事案ではあるが、

① 「本件取引は、将来の金利変動の予測が当たるか否かのみによって結果の有利不利が左右されるものであって、その基本的な構造ないし原理自体は単純で、少なくとも企業経営者であれば、その理解は一般に困難なものではなく、当該企業に対して契約締結のリスクを負わせることに何ら問題のないものである」

② 「上告人は、被上告人に対し、本件取引の基本的な仕組みや、契約上設定された変動金利及び固定金利について説明するとともに変動金利が一定の利率を上回らなければ、融資における金利の支払よりも多額の金利を支払うリスクがある旨を説明したのであり、基本的に説明義務を尽くしたものということができる」

③ 「本件提案書には、本件契約が上告人の承諾なしに中途解約をすることができないものであることに加え上告人の承諾を得て中途解約をする場合には被上告人が清算金の支払義務を負う可能性があることが明示されていたのであるから上告人に、それ以上に、清算金の具体的な算定方法について説明すべき義務があったとはいい難い」

④ 「本件取引は上記のような単純な仕組みのものであって、本件契約における固定金利の水準が妥当な範囲にあるか否かというような事柄は、被上告人の自己責任に属すべきものであり、上告人が被上告人に対してこれを説明すべき義務があったものとはいえない」

　と判示して、銀行の説明義務違反を肯定した原審判決（福岡高等裁判所平成23年4月27日判決）を破棄し顧客側の請求を棄却した一審判決に対する顧客側の控訴を棄却した。

第1　第一審

3　また、最高裁判所第三小法廷も、平成25年3月26日、上記第一小法廷判決とまったく同旨、同内容の判決を言い渡している（乙40号証）

4　このように、最高裁判所は、金利スワップは、基本的な構造ないし原理自体は単純であり、少なくとも企業経営者であればその理解は一般に困難なものではないと述べ、金利スワップを理解するためには（企業経営者であることに加えて）デリバティブや金融に関する特別な知識や経験が必要ではないことを明らかにした（上記2項①）。上記第一小法廷判決の事案も第三小法廷判決の事案も、どちらも当事者は地方の中小企業であり、通常の融資取引の経験以外に、デリバティブや金融に関する知識や経験があったとの事実は認定されていない。

5　次に、最高裁判所は、銀行が「本件取引の基本的な仕組みや、契約上設定された変動金利及び固定金利について説明するとともに、変動金利が一定の利率を上回らなければ、融資における金利の支払よりも多額の金利を支払うリスクがある旨を説明した」ことをもって基本的に説明義務を尽くしたものということができると述べており、時価評価額やその他の金融工学上の知識・情報については銀行に説明義務がないことを明らかにした（上記2項②）。

6　また、最高裁判所は、解約清算金に関する銀行の説明義務の内容・程度としては、金利スワップ契約を中途解約する場合には銀行の承諾が必要であること及び銀行の承諾を得て中途解約する場合には顧客は解約清算金の支払義務を負う可能性があることについて説明してあれば、銀行は、それ以上に、解約清算金の具体的な算定方法についての説明義務を負わないことを明確にした（上記2項③）

なお、上記各最高裁判決は、中途解約する場合には銀行の承諾が必要であること及び銀行の承諾を得て中途解約する場合には顧客は解約清算金の支払義務を負う可能性があることについては銀行は説明義務がある、とまでは必ずしも言っていないと解される。

7　さらに、上記各最高裁判決は、金利スワップ契約により交換される「固定金利の水準が妥当な範囲にあるか否かというような事柄」については、金融工学を用いた時価評価等を参照せずとも、取引を行う当事者（顧客）が将来の金利変動の予測等に基づいて自己責任において評価・判断できる（すべき）との判断を示したものと解される（また、当事者が判断すべき取引の経済合理性について、裁判所が積極的に介入し

て評価しないことを明らかにしたものと解される)(上記2項④)

　なお、上記各最高裁判決が「固定金利の水準が妥当な範囲にあるか否かというような事柄」との表現を使用していることからして、当事者の自己責任に属する事柄としては「固定金利の水準が妥当な範囲にあるか否か」との一事だけに限られるわけではないことも明らかである。

8　上記各最高裁判決の事案は金利スワップに関するものであるが、各最高裁判決の上記判示内容は、本件各契約のような為替デリバティブ取引についても等しく妥当するものである。

　なんとなれば、金利スワップにおいては、固定金利と変動金利の交換が行われるため契約締結後の変動金利の変動(上下)によって結果の有利・不利が変わるという性質及びリスクを有し、かたや、為替デリバティブ取引においては、円貨と外貨の(実質的な)交換が行われるため(なお、「実質的な」交換という趣旨は、為替デリバティブ取引のうち、クーポンスワップは理論的にも交換そのものであるが、通貨オプションは理論的には交換ではないからである)契約締結後の為替相場の変動(上下)によって結果の有利・不利が変わるという性質及びリスクを有し、取引の基本的な構造・原理及びリスクの性質は両者で基本的に同じだからである。両者で異なるのは、結果の有利・不利に影響を与える変動要因が金利なのかそれとも為替相場なのかという点だけであり、専門家であっても将来の予想が困難であること及びそのことは公知の事実であることは、金利と為替のどちらにも共通である。

　また、中途解約をする場合には銀行の承諾が必要であること及び銀行の承諾を得て中途解約する場合には顧客は解約清算金の支払義務を負う可能性があること、さらには正確な解約清算金額を事前に算定することは困難であることについては、金利スワップと為替デリバティブ取引とで何ら違いはないからである。

　さらに、理論上時価評価が可能であることは金利スワップと為替デリバティブ取引とで何ら違いはないし、時価評価額の算出に使用される金融工学上の手法・考え方も、金利スワップと為替デリバティブ取引とで基本的に共通だからである。

9　前掲の東京地方裁判所平成25年2月22日判決も、当該通貨オプション取引は「一見、その仕組みは複雑であるし、そもそも、上記取引において、将来の為替レートの変動を確実に予測することや、設定された行使価格、プレミアム等の妥当性を判断することが極めて困難であることは明らかであるものの、その経済効果自体は、原告において、行使期日の為替レートが設定されたレート以上の円安であった場合、実勢より有利なレートで約定取引額のドル買い円売りが可能となり、また、これが設定

第1　第一審

されたレンジに収まった場合、ペイオフ金額の受取りが可能となるが、設定されたレート以下の円高であった場合、実勢より不利なレートで約定取引額の２倍のドル買い円売りを行うことになるというもので、比較的容易に理解し得る」と判示している（乙３８号証２２頁）。

この東京地裁判決は、上記各最高裁判決が出る前に言い渡されたものである（したがって、上記各最高裁判決を意識していない）が、上記各最高裁判決と通底するものである。

なお、この東京地裁判決の事案で問題となった通貨オプション契約の契約内容・仕組みは、本件各契約の契約内容・仕組みよりも複雑であり、本件各契約の方がシンプルで理解しやすいといえる。

第3　結論

以上のとおり、本件各契約は円安米ドル高の為替リスクをヘッジするという原告のニーズに合致していたものである。また、被告は、本件各契約の商品内容、取引の仕組み、メリット、リスク・デメリット等について、取引説明書及び口頭で具体的に詳しく説明しており、原告は、自己責任の下で本件各契約を締結するか否かの合理的な判断を行うのに必要な程度に被告の説明を理解していた。よって、被告には適合性原則違反も説明義務違反もなく、原告の本件請求はまったく理由がない。

第4　過失相殺

仮に被告に何らかの不法行為が成立し、被告が損害賠償責任を負うとされる場合であっても、原告には重大な過失があることは明らかであり、大幅な過失相殺がされるべきである。

Ⅵ　第６回期日（平成２５年５月３０日）までの双方主張
1　原告第６準備書面（平成２５年５月２７日付）

第1　請求の追加

1　原告は、訴状記載の請求の趣旨に加え、以下の通り請求を追加する。

被告は、原告に対し、金４０，３２９，６５０円およびこれに対する訴状送達の翌日から支払い済みまで年５分の割合による金員を支払え。

原告と被告との間の、平成１６年１２月２４日付通貨オプション取引、平成１７年

6月8日付通貨オプション取引、平成18年9月20日付通貨オプション取引、平成19年3月27日付クーポンスワップ取引が、いずれも無効であることを確認する。

以上

2　錯誤無効
(1) 本件各契約の導入目的と原告の認識
(ア) 原告は、被告より、「円安の為替リスクをヘッジする商品である」という名目で、本件各契約の提案を受け、原告は、本件各契約を為替リスクのヘッジをする目的で導入した。
(イ) 本件各契約は、原告にとって、円安の為替リスクの回避する部分（コールオプション）を被告から購入するものであるとともに、円高の為替リスクを引き受ける部分（プットオプション）を被告に売却する商品であり、オプションの組み合わせ商品である（本件契約4については、コールオプション相当分について「コールオプション」、プットオプション相当分について「プットオプション」として、通貨オプションとパラレルに主張する）。

本件各契約は、コールオプションの購入代金（原告→被告）とプットオプションの売却代金（原告←被告）がいずれも同額であるとして相殺処理されており、原告としても、為替リスクをヘッジする目的で導入している以上、コールオプションの価値とプットオプションの価値は見合ったものであるという認識であった。

(2) オプションのおおよその価値は時価である
(ア) ここで、繰り返しになるが、専門家によると、店頭デリバティブ取引は、理論値である時価がいくらであるか、ということを共通の尺度として取引される。

もっとも、店頭デリバティブ取引の理論値である時価は、採用する評価モデルや代入する数値により、一定の幅（多少の差）があるようであるが、合理的な数値を代入する限りにおいて、時価は一定の範囲に収束する。

実際、被告が訴訟指揮に基づき訴訟手続内で明らかにしてきた時価（但し、契約締結月の末日のもの）は、原告算定の時価と、ほとんどずれていなかった。

(イ) 被告は、本件各契約の条件を設定するにあたり、コールオプションの時価を独自に算定し、おおよその価値を把握したうえで、原告に対して売却する（原告が購入する）際のプレミアム（オプション料）を決定している。

その際、被告は、コールオプションの対価としてこれだけのプレミアムを受け取れば、被告の将来負う義務（コールオプションを原告に売却するということは、将来原告に対して義務を負うということである）にはそれ以下の負担（リスク）しかな

第1 第一審

いと判断したのである。

また、被告は、本件各契約の条件を設定するにあたり、プットオプションの時価を独自に算定し、おおよその価値を把握したうえで、原告から購入する際のプレミアム（オプション料）を決定している（これは本来、売り主である原告が決めるべきものである）。

その際、被告は、プットオプションの対価として原告がこれだけのプレミアムを受け取れば、原告の将来負う義務（プットオプションを被告に売却するということは、将来被告に対して義務を負うということである）にはそれ以下の負担（リスク）しかないと判断したのである。

(3) 等価性の錯誤

(ア) すでに主張済みの通り、本件各契約を専門家に分析してもらうと、およそ両オプションの価値が見合ったものとは言えない状況であった。

つまり、本件契約1ではコールオプションの時価が338万3000円であるのに対し、プットオプションの時価が1778万1000円であり、価値の差は約5.26倍であった（甲6）。

本件契約2ではコールオプションの時価が490万8000円であるのに対し、プットオプションの時価が3361万1000円であり、価値の差は約6.85倍であった（甲7）。

本件契約3ではコールオプションの時価が178万0000円であるのに対し、プットオプションの時価が4922万1000円であり、価値の差は約27.7倍であった（甲8）。

また、本件契約4ではコールオプション相当分の時価が3008万2000円であるのに対し、プットオプションの時価が5444万6000円であり、価値の差は1.8倍以上であった（甲9）。

(イ) 為替デリバティブ取引におけるコールオプション、プットオプションは、束となったそのひとつひとつが契約上の地位である。本件各契約は、（組み合わせにより）いわば当事者間で契約上の地位を交換する取引であるといえる。

甲第6号証ないし甲第9号証によると、本件各契約は、円安の為替リスクの回避する部分（コールオプション）に、その約1.8～27.7倍もの時価の円高の為替リスクを引き受ける部分（プットオプション）を組み合わせた商品であるということになる。

つまり、原告が、本件各契約を導入すると、得られるコールオプションの時価より、負担させられるプットオプションの時価のほうが高いことから、実質的にみると、新たに円高の為替リスクを負うだけに等しい結果となる。

原告は、被告提案を受け入れ、為替リスクを回避する商品であるということであればということで本件各契約を締結した。

　　　原告は、本件各契約が、その実は、新たに円高の為替リスクを引き受けるだけに等しいものであるとわかっていれば、本件各契約など締結しなかった。

　　　従って、原告は、本件各契約で交換される各オプション（契約上の地位）の等価性について錯誤に陥っていたのであるから、本件各契約は無効である。

（4）価値がマイナスであることについての錯誤

　　　また、原告は、本件各契約を導入することで、契約締結時点において、本件契約1では1439万7000円、本件契約2では2870万3000円、本件契約3では4744万1000円、本件契約4では2436万4000円の時価のマイナスを負担することになった。

　　　しかし、原告は、平成7年頃から（略）徹底して自己資本比率を高めるとともに、安定した無借金経営を目指し、平成12年頃には完全無借金経営とした。

　　　原告は、本件各契約締結時点で、上記のような多額のマイナスが発生するということを知らなかった。

　　　原告は、もし知っていれば、経営方針に真っ向から反することになるため契約していなかった。

　　　従って、原告は、本件各契約の価値自体について錯誤に陥っていたのであるから、本件各契約は無効である。

3　なお、前回準備書面で主張していた本件各契約が有効であることを前提とする損害額の整理については、現在専門家に相談しているが、その結果を出すのに時間を要するようであるため、次回以降の書面で主張する予定である。

第2　時価の説明義務違反の補足
1　オプション取引は「特殊」な相対取引である
（1）原告は、被告に時価を説明することが義務として課される理由は、本件各契約のような為替デリバティブ取引が「特殊」な相対取引だからであると考える。

　　　なぜ、相対取引の前に「特殊」という言葉を付したのか。

　　　それは、自動車の売買との比較を挙げて、その特殊性を説明することが可能である。

　　　自動車の売買でも、ディーラーと顧客の相対取引である。自動車を安く買えれば顧客が得をしてディーラーが損をし、逆に自動車を高く売れればディーラーが得をして顧客が損をする。

　　　しかし、本件各契約と自動車の売買では、同じ相対取引でも決定的な部分において

第1　第一審

違いがある。
（2）原告が購入したコールオプションから説明する。
（ア）まず、自動車の場合、市場価格（売却見込価格）１００万円の自動車を１０５万円で買った場合と１２０万円で買った場合とを考える。

　　自動車購入者にとって、１０５万円で買った場合も、１２０万円で買った場合も、自動車の性能や品質が変わるわけではない（１２０万円で買ったほうが燃費が良かったりはしない）。

　　すなわち、自動車のディーラーの売却価格（ディーラーの利益）は商品の性能や品質に影響を与えない。

　　しかし、コールオプションについては、仮に時価１００万円のコールオプションを１０５万円のプレミアムで買った場合と１２０万円のプレミアムで買った場合とでは、後者の場合の方が前者の場合よりも、買い手にとってリスク（プレミアム）とリターン（オプションの価値）の不均衡が著しくなる。

　　その結果、端的に言うと、コールオプションの性能が、前者に比べて後者が１５万円分劣る（つまり高く買えば買うほど劣る）ことになるのである。

（イ）上記のことを、具体的に、コールオプション購入者（本件でいう原告）が、時価１００万円の当該コールオプションを行使することで、行使期日に、１１０万円の為替差益を取得したケースを例として説明する。

　　購入者が、上記コールオプションに対し、１２０万円のプレミアムを支払っていた場合、１２０万円支払って１１０万円取得したのだから、コールオプションの効果はマイナス１０万円である。

　　また、購入者が、上記コールオプションを１０５万円のプレミアムで買ったと仮定しよう。その場合、１０５万円支払って１１０万円取得したのだから、コールオプションの効果はプラス５万円である。

（ウ）このように、コールオプションは、その購入金額（プレミアム）がいくらであるかということが、オプションの性能や品質に直結しているのである。

　　つまり、被告が原告にコールオプションを売却するプレミアムを決定するに際し、時価に近い値段で売却すればするほど、その商品自体の効果は高まり、逆に時価に上乗せした値段で売却すればするほど、その商品自体の効果は劣る関係にあるのである。

（3）プットオプションでも同じである。
（ア）プットオプションについても、自動車と異なり、仮に時価１００万円のプットオプションを１０５万円のプレミアムで買った場合と１２０万円で買った場合とでは、後者の場合の方が前者の場合よりも、買い手にとってリスクとリターンの不均衡が著し

くなる。

その結果、端的に言うと、プットオプションの性能が、前者に比べて後者が１５万円分劣る（つまり高く買えば買うほど性能が劣る）ことになるのである。

（イ）上記のことを、具体的に、プットオプション購入者（本件でいう被告）が、時価１００万円の当該プットオプションを行使することで、行使期日に、１１０万円の為替差益を取得したケースを例として説明する。

購入者が、上記プットオプションに対し、１２０万円のプレミアムを支払っていた場合、１２０万円支払って１１０万円取得したのだから、プットオプションの効果はマイナス１０万円である。

また、購入者が、上記プットオプションを１０５万円のプレミアムで買ったと仮定しよう。その場合、１０５万円支払って１１０万円取得したのだから、プットオプションの効果はプラス５万円である。

（ウ）このように、プットオプションも、その購入金額（プレミアム）がいくらであるかということが、オプションの性能や品質に直結しているのである。

つまり、被告が原告からプットオプションを購入するプレミアムを決定するに際し、時価より安い値段で購入すればするほど、その商品自体の効果は高まり、逆に時価より高い値段で購入すればするほど、その商品自体の効果は劣る関係にあるのである。

（４）購入代金または売却代金がオプション自体の価値（性能・効果）に直結している以上、オプションを取引するに際し、その購入代金（コールオプションのプレミアム）、または売却代金（プットオプションのプレミアム）が妥当かどうか判断できないということは、オプション自体の価値（性能・効果）がわからないということと同義である（この意味で、１０５万円で買っても１２０万円で買っても価値が変わらない自動車の売買などとは全く異なる）。

（５）さらに、本件各契約では、オプション取引が複雑に組み合わされており、それらを一括で取引するため、原告は、そもそも契約締結時点で、コールオプションの具体的購入代金もプットオプションの具体的売却代金も知らない。

原告が被告より説明を受けたのは、両代金が、被告の計算では同額になるという結論のみである（被告主張のゼロコスト）。

つまり、原告は、契約締結時点で、オプションの時価を知らず、プレミアムの妥当性を判断することはできなかったし、そもそも、本件契約がゼロコストであり契約締結時点ではプレミアムがいくらになるかすら知らなかった。

これは、原告が、本件契約締結に際し、被告に渡すプットオプションの性能・効果も、被告から受け取るコールオプションの性能・効果も、知る由もなかったということ

第1 第一審

なのである（被告が組み合わせているのだから、その価値において等価と評価できる範囲なのであろうと信任するしかなかったということである）。

2 特殊な相対取引だからこそ、時価がわからねばならない

(1) プレミアムが妥当かどうかを判断するための唯一かつ共通の尺度が、前回書面で述べた「時価」である。

オプション取引は、将来発生する権利義務についての取引であり、将来発生する権利義務である以上、取引時点から将来にかけての時間経過による不確定なメリット、リスクを本質的に内包する。

そのため、オプション取引を公正妥当かつ活発に行うためには、取引に入ろうとする者の間で、その不確定なメリット、リスクを合理的かつ共通の尺度で把握し、それに基づいて値決めをすることができなければならない。それを可能にしたのが、ブラック・ショールズ・モデルで算定する「時価」なのである（実際に、ブラック・ショールズ・モデルが世に出る１９７３年まではオプション取引は極めて少なかった）。

つまり、時価を知ってはじめてオプションのおおよその価値がわかり、オプションの値段が妥当かどうかを判断できるのであって、それは、とりもなおさずオプションの効用を判断できるということに他ならない。

(2) 被告は、本件契約を時価評価していた（争いなし）。

その結果、被告は、本件契約のコールオプションとプットオプションの時価に差があること、その結果、原告にとっての時価が締結時点で多額のマイナスであることも認識していた。

つまり、被告は、本件契約を時価評価しており、オプションの性能品質を判断できていた。

他方、原告は、本件契約締結時、時価の概念すらなく、オプションの性能品質を判断する基準がなかった。

その状況で、原告は、被告よりコールオプションを（その時価を知らないまま）時価より高い値段で購入させられた。これは被告により性能品質が劣化したコールオプションを、そうとは知らないまま購入させられたということである。

逆に、原告は、被告に対しプットオプションを（その時価を知らないまま）時価より安い値段で売却させられた。これは被告により性能品質の高められたプットオプションを、そうとは知らないまま売却させられたということである。

3 小括

被告のなしたことは、時価の概念のない原告の犠牲のもとに、性能品質の劣化した（価値の低い）コールオプションと引き換えに、性能品質の高まった（価値の高い）プットオプションを取得したということである。

　　本件契約のような特殊な相対取引下（プレミアムを事前に提示せず、コールオプションとプットオプションとを交換してゼロコストとする取引）では、被告は、原告に対し、時価の概念の説明をし、原告が被告から受け取るコールオプションの価値（性能品質）、原告が被告に渡すプットオプションの価値（性能品質）をそれぞれ理解させたうえで、それらを交換してもよいか検討させるべきであった。

　　被告は、その説明をせずに、性能品質において価値の著しく異なるコールオプションとプットオプションを組み合わせたのだから、説明義務に反し不法行為に該当することは明らかである。

第3　最高裁平成25年3月7日第1小法廷判決及び同3月26日第三小法廷判決（以下「平成25年最判」）について

1　争点設定の違い

　　被告が、引用する平成25年最判（乙39、乙40）は、本件で原告が立てている争点には何ら影響がない。

　　金利スワップにおいても、金融商品としてのリスクとリターンとを把握するうえにおいて、契約締結時点での商品の時価のマイナスは重要であり、現に被告は金利スワップの提案書において、契約締結時点での当初の時価のマイナスを「重要事項」として説明している。

　　しかし、被上告人（一審原告）はこの点の問題を争点にしていないから、最高裁もこの問題を取り上げていないし、取り上げようがない。

　　従って、平成25年最判は、為替デリバティブ取引において、そもそも契約締結時点において、購入者側の時価が多額のマイナスとなっていること自体の問題性については、争点とされていないため何ら判断していない以上、本訴訟の争点に関連性はない。

2　参考

　　なお、ドイツの最高裁判所に相当する連邦通常裁判所は、ヘッジでない金利スワップ契約について、契約時点での時価評価のマイナスを、「ネガティブな市場価格」ととらえ、それを説明していないことを理由に損害賠償を認めている（甲25の21頁から30頁）。

以上

第1　第一審

2　原告第7準備書面（平成25年5月29日付）

　平成25年5月27日付第6準備書面において追加して記載した請求の趣旨について、これらと訴状における請求の趣旨とは、選択的（ないし予備的）な関係に立つものである。

3　被告準備書面（4）（平成25年5月30日付）

第1　原告の平成25年4月15日付け第5準備書面での求釈明申立て1について
　1　当時の被告の担当者であるＣの記憶がややあいまいであるため、詳細は不明確であるが、乙36号証（平成16年（2004年）6月1日の「情報ノート」）での「ようやく中国協力企業からの本格的な直貿を開始。対象取引はUSD50,000以上／月以上となっているもの」との記録は、同日、原告のＡ社長及びＢ課長から、中国の協力企業との直接貿易での取引金額が月額5万ドル以上（年換算で60万ドル以上）であるとの内容をヒアリングしたとの趣旨である。なお、この直接貿易の取引量は今後増大する見込みであるとの説明であった。

　2　また、被告の担当者は、原告のＡ社長から、原告は商社を介して間接的に中国から輸入を行っており（間接貿易）、米ドル・円の為替相場の変動の影響を受ける取引量は、直接貿易分・間接貿易分を合わせて、原告の仕入全体のおよそ30％であるとヒアリングしていた。

　3　そこで、被告において、原告の直近の決算書上の総仕入額に30％を乗じた金額を当時の米ドル・円の為替相場で米ドルに換算して、原告において米ドル・円の為替相場の変動の影響を受ける取引量としては年間約310万ドルと把握したものである。ただし、原告からは、決算書以外には、確認のための資料は受領していない。

第2　原告の第5準備書面での求釈明申立て3について
　　被告が、平成19年2月下旬から3月上旬ころ、本件契約4を提案する前に原告に提案していたレート逆ステップ型の通貨オプションの提案書として、同年3月14日付け取引説明書（提案書）のデータが残っていたので乙42号証として提出する。

以上

Ⅶ　第7回期日（平成25年7月25日）までの双方主張
1　原告第8準備書面（平成25年7月25日付）
第1　契約の経緯に関するまとめ（一部重複）および被告側への反論

　　以下、これまで原告が主張した契約の経緯について簡単にまとめたうえ、被告側が書証として提出した情報ノートについて事実と異なる主要部分につき抜粋して反論する。各項目（1）の原告側がこれまで主張した経緯については、従前の書面で主張した部分とかなりの部分で重複するが、再度補足を加えて整理したものである。また、各項目（2）の反論部分のうち、下線を引いた部分は情報ノートの引用部分を示す。

1　訴外契約1の経緯
（1）原告側がこれまで主張した経緯

　　原告は、訴外契約1の勧誘前（平成16年5月頃）、中国の提携工場において、染色加工するための準備を進めていた。

　　そんな折、原告が、中国工場に染織加工に必要な機械（（略）他）の運搬に必要な費用として、10000ドルをドル建てで送金する必要が急遽生じた。甲第19号証の表中番号1「送金先」欄「L貨運有限公司」への平成16年7月9日付送金がそれである。

　　原告としては、それまでドルの口座も持っておらず（争いなし）、ドルを海外に送金したこともなかったため、創業以来のメインバンクであった被告に、送金方法について相談を持ちかけた。

　　原告からの相談を受け、被告担当者Cは、同年6月1日、A（当時61歳）および原告経理担当のBと約1時間ほど面談し、訴外契約1の提案をした。

　　原告は、訴外契約1以前に、為替デリバティブを購入した経験はまったくなく、しかも喫緊で送金する必要があるのは金10000ドルかつ1回きりであり、なぜ、Cが訴外契約1のような契約を勧誘するのか理解できなかった。

　　しかも、当時Aは訴外契約1が終了するころには71歳になっていることも気がかりであった。

　　しかし、Cは、「契約期間は10年ですが、5年後くらいに実勢レートが1ドル120円くらいのレートであれば、当行が解約権を行使しますので、契約期間10年よりももっと早く解約されて契約が終了することになると思います。万が一、契約期間中に本契約の交換レート97.80円より円高になることがあっても、しばらく米ドルを保有していただいて、交換レートより円安になった時点で円転してもらえれば差益が生じるから大丈夫です」という趣旨の説明をした。原告としては、

第1 第一審

　　Cの説明に納得するとともに、期間が１０年のものしか提案を受けなかったため、１０年という期間について特段疑問は持てなかった。

　　また、Cは、合わせて、「かつて為替レートが１度８０円を割ったこともありますが、半年で元の水準に戻っております」という過去の為替相場に関する見通しの話もした（為替が円高になった場合の訴外契約１のリスクについての具体的な説明はなかった）。原告としては、事業で為替を扱うことはなかったため、Cの過去の為替相場に関する見通しについても疑問なく受け入れた。

　　そこで、原告としては、中国工場への機械運搬が終了し、中国工場での生産が軌道に乗った場合には、将来的に（規模および通貨、金額はその時点ではまったく未定であるものの）月々の委託加工費をドル建てで支払う可能性もないわけではなかったことから、被告がいわゆるメガバンクであり、かつ原告にとって創業以来の取引銀行であることも踏まえ、平成１６年６月２日、訴外契約１を締結した。

（２）乙第３６号証の事実との矛盾点等

（ア）乙第３６号証には、「商品仕入れの大部分は中国より間接仕入を行っていた」とあるが、既に主張した通り、原告の白生地の仕入先はすべて日本国内の企業であり、仕入代金の支払いはすべて円で支払われる。

　　国内企業から仕入れる白生地の中に、一部中国製の白生地もあるが、その量はわずか総仕入額の２％～４％程度であり（甲１０の５頁）、その他はすべて国産であり、大部分などとはおよそ言えないわずかな量である。

　　乙第３６号証の上記記載は、海外製の商品を輸入する会社でなければ販売できない訴外契約１を無理に原告に販売するための捏造である。なぜ無理に販売する必要があったのかについては、被告側にあがる収益の大きさに加えて、被告前身のＵＦＪ銀行の当時の経営状況も関係していると思われるが、この点は下記４頁の（３）で触れる。

（イ）また、乙第３６号証には「昨年来の投資継続により、ようやく中国協力企業からの本格的な直貿を開始」とあるが、ここも既に主張した通り、中国の提携工場との継続的取引が本格的にスタートしたのは、平成１７年９月以降であり、中国の提携工場との継続的取引契約書を締結したのも同月２日である（甲２０）。

　　乙第３６号証の昨年来（平成１５年から平成１６年６月までを指すようである）の投資継続などというのは全くの嘘であり、むしろ、投資の第一歩として染織加工に必要な機械（（略）他）の運搬をしようとしていたのである。

　　この点は、Cも十分認識していたはずである。

　　というのも、原告は、平成１７年９月、資金・設備投資がほぼ完了し、いざ工場を本格的に稼働させようという直前になって、中国側の一方的な納入価格の値上げの

要求を受け、契約解消寸前まで話が拗れてしまい、CにＵＦＪ銀行の専門分野（人脈・情報）で何か協力してもらえないかという相談を持ちかけた。

　　その後、原告は、Ｃより、後日、ＵＦＪ総合研究所（上海）及びコンサルタント・通訳としてＫなる人物を紹介してもらい、同氏の力添えもあり、契約は無事締結にこぎつけた。

　　上記やり取りは、すべて電子メールで行っており、被告側も争わないと思われる。

　　Ｃは、訴外契約１の締結後、ドルの口座を被告の元で開設し、６月３０日の第１回決済で２万ドルの入金があり、そのドルを用いて、その口座から、（略）の運搬費用をＬ貨運有限公司に送金したことを知っていたのみならず、工場がどのような状況で稼働しているかについても逐次把握していたはずである。

（ウ）また、乙第３６号証には「対象取引はＵＳＤ５００００以上／月」とあるが、ここは、原告の外貨送金の明細である甲第１９号証と明らかに食い違う。

　　この数字が何を指してのものか検討すらつかないが、少なくとも中国の提携工場との継続的取引が本格的にスタートしたのは平成１７年９月以降であること（および被告担当者もそれを知っていたこと）からも、ねつ造であることは明らかである。

（エ）また、細かい点ではあるが、乙第３６号証には上枠部に「先方：Ａ社長、Ｅ取締役、Ｂ課長」とあるが、このＥ取締役は（略）を指すものと思われるが、Ｅ取締役は銀行担当者の実務的な交渉・面談の場に同席することはなく、訴外契約１についての何らかの説明を聞いたこともない。そもそも、当時Ａの実母は病気療養中であったところ、平成１６年５月３１日に危篤となり、６月７日に９１歳で逝去したが、Ｅ取締役はその間、Ａの実母の看病のために会社を不在にしていた期間である。

（オ）以上の（ア）ないし（エ）で述べた通り、乙第３６号証の内容は、原告に為替デリバティブを売らんがための作文であり、これが本件各契約の勧誘の出発点である。

（３）被告の当時の経営状況

　　被告の前身であるＵＦＪ銀行は、平成１６年の３月期決算では不良債権処理のために損失引当の大幅な積み増しによって約４０００億円の赤字となり、この２期連続の赤字という経営責任を取って、平成１６年５月に当時の頭取が退任する状況であった。

　　また、当時、金融庁によりＵＦＪ銀行に対し、平成１６年６月に経営改善等の４件の業務改善命令、同年１０月には東京法人営業部など２拠点を対象に一部業務の停止命令が出された時期でもあり、抜本的な収益改善を強く迫られている状況であった。

２　本件契約１の経緯

第1 第一審

（１）原告側がこれまで主張した経緯

　　Cは、平成１６年１２月中旬頃、AおよびBに対し、本件契約１を提案してきた。

　　Cは、「現在契約中の訴外契約１のレートを実質的に３円下げるメリットがあり、原告にとって有利な商品である」などと述べ、強く勧誘してきた。

　　Aらは、更なる勧誘に驚いたが、メインバンクからの勧誘ということもあり、とりあえず一度検討する旨だけ伝え一度帰ってもらった。

　　後日、再びCが来社した際、Bは、諦めてくれればよいとの考えもあり「（提案内容の）為替交換レートが９０円台では怖いので契約したくない」という趣旨の言い方をして、とりあえず帰ってもらった。

　　その後、再びCが来社し、「原告が希望していた８０円台の為替交換レートが取れたので契約してほしい」という勧誘を受けた。

　　原告としては、上記のような流れで話を運ばれては、メインバンクという手前もあり断れなくなったため、同年１２月２４日、本件契約１を締結した。

（２）乙第３７号証、乙第４３号証の事実との矛盾点等

（ア）乙第３７号証の１には、「０５年度以降、中国からの輸入取引は増加確実（倍増以上）であり…」とあるが、既に述べた通り、この頃はまさに、中国工場での加工を本格化するべく試行錯誤（設備投資や試し染めなど）、紆余曲折を繰り返しながら、準備をしていた最中であり、そのような具体的な見通しなどまったく立っておらず、事実と異なる。

（イ）また、乙第３７号証の１には、「ドル決済額の増加に対し、CASH、差額受取面での為替リスクヘッジニーズあり…」とあるが、具体的意味は不明であるものの、原告が、後に被告より口頭で開示を受けた「２００４年１２月期の決算において、原告は、外貨建決済金額が１３０万ドル、円貨建決済金額が１８０万ドルで合計３１０万ドルであり、これは２００４年１２月期のご決算なのですが、書類作成は１２月２日付で、ヒアリングしたのは１１月２５日となっている」という部分を指すものと思われる（原告側第３準備書面、第５準備書面で主張）。

　　しかし、これが会社の実態とは程遠いことは既に主張した通りである。

　　甲第１９号証によると、ヒアリング時点で原告が外貨建決済で送金した額はおよそ１８万ドル足らずであり、１３０万ドルなどという数字は事実とは著しく乖離している。

　　また、円貨決済建金額１８０万ドルという数字も、仮にこれが中国産生地の仕入れを指しているのだとすると、甲第１０号証の４頁表の実際の数字（年間平均２０００万円程度）とは著しく乖離している。

（ウ）乙第３７号証の２には「ストライクプライス８７．８０円を希望」「社長は９０．５０

円程度であれば即時導入希望」などとあるが、このような事実はまったくない。

また、乙第３７号証の３には「Ｓ・Ｐ（ストライクプライスの略と思われる）８８．８０円で指値をいただく」「社長は早期に９０円程度で抑えておきたい考え」などとあるが、このような事実もまったくない。

そもそも、本件契約１が勧誘された１２月は原告の決算時期であり、１年で最も慌ただしい時期であって、そのような時期に幾度も勧誘を受け、とりあえず帰ってもらうために言を左右にして断っていた時期であり、中国提携工場の本格稼働もしていない時期に原告から導入を希望することなどあり得ない。

(エ) 乙第３７号証の４には、「実需との確実な連動性・見通しが必要である」という点について「十分理解あり」などと出てくるが、繰り返し述べるように、確実な連動もなにも中国提携工場は本格稼働しておらず、具体的見通しも立っていない時期であったのだから、被告担当者は一体何を理解させたというのか意味不明である。

また、「会計士・税理士からも相応の指導を受けているとのこと」などと記載があるが、被告担当者から、会計士・税理士の指導を受けるよう言われたこともないし、実際に指導も受けていない（原告はそもそも当時いかなる指導を受けるべきなのかについても理解していなかった）。

(オ) 乙第３７号証の５には、「●先方反応」の欄に「当社の営業は国外輸入（ドル建て）を根幹としており」などとあるが、ここまで来ると開いた口が塞がらない類のねつ造である。

中国提携工場は準備段階で（被告担当者は認識していた）、ドル建て送金額が１８万ドル足らずで（いずれも被告口座からの送金である）、いったい何をどう評価すれば原告の事業の根幹が国外輸入となるのか、理解に苦しむ。

また「税理士・会計士へ確認済み」の点については、上記(エ)で述べたので繰り返さない。

(カ) 乙第４３号証には「社長としては新工場本格稼働前でも、足元為替取扱量の一部をＣＰＮＳＷ（クーポンスワップの略と思われる）によりヘッジしておきたい考えに変わりなし」などとあるが、このような考えなど述べたことがない。

原告のドル建送金量は甲第１９号証の通り平成１６年度で２６万ドル程度だったのであるから、仮に平成１７年度前半に同じ量のドルを使ったと仮定しても５２万ドルであり、足元為替取扱量の「一部」どころかほぼ全額（訴外契約１で年間２４万ドル、本件契約１で２４万ドル）を抑える形になるのであって、こんなことをＡが言うはずがない。

そもそも、この乙第４３号証では、これまでの情報ノートの記載と矛盾して、新工場が本格稼働前であることが自認された内容となっている。乙第３６号証の「本格

105

第1　第一審

的な直貿を開始」という記載は一体何であったのか（工場の本格稼働前に本格的な直貿を開始していたとでもいうのか）。

　3　本件契約2および訴外契約2の経緯
（1）原告がこれまで主張した経緯
　　　Cは、平成17年5月末、Aらに対し、本件契約2および訴外契約2を提案した。
　　　原告は導入には消極的であったが、Cの説明では、いずれの商品についても、本件契約1より更に条件が良く、導入すれば原告にとって有利であるという強い勧誘があった。
　　　原告は、同年6月8日、本件契約2および訴外契約2を締結した。
　　　なお、繰り返しになるが、中国提携工場が本格稼働したのは平成17年9月であり、平成17年の前半は、原告担当社員が工場へ月に2回程度出向き、現地工員への技術指導や試験染めなどの試運転を繰り返している時期であった。
（2）乙第44号証の事実との矛盾点等
（ア）乙第44号証の1には「現状為替水準についても社長としては非常に関心強く、1／17（月）予定の幹部会議で改めて議題と致したい」とあるが、このような発言はない。
　　　そもそも、原告としては、12月に追加で本件契約1を締結させられたばかりだというのに、翌年初早々の1月14日に、しかも中国提携工場が本格稼働しない状況で、為替デリバティブばかり何本も契約してどうするというのか。
（イ）乙第44号証の2には「大型器械などの移転手続きは1月末にほぼ完了」「本格稼働は3末〜4月へと遅延する可能性あり」などとあるが、これらは、従前の情報ノートである乙第36号証の「本格的な直貿を開始」および乙第37号証の1の「05年度以降、中国からの輸入取引は増加確実（倍増以上）であり…」などと明らかに矛盾する。
　　　また、「当方としては積極提案致したい」「次週以降、上席より社長宛て訪問・提案願います」ともあるが、担当者ではなく上席が直々に訪問・提案する必要がどこにあるのだろうか。仮に被告主張（乙第44号証の1）のように、Aが為替デリバティブの導入に前向きなのであれば、上席が直々に訪問・提案などせずとも、原告側から問い合わせがあるのではないのか。
　　　ここは、合理的に考えれば、為替デリバティブの導入に消極的な原告を、上席自ら説得して欲しいということではないのか。
（ウ）乙第44号証の4では、実際に上席が勧誘提案に来ており、報告者がCではなくGに代わっているところ、「5月の起工式の段階で中国の工場の稼働状況を見極めてから検討したい旨の社長説明に対し…」とある。

しかし、従前の乙第４３号証では、Ａの意向は「社長としては新工場本格稼働前でも、足元為替取扱量の一部をＣＰＮＳＷ（クーポンスワップの略と思われる）によりヘッジしておきたい考えに変わりなし」ということであった。
　　このいずれの記載もが仮に真実であると仮定すると、Ａが半年足らずの間に考えを変えたことになるが、そのような事実はなく、Ａは終始一貫して為替デリバティブの導入には消極的であった。

(エ) 乙第４４号証の５では、上席が勧誘提案をした翌日に間髪入れずＣがＬと共に勧誘に訪れている。ここでも、ＣではなくＧが報告者なせいか、「社長より訪問の前に『先日の説明は非常によくわかったが、やはり少し時間が欲しい』との回答」「途中、社長も同席され、やはり少し待ちたい」
　　という為替デリバティブ取引に消極的な社長の言葉が残されている。
　　また、「１００円割れたら待っている場合ではないという認識」とあるが、１００円割れたら待っている場合ではないと他ならぬ被告担当者に言われたことはあるが、原告の認識とは全く異なる。原告は相場師ではないし、中国提携工場も本格稼働していないのだから当然である。
　　なお、「３月中という目線では、相場変動時にレート提示し、フォローしていく所存」などとあるが、この３月中という目線というのは、あくまで被告の「目線」であり、被告決算期を指すものであると思われる（原告にとって３月という月は特別な月ではない）。推測するに、決算期までに原告に為替デリバティブをもう一本でも二本でも契約させたいという意味での「目線」であろう。原告に為替デリバティブを販売したくて仕方ない被告の強引な姿勢が垣間見える。

(オ) 乙第４４号証の３では、「２００５／２／１７」の欄に住友銀行やみずほ銀行からも為替デリバティブの提案を受けたかのような記載があるが、両行からこのような提案を受けたことは一切なく（取引もないし当然為替デリバティブもない）、事実と異なる。
　　また、「２００５／３／１７」の欄で「社長としては、３、４月の導入は回避したいとの正式申出あり」とあるが、３月目線でなんとか為替デリバティブを契約させたいと考えていた被告であったが、Ａが多忙で不在であったこともあり、被告の勧誘攻勢から何とか逃げ遂せたというのが実情である。「５月・６月の新工場本格稼働時には、是非導入検討したいとの事」というのは事実に反する。
　　「２００５／５／１０」の欄の「いよいよ本腰を入れてヘッジ商品の条件検討に掛かりたい」というのも事実に反する。繰り返すが、中国提携工場はまだこの時点で本格稼働していない。
　　「２００５／５／１７」の欄の「期間のリスクについては許容できる」「当社の実需範囲内でレバ（レシオ特約のことと思われる）については問題ない」などというの

第1　第一審

は事実に反する。そもそも中国の提携工場が本格稼働していない状況で、「実需範囲内」かどうかなどわかるはずもない。

また、「当行では１０年・レバは異例。レバ対応であれば最長期間は原則５年となる旨説明」とあるが、このような説明は一切受けたことはない。

（カ）乙第４４号証の６では、「なお、長期の通貨オプション取引であり時価会計となる可能性がある」ことを説明したかのような記載があるが、事実と異なる。このような説明を受けたことは一度もない。

同様に、乙第４４号証の７でも、「本件は、長期の為替リスクヘッジ取引であり、会計上および税務処理上ともに時価での処理となる可能性高い」「処理方針については会計士に再度相談して欲しい」ことを説明したかのような記載があるが、事実と異なる。このような説明を受けたことは一度もない（実際に会計士にも相談していないし、時価の概念すらなかったためそもそも相談しなければならないという認識もなかった）。

このような時価に関する情報ノートの記載は、乙第４４号証の６および７から突然現れたものであるが、会計上および税務処理上の処理方法は、訴外契約１を勧誘してきた時点から制度として何ら変わっていない。長期という点についてもこれまでと同じ１０年である。

4　本件契約3の経緯
（１）原告がこれまで主張した経緯

第５準備書面の９ページでも主張したとおり、勧誘前に被告の成績作りのための当座貸越の依頼に二度ほど応じ、事業に必要のない資金を借り入れた（平成１７年９月末、平成１８年３月末）。

この時期は、Ｃより、中国側との交渉のために、ＵＦＪ総合研究所（上海）及びコンサルタント・通訳を紹介してもらったこともあり、原告としては、創業以来のメインバンクである被告に対して（強引な勧誘に辟易としつつも）信頼を寄せており、円滑な取引関係を継続したいと強く願っていたので、基本的に被告からの依頼、勧誘については、原告の事業方針に反しない範囲で受けていた。

そんな折、Ｃは、平成１８年９月上旬、Ａらに対し、本件契約３を提案した。

Ｃは、「現在の経済情勢ですと、原告が２年後に３万ドルを買う頃には、まず銀行が解約権を行使することとなります。」「このような商品は、原告のような優良企業にしかお勧めしていない商品なので、他には口外しないでください。」などと述べて勧誘した。

原告は、Ｃに「それなら前半２年間の受取のみで、いわば勝ち逃げみたいになる商

品ということですか」と尋ねると、Cは「そうです」と答えた。
　原告は、これまで被告側の当座貸越等の無理な依頼に応えてきたこともあり、その見返りではないが、特別有利な商品であると認識し、同年９月２０日、本件契約３を締結した。
（２）乙第４５号証、乙第４６号証の事実との矛盾点等
（ア）乙第４５号証の１には「今年６月に契約したクーポンスワップ・通貨オプションについては非常によいタイミングで契約できたとの認識」とあるが、原告は相場師ではないし、中国提携工場も本格稼働していないのだからこのような認識をもつはずがない。
（イ）乙第４５号証の２には「中国の工場は順調に稼働しており、徐々にドル建取引の需要は増えつつあり、ヘッジ商品については状況を見て検討したいと思う」とあるが、甲第１９号証記載の通り、平成１６年度（７～１２月）のドル建て送金は約２６万ドル、平成１７年度のドル建て送金は約３２万ドルであり、中国工場稼働後も、ドル建取引の需要は横ばい状況であった（ちなみに平成１８年度は約２７万ドル、平成１９年度は約２８万ドルである）。
　かたや、原告は、本件契約３の勧誘を受けた時点で、訴外契約１（年間２４万ドル）、本件契約１（年間２４万ドル）、本件契約２（レシオ時年間６０万ドル）、訴外契約２（レシオ時年間６０万ドル）の契約をさせられていたのであるから（合計年間最大１６８万ドル）、「状況を見」るも何も検討の余地がない状況である。このような時期に原告が進んで為替デリバティブを検討したいと思うなどと言うはずがない（乙第４５号証の３「来年以降にして欲しい」などからも原告側の消極的な様子が見てとれる）。
（ウ）乙第４６号証の１は、「■反応」欄の「社長より」とある部分の記載事項はすべて事実と異なる。円安になれば契約がいつ（被告によって）解約されるかわからない、そうすれば困るであろう（だから是非やるべきだ）というのが、被告担当者の勧誘の際の口癖であった。
　乙第４６号証の２～５の各「■社長反応」ないし「■反応」欄も事実と異なる。
　本件契約３の契約締結の経緯は本書面１４頁の（１）で述べた通りである。Ａから希望条件など出したことはない。

５　本件契約４の経緯
（１）原告がこれまで主張した経緯
　平成１９年３月中旬頃、被告担当者Ｄ（平成１９年１月２２日交代）は、Ａらに対し、本件契約４を提案した。その前の平成１９年２月、訴外契約１と訴外契約２が被告

第1　第一審

側の解約権行使により終了していた。

　原告は、当時、中国への加工委託業務が減少しており、ドルで支払っていた加工委託費も減少していたため（甲第19号証）、Ｄの勧誘に対し断りを入れた。

　しかし、Ｄは、訴外契約1、2が終了したのだから是非追加で導入するように、と非常に強く勧誘をして契約を迫ってきたので、原告としては断ることができなくなった。最終的に、Ｄは、Ａらと応接室で面会中、Ａがなおも契約締結をためらっていたにもかかわらず、原告応接室より、Ａらの面前で、直接携帯電話で銀行の支店ないし本部と思われる先に架電し、電話でのやり取りの中で、向かいに座るＡらにも聞こえる大声で「はい、契約が取れました」などと言った（後に述べるように、このやり取り以降、契約条件が変更していることから、契約はこの時点では正式に成立していない）。

　Ａは、Ｄのあまりの強引な手法に怖くなり、面会の翌日、Ｄに電話をして本件契約4の契約をしたくない旨再度伝えたが、Ｄは「昨日、その場で電話での契約が成立しているので、キャンセルは出来かねます」と言って、原告の元に急ぎ来社した。

　そして再度、最初よりも有利な円高の条件（1ドル99.90円）を呈示されたので、原告は、もはや断り切れず、やむなく、平成19年3月27日、本件契約4を締結した。

（2）乙第47号証の事実との矛盾点等
（ア）乙第47号証の1には、黒塗りにされた「収益■円／ドル」との記載が出てくる。ここは、本件契約4の原告側の時価のマイナスが被告算定によると約2900万円であったことから（乙32）、推測するに■には6円との記載があったのではないかと思われる〔断っておくが、原告は、本訴訟において、被告が営利活動をすること自体を難じているのではなく、ただ、商品自体の権利部分と義務部分の組み合わせが等価性を著しく欠くようなものを、そのことを知らない顧客に販売することで営利をあげることを難じているのである〕。

　また、「仕上がりレートをコールされた（被告側で解約権を行使した、という意味と思われる）マルコラクーポンに近い印象を与えるため、上記逆ステップを提案」とあるが、意味がよくわからない。近い印象を与えたら断りにくい（警戒心が薄れる）という意味であろうか。それとも、訴外契約1、2のような一方的な解約権を付した商品の販売が何らかの理由で販売できなくなったからそれに似せた別のものを作るという意味であろうか。

　また、「ギャップリスクを許容するまでに若干時間を要すると思われるが、実際はあと1、2円円高サイドに仕上げることができれば、3月中約定に持ちこめるものと思料。」とあるが、ここでも本書面12頁で述べた3月（被告決算期）目線が登場する。被告が何としても3月中に原告に本件契約4を契約させたいと考えていたこ

とが見て取れる。
(イ) 乙第47号証の2は、日付は平成19年3月27日となっているが、「■案内内容」について「・クーポンスワップレバ（10年、99.85、USD35千：70千、収益■万）」となっており、これは乙第24号証の提案条件（同年3月19日付）と合致するが、同年3月27日付の成約した契約条件とは合致しない。

原告は、乙第24号証（1ドル99.85円）を元に3月19日に提案を受けてはおらず、乙第24号証については手元に控えもない。

乙第47号証の2の記載内容は、平成19年3月19日の行動を記したものなのか、同月27日の行動を記載したものなのか不明である。「また、実質約定確約を頂いたものであり、済々とクロージングするもの」という記載があることからすると、この部分の記載は成約日である3月27日のものではないように読めるが、「⇒帰店後即リプライス、成約に至る」という部分の記載を読むと「即」の意味にもよるが3月27日のものであるという風にも読める曖昧なものである。

(ウ) 乙第47号証の3に手書きで「レ」チェックが入っている項目は、「時価会計適用の可能性・影響、時価通知要否の確認」という点も含めて、いずれも説明されていない。

また、「当社は発生主義で処理しており時価還元は不要」などという発言も、時価の概念がない原告が言うはずがない。

6　小括

以上、被告の提出する情報ノートの記載にあまりに事実と異なる点が多かったため、契約の経緯について詳細な反論をなした。もっとも、原告が一次的に本訴訟で主張するのは、被告販売の本件各契約が、契約締結時点で多額のマイナスの発生する商品であること、その多額のマイナスは、原告権利部分の時価と原告義務部分の時価の著しい乖離に起因することに基づく請求である。

その法律構成は、金融商品販売法第3条、金融商品取引法第37条の3第1項4号（および金商業等府令81条）、金融商品取引法第157条2号の趣旨に鑑み、信義則に基づく時価の説明義務違反、金融商品取引法第40条の適合性原則違反（時価の概念がなく被告主張の為替リスクなどない原告という属性の点、および販売された商品の不公正な歪みの点）、後の述べる信任義務違反に基づく不法行為請求であり、商品の権利の部分と義務の部分が「ゼロコスト」商品と謳われている以上等価（ないし等価と評価できる範囲）であると誤信して本件各契約に入ったことに基づく錯誤無効である。

第2　信任義務違反

第1　第一審

　　為替デリバティブ取引は、本来理論値としての時価を自ら算定できる（概念を理解しているだけではだめである）ある程度の属性の者でないかぎり、専門家である銀行の助言なしで取引することは困難である。というのは、デリバティブ取引は、会計・税務まですべて、理論値としての時価に依存しているからである。

　　したがって、銀行以外の当事者は、自ら理論値としての時価を算出できる程度にデリバティブに精通した者でない限り、銀行に依存しているから、店頭デリバティブ取引自体が銀行に対する信頼、信任に依存せざるを得ない信任関係にある。すなわち、相手方当事者にとって銀行の算定した時価を検証することは不可能であり、信じて、受入れるしかないからである。これは取引当事者の関係が単なる相対取引のカウンターパーティーではなく、一方（原告）が他方（被告）に、ある種依存しなければならない関係であり、信認関係（fiduciary relation）とまではいえなくても信任関係（confidential relation）であるということである。

　　したがって銀行は、もっぱら相手の利益を考え、最高度の信義誠実を尽くして行動しなければならない（信認義務）とまではいえないが、少なくとも信任を受ける者として、自分の利益のことも考えてよいが、相手の利益を念頭に置いて行動しなければならないということである。

　　被告は、信任関係にある者として、理論値としての時価の概念の理解を欠く原告（顧客）に、理論値としての時価を理解させた上で契約時点の理論値としての時価（マイナス）を告げることなしに、時価のマイナスをかかえることになる金融商品を勧誘販売するのは、単に狭義の適合性原則違反（の不法行為）というだけでなく、信任義務に反する不法行為でもある。

第3　予備的な損害の主張（第4準備書面の補足）

1　ゼロバリュー取引について

（1）本件契約1では、コールオプションの時価が３３８万３０００円であるのに対し、プットオプションの時価が１７７８万１０００円（コールオプションの約５．２６倍の価値）という歪なものであった。

　　そこで、本件契約1において、時価の等しいコールオプションとプットオプションとを組み合わせた商品とした場合（特約を含め行使価格以外の条件は変更しないものとする）、一体いくらの行使価格になるかという点についてシミュレーションした結果が甲第２６号証である。

　　甲第２６号証によると、本件契約1において、コールオプションとプットオプションの各時価に差がなかったとすると（コールオプションとプットオプションの各時価に差がない取引、すなわち原告にとって契約締結時に時価にマイナスが発生しな

い取引を、「ゼロバリュー取引」と呼ぶ)、その行使価格は、コールオプション:1ドル73.13円(実際は88.81円)プットオプション:1ドル73.12円(実際は88.80円)であった(甲第26号証の4頁)。

すなわち、本件契約1は、契約締結時点の原告側時価のマイナスが1439万7000円と極めて大きいため、行使価格がコールオプションにつき1ドル88.81円、プットオプションにつき1ドル88.80円とされたが、ゼロバリュー取引であれば、行使価格が実際のものより1ドル当たり15円以上円高方向のコールオプションにつき1ドル73.13円、プットオプションにつき1ドル73.12円に設定することができたということである。

(2) 同様に、本件契約2のゼロバリュー取引を計算すると(甲第27号証の4頁)、ノックアウトコールオプション:1ドル70.10円(実際は86.90円)プットオプション:1ドル70.10円(実際は86.90円)デジタルコールオプション:1ドル73.10円(実際は89.90円)

(3) 本件契約3のゼロバリュー取引を前半部分のペイオフ特約を調整することで計算すると(甲第28号証の4頁)ペイオフ特約1ドルあたり3円→144.82円

(4) 本件契約4のゼロバリュー取引を計算すると(甲第29号証の4頁)交換レート1ドル99.90円→95.46円となる。

(5) 以上のように、甲第26〜29号証の算定に基づき、契約締結時点での時価のマイナスがゼロであるゼロバリュー取引であったと仮定した場合、契約締結後から決済停止までの為替差損益を通算すると、マイナスとならない(第4準備書面の18頁以下C)。

2 そこで、口頭弁論終結時の解約金(第4準備書面の18頁以下E)がいまだ不明であるが、現時点で、第4準備書面の18頁以下Aであるプレミアム喪失損害(本件契約1では1439万7000円、本件契約2では2870万3000円、本件契約3では4744万1000円、本件契約4では2436万4000円)合計額1億1490万5000円を予備的な損害額として主張する(最終的な損害額の整理は口頭弁論終結までに行う。)。

以上

2 被告準備書面(5)(平成25年7月25日付)

第1 原告の平成25年5月27日付け第6準備書面及び同年同月29日付け第7準備書面による変更後の請求の趣旨に対する答弁

第1　第一審

　　1　原告の請求をいずれも棄却する。
　　2　訴訟費用は原告の負担とする。
　との判決を求める。

第2　追加された請求原因（錯誤による無効の主張）に対する認否及び反論
　1　原告の主張に対する認否
　　　原告は、新たな請求原因として本件各契約の錯誤による無効（及びその結果としての被告の不当利得）を主張し、錯誤の内容として「等価性の錯誤」と「価値がマイナスであることについての錯誤」を主張する。
　　　しかし、原告に、原告の主張する内容の「等価性の錯誤」と「価値がマイナスであることについての錯誤」があったことは否認する。仮に、原告に、原告の主張する内容の「等価性の錯誤」または「価値がマイナスであることについての錯誤」があったとしても、これが法律行為の要素の錯誤であることは争う。

　2　錯誤がなかったことについて－本件契約1ないし3
（1）原告は、「等価性の錯誤」の内容として、本件各契約の時価評価額を論じたうえで「原告は、被告提案を受け入れ、為替リスクを回避する商品であるということであればということで本件各契約を締結した。原告は、本件各契約が、その実は、新たに円高の為替リスクを引き受けるだけに等しいものであるとわかっていれば、本件各契約など締結しなかった。従って、原告は、本件各契約で交換される各オプション（契約上の地位）の等価性について錯誤に陥っていた」と主張する（原告の第6準備書面4頁5頁）。

　　　また、原告は、「価値がマイナスであることについての錯誤」の内容として、「原告は、本件各契約締結時点で、上記のような多額のマイナスが発生するということを知らなかった。・・・従って、原告は、本件各契約の価値自体について錯誤に陥っていたのである」と主張する（原告の第6準備書面5頁）

（2）しかし、原告が契約締結時点で本件各契約の時価評価額を知らなかったことは被告としても争うものではないが、そのことから、本件契約1ないし3で交換される各オプションの「等価性」や「価値自体」について原告が錯誤に陥っていたことになるわけではない。
　　　原告の主張は、本件各契約の時価評価額がマイナスであることから当然に本件各契約は「新たに円高の為替リスクを引き受けるだけに等しい」ことや、時価評価額のマイナスが本件各契約の実質的な価値自体を意味するものであることを前提とするものであるが、その前提が誤っているからである。そのことは、被告の平成25年

3月7日付け準備書面（2）1頁4頁で時価評価についての説明義務に関して主張したとおりである。

（3）確かに、通貨オプションである本件契約1ないし3では、原告は、単純に米ドルのコールオプションを金銭を支払って購入するだけの場合と比べれば、米ドルのプットオプションを売却することによって円高の為替リスクを負担することになる。しかし、その結果、原告は、プットオプションによって円高の為替リスクを負うことを見返り（対価）として、金銭の支払いをすることなく、コールオプションによって円安の場合に有利なレートで米ドルを購入できるというメリットを受けているのであり、「新たに円高の為替リスクを引き受けるだけに等しい」ものでないことは明らかである。そのことは、現に、本件契約1及び2については、最近は為替相場が行使価格（本件契約1では88.81円／ドル、本件契約2では86.90円／ドル）を超えた円安米ドル高となっている結果、毎月原告に利益が発生していることにも如実に示されている。毎月利益が発生しているのに「新たに円高の為替リスクを引き受けるだけに等しい」とはいかにも無理がある。

（4）本件各契約1ないし3は、取引確認書上には個々のオプションのプレミアム（オプション料）が具体的な金額で記載されているが、実際には、原告は、その具体的なプレミアムの金額を判断材料として契約締結意思を決定したわけではない（このことは、原告も争いがないものと思われる）。

本件契約1ないし3は、実質的には、プットオプションによって円高時には実勢為替相場よりも不利なレートで米ドルを購入しなければならないというリスクを負うことを対価として、コールオプションによって円安時に（正確には、円安進行時だけでなく為替相場が契約締結時点のスポット相場のまま変動しなくても）実勢為替相場よりも有利なレートで米ドルを購入できるというメリットを獲得するものである。

（5）なお、原告の第6準備書面6頁以降のように自動車の売買との対比で論じるのであれば自動車の性能・品質になぞらえるべきオプションの性能・品質とは、上記のコールオプションによって円安時に得られるメリットのことであるべきであって、このオプションの性能・品質自体は、対価（プレミアム）がいくらであるか、あるいは対価を金銭で支払うか金銭以外の物で支払うかによっては変わることはない。

原告は、自動車の性能・品質については対価の多寡を考慮せずに（費用対効果を無視して）論じているのに、オプションの性能・品質については対価との相関関係で論じており、ナンセンスである。もっとも、自動車の売買との対比で論じる論法は、原告代理人の発案ではなく、甲25号証の川地教授の論文の注（9）で援用されている桜井健夫弁護士の論文が出所と推測される。

第1 第一審

(6) しかして、コールオプションによる円安時のメリットを享受するための対価である円高時のリスクの大きさは、将来、為替相場が行使価格を超えた円高米ドル安になる可能性の大きさ、行使価格を超えた円高米ドル安になった場合にいくらまでの円高米ドル安となるか、及びその円高米ドル安がどのくらいの期間継続するかという諸事情によって決まるものであるが、このような将来の為替相場の動向についての正確な予測は極めて困難、というよりも不可能である。結局、各自が、自己の将来の為替相場動向の予想や相場観に基づいて円高時のリスクの大きさを判断するしかないことになる。そして、将来の通貨の交換レートを確定させるという本件通貨オプションの商品機能、目的に照らして、円高リスクをどの程度とれるのかという判断を行うことになる。したがって、このような通貨オプションを契約するかどうかを判断する場合に最も重要なことは、まず実勢相場がどれくらいのときに、どのような経済効果（通貨の交換）が発生するか、その場合にとるべき（とることが可能な）リスクは何か、であって、構成する各オプションの市場評価自体が直接問題となるものではない。

その結果、コールオプションによって円安時に得られるメリットに比べてプットオプションによる円高時のリスク（対価）が大きすぎると判断するのであれば、契約を締結しないことになり、円安時に得られるメリットに比べて円高時のリスクは許容できると判断するのであれば、契約を締結することになる。

(7) このように、コールオプション（によるメリット）とその対価たるプットオプション（によるリスク）との等価性は、本件各契約の基本的な仕組み及び内容を理解したうえで、各自が、自己の将来の為替相場動向の予想や相場観に基づいて自己責任の下で判断しているものであるし、本件各契約の基本的な仕組み及び内容を理解していれば、自己責任の下での判断は可能である。最高裁判所第一小法廷平成25年3月7日判決（乙39号証）が、金利スワップ契約の事案において「本件契約における固定金利の水準が妥当な範囲にあるか否かというような事柄は、被上告人の自己責任に属すべきものであり、上告人が被上告人に対してこれを説明すべき義務があったものとはいえない」と判示しているのも、同様の趣旨を述べたものといえよう。

(8) 本件においても、原告は、本件契約1ないし3について、行使価格の水準やレバレッジ特約等の契約内容を勘案のうえ、自己の為替相場動向の予想や相場観に基づいて、円安時のメリットと円高時のリスクとが商品目的にてらした「等価性」において問題ない（許容できる）と判断したからこそ契約を締結したものである。よって、原告に「等価性の錯誤」はない。

3 錯誤がなかったことについて－本件契約4

(1) 本件契約4は、そもそも通貨オプションではなくクーポンスワップであり、法律上

の性質は「通貨」の交換契約である。したがって、本件契約4をむりやり通貨オプションの売買に分解して論じる原告の主張は、金融工学の勉強の成果の発表としてはともかくとして、法律論としては誤りである。
（2）本件契約4では、原告・被告間で交換される米ドルの金額と円貨の金額はあらかじめ契約で具体的に定められており、そのことは原告も理解していた。そして、少なくとも契約締結時点では、交換される米ドルと円貨の実質的な価値の等価性は保たれており（むしろ、契約締結時点では、交換レートはスポット相場よりも原告に有利に設定されていた）、そのことは原告も正しく理解していた。

　　ただし、契約締結後の為替相場の変動によって、交換時点では交換される米ドルと円貨の相対的な価値が契約締結時点とは異なっていることがあり、その結果、実質的な損得が変わる可能性があるという性質を有している。その意味で、交換時点では、交換される米ドルと円貨の「等価性」が実質的に崩れる可能性があるという性質を有しているものである。
（3）しかし、原告は、そのことも正しく理解したうえで、本件契約4を締結したものであり、この点で原告に誤解はない。したがって、原告に「等価性の錯誤」はない。

　4　要素の錯誤ではないことについて
（1）仮に、原告に原告が主張する内容の「等価性の錯誤」または「価値がマイナスであることについての錯誤」があったとしても、これは法律行為の要素の錯誤（民法95条）ではない。
（2）すなわち、原告には、本件各契約の取引通貨、レバレッジ特約部分を含む取引金額、行使価格もしくは交換レート、取引期間及び取引回数、ペイオフ特約、ノックアウト特約等本件各契約の内容自体には錯誤はなく、原告の主張する錯誤（「等価性の錯誤」及び「価値がマイナスであることについての錯誤」）は、動機の錯誤である。
（3）動機の錯誤が法律行為の要素の錯誤となるためには、その動機が契約内容となっているか、少なくとも表意者によって動機が相手方に表示されていることが必要である。

　　しかし、本件各契約においては（原告にとっての）時価評価額がいくらであるのかということは契約内容とはなっていないし、時価評価額がプラスであるから契約する（＝時価評価額がマイナスであれば契約しない）との動機は原告によって表示されていない。なお、原告自身の主張によれば、原告は、本件各契約締結当時、時価の概念自体がなかったとのことであるから（原告の第6準備書面10頁）、原告が上記動機を表示しようがないのは当然である。
（4）また、要素の錯誤といえるためには、その錯誤がなければ表意者はそのような意思表示をしなかったといえることだけでは足りず、一般取引上の通念に照らして、その

第1 第一審

錯誤がなければ、通常人でもそのような意思表示をしなかったといえることが必要である。

しかし、通貨オプション契約やクーポンスワップ契約において、通常人は、時価評価額がいくらであるか（時価評価額が自己にとってマイナスではないか）を確認したうえで契約を締結しているわけではない。たとえば、金銭でプレミアムを支払ってコールオプションを購入する場合、通常、時価評価額とプレミアムの金額とは一致しないが（プレミアムは、時価評価額に銀行の収益やオプション購入者に対する与信リスクに見合った対価が加算されている）、オプション購入者が銀行に対し時価評価額を尋ねることも、時価評価額がマイナスならばオプションを購入しないと述べることもない。むしろ、時価評価額が自己にとってプラスなのかマイナスなのかという意識自体ほとんど持たずに契約を締結するのが通常であるといえる。金融商品取引法及び金融商品販売法が、デリバティブ取引について、金融商品取引業者もしくは金融商品販売業者が説明すべき事項として時価評価額を挙げていないのも、上記のことを反映したものと考えられる。

したがって、一般取引上の通念に照らして、時価評価額がマイナスであると知っていたならば通常人でも本件各契約締結の意思表示をしなかったとはいえないから、原告が主張する内容の「等価性の錯誤」または「価値がマイナスであることについての錯誤」は要素の錯誤にはあたらない。

第3 最高裁判所平成25年3月7日判決の射程範囲について

1 原告は、最高裁判所第一小法廷平成25年3月7日判決（乙39号証）の事件においては、被上告人（一審原告）は契約締結時点での時価評価がマイナスとなっていることを争点としておらず、そうである以上、最高裁判所はこの点について何ら判断しなかったのであり、したがって、原告が「契約時の時価評価のマイナスの問題」を争点とし「時価評価についての説明義務違反」という主張を行っている本件は、上記最高裁判決の射程の範囲外であると主張する（原告の第6準備書面11頁〜12頁）。

2 しかし、上記最高裁判決の事件で銀行側代理人を務めた弁護士の説明によれば、上記事件では最高裁判所で弁論が行われ、その際に原告会社（顧客）側は「契約時の時価評価額」が顧客企業にとって大きなマイナスであったからそれについて（銀行は）説明すべき義務があったと主張していたとのことであり、それにもかかわらず最高裁判所は、「契約時の時価評価額」にも触れることなく、あっさりと「本件契約における固定金利の水準が妥当な範囲にあるか否かというような事柄は、被上告人の自己責任に属すべきものであり、上告人が被上告人に対してこれを説明すべき義務があったものとはいえない」と銀行の説明義務自体を否定した（乙48号証）

よって、最高裁判所が「契約時の時価評価の説明義務」自体を否定していることは明らかであり、上記最高裁判決の射程は本件にも及ぶ。

3 なお、原告が援用する川地教授の論文（甲２５号証）中で言及されているドイツ連邦通常裁判所の判決については、銀行と証券会社の区別がなく銀行が証券業務を行うユニバーサルバンキング制度が以前から採られている（同号証１８頁３行目）等、法制度や法解釈論、価値観、社会風土の異なるドイツの裁判例であり、しかも、上記裁判例は、判示内容から、投機目的でスワップ取引を行った事案に関するものであることや、銀行と顧客との間に助言契約が成立していることを前提とした判断であること（同号証２４頁１行目）が窺われ、本件とはまったく事案や前提を異にしていることは明らかである。

したがって、上記裁判例は参照価値に乏しくこれを本件に援用することは的外れであり、少なくとも、最高裁判所第一小法廷平成２５年３月７日判決及び最高裁判所第三小法廷同年同月２６日判決（乙４０号証）よりも参照価値が大きく劣ることはいうまでもない。

Ⅷ 第８回期日（平成２５年９月２０日）までの双方主張
１ 被告準備書面（６）（平成２５年９月２０日付）

第１ 原告の平成２５年７月２５日付け第８準備書面での主張に対する認否及び反論
 １ 本件各契約締結に至る事実経緯に関する主張（上記準備書面１頁〜１９頁）について
（１）原告は、被告が提出する本件各契約当時の被告の内部記録である「情報ノート」及び「活動情報」の記載内容が意図的な虚偽（ねつ造）であると主張し、その一例として、中国の提携工場（企業）との継続的取引が本格的にスタートしたのは平成１７年９月以降であり、その根拠として原告が中国の提携工場との継続的取引契約書を締結したのは平成１７年（２００５年）９月２日である（甲２０号証の１、２）と繰り返し主張する。

しかし、実際には、原告は、中国の提携工場との業務提携を契約書の締結よりも先行して行っていたのであり、契約書の締結は後追いとなったものである。そのことは、上記契約書（甲２０号証の１）１９条が、契約期間を「２００４年１１月８日より２００７年１１月７日まで」と規定しており、契約期間の開始日が契約締結日よりも約１０か月も遡らせられているところに端的に表れている。

第1　第一審

(2) 実際には、原告は、中国の提携工場との間では工員の人件費やその他の諸経費もすべて原告が負担するという条件で合意したうえ、原告の営業上の生命線である「型」(甲20号証の1　5条ただし書き参照)や機械を提携工場に持ち込むなど、中国での現地生産及び中国からの輸入を重要プロジェクトとして位置付け、長期的に継続するという方針で進めていた。

　しかし、原告は、契約書も締結しないまま中国側に対し支払い(すべて米ドル建てであった)を行う等多額の投資を行い、中国の提携工場との継続的取引を進行させていたことから、被告の方から「何も書面なしに進めることはあぶないとアドバイスを行い、これを受けて、原告は事後的に中国側との契約書を締結するに至ったものである。

(3) 訴外契約1の提案・勧誘の際の「情報ノート」である乙36号証の「従来より、商品仕入の大部分は中国より間接仕入を実施していた」との記載に対し、原告は、原告の白生地の仕入先はすべて日本国内の企業であり、支払いはすべて円建てであった、国内企業から仕入れる白生地の中には一部中国製の白生地もあるが、その量はわずか2%〜4%程度であると主張する(上記準備書面3頁)

　しかし、白生地の元となる生糸は中国からの輸入が9割を超えており、その価格は米ドル・円の為替相場の影響を受けているとのことであった。したがって、原告は、白生地を、米ドル・円の為替相場の影響を受ける形態で、間接的に中国から仕入れていたものである。

(4) 本件契約1の提案・勧誘の際の「情報ノート」である乙37号証の5の記載内容について、原告は、「・先方反応」欄の記載はねつ造であると主張するものの、「・説明事項」欄の記載が事実と異なるとは主張していない(上記準備書面8頁、9頁)。したがって、被告が乙37号証の5の「・説明事項」欄に記載されたような本件契約1の商品内容や仕組み、リスクについての説明を行ったことは原告も認める趣旨と考えられる。

(5) 本件契約2及び訴外契約2の提案・勧誘の際の「情報ノート」である乙44号証の6、7の記載内容についても、原告は、そこに記載されているような時価会計に関する説明を受けたことはないと主張するものの、各契約の商品内容や仕組み、リスクについてそこに記載されているような説明を受けたことは否定していない(上記準備書面13頁)。したがって、被告が乙44号証の6、7に記載されたような各契約の商品内容や仕組み、リスクについての説明を行ったことは原告も認める趣旨と考えられる。

(6) 本件契約3の提案・勧誘の際の「活動情報」である乙46号証の2、4の記載内容についても、原告は、「社長反応」欄ないし「・反応」欄の記載は事実と異なると主

張するものの、乙46号証の2の「・説明事項（再度）」欄や乙46号証の4の「・顧客説明事項」欄の記載が事実と異なるとは主張していない（上記準備書面15頁）。したがって、被告が乙46号証の2の「・説明事項（再度）」欄や乙46号証の4の「顧客説明事項」欄に記載されたような本件契約3の商品内容や仕組み、リスクについての説明を行ったことは原告も認める趣旨と考えられる。

（7）「情報ノート」及び「活動情報」は、銀行という厳格な事務手続きが要求される業種の企業において、日常の業務の過程でその都度定型的に作成される性質の文書であり、本件で提出している「情報ノート」及び「活動情報」も、実際に本件当時作成されたものである。当時は原告と被告との関係は円満良好であったのであり、また「情報ノート」及び「活動情報」は原則として外部の者に開示することは想定されていないから、被告の各担当者にはあえて虚偽を記載する動機も実益もまったくない。現に、本件での「情報ノート」及び「活動情報」には、原告のA社長がときによっては被告からの勧誘に対して慎重な姿勢を見せていることや、原告が他行からも為替デリバティブ取引の勧誘を受けていること等、被告にとって好ましからざる事実も隠さずにそのまま記載されている。したがって、これらの「情報ノート」及び「活動情報」の記載内容の信用性は極めて高いものである。

2　「信任義務」違反（上記準備書面19頁、20頁）の主張について

（1）被告が、法律上、原告の主張する「信任義務」なるものを負っていたことは争う。
　　仮に被告が原告の主張する「信任義務」を負っていたとしても、被告がこれに違反したことは争う。

（2）原告は、突然「信任義務」なる概念を主張しだしたが、「信任義務」なるものの具体的内容が不明確であり、原告の主張では、そもそも為替デリバティブ取引において銀行の「信任義務」が発生する我が国の法律上の根拠も明らかではなく、単なる思い付きの主張でしかなく、失当である。

（3）また、原告の主張によれば、「信任義務」の具体的な内容ないし法的効果としては、被告（銀行）は、為替デリバティブ取引の勧誘にあたっては、理論値としての時価の概念を欠く原告（顧客）に対しては、契約時点での時価評価（のマイナス）を告げるべきであり、これを告げずに為替デリバティブ取引を勧誘し契約を締結することは不法行為となるということのようである。そうであるならば、「信任義務」とは、原告が従前から主張している「時価評価（のマイナス）についての説明義務」と、「義務」の履行のために求められる具体的な行為の内容も「義務」違反があった場合の法的効果も何ら変わるところはない。

　　つまり、原告の主張する「信任義務」とは、「時価評価（のマイナス）についての

第1　第一審

説明義務」と実質的に同じものにすぎず、単に呼び方を変えたものにすぎない。したがって、そのような概念を持ち出す必要性も実益もまったくなく、いたずらに議論を混乱させるだけである。

第2　本件各契約による損害（損失）と訴外契約1及び2による利益（利得）とは通算されるべきことについて

1　従前から主張しているとおり、訴外契約1及び2はいずれも平成19年2月28日に終了しており、これらの契約によって、原告はそれぞれ745万2000円と1322万9750円、合計2068万1750円の利益を受けている（答弁書2頁、乙8号証、乙19号証）。原告もこの事実は積極的に争っておらず、実質的に認めているものと解される。

そうであれば、仮に被告に本件各契約についての説明義務違反または適合性原則違反を理由とする不法行為が成立し、被告が損害賠償責任を負うとされる場合には、本件各契約による原告の損害（損失）と訴外契約1及び2による原告の利益とを通算（差引き）するべきである。

2　けだし、平成16年6月2日、原告と被告（当時のＵＦＪ銀行）とは、すべてのデリバティブ契約に適用される基本契約として「金銭の相互支払に関する基本契約書（デリバティブ取引基本契約書）」を締結しており（乙2号証）、この基本契約に基づいて、最初の契約である訴外契約1以下本件各契約を含む全部で6件の為替デリバティブ契約が締結されたものである。なお、原告と被告は平成18年9月20日にあらためて「金銭の相互支払に関する基本契約書」（乙20号証）を締結しているが、これは、被告が旧ＵＦＪ銀行を合併したことを受けて、あらためて被告の名義及び書式で基本契約書を作成したものにすぎず、実質的には乙2号証の契約の変更契約にあたり、別の契約を締結したものではない。

したがって、本件各契約と訴外契約1及び2とは同一の基本契約に基づくいわば個別契約としての性質を有するといえるから、そうであれば、損害の把握にあたっては、一部の個別契約（訴外契約1及び2）による利益と一部の個別契約（本件各契約）による損害（損失）とを通算したものが最終的な損害であると考えるのが妥当である。

3　また、そうでないとしても、仮に被告に本件各契約についての説明義務違反または適合性原則違反を理由とする不法行為が成立するのであれば、原告の主張内容からすれば、訴外契約1及び2についても被告に同内容の説明義務違反または適合性原則

違反があったことになるはずである(なお、これはあくまでも仮定の話であり、被告として訴外契約1及び2について説明義務違反または適合性原則違反があったことを認める趣旨ではない)。ただ、訴外契約1及び2については結果として損害ではなく利益が生じたために、不法行為は成立しなかったということになるはずである。つまり、原告の主張を前提とすれば、訴外契約1及び2について損害が生じなかったのは、たまたまであるということになるはずである。

このように、同一当事者間で、同様の目的で同性質の取引が複数回行われたところ、すべての取引について同内容の説明義務違反や適合性原則違反があったにもかかわらず、たまたま、一部の取引については利益が生じ一部の取引においては損失が生じた場合に、被害者が、利益については自分のものとして確保し、損失についてのみ損害として賠償請求することを認めることは、損害賠償法を支配する損害の衡平・妥当な分担という理念に反し、著しく妥当性を欠く。よって、このような場合には、損益相殺の概念を類推して、あるいは信義則上、利益と損害(損失)とを通算したものを最終的な損害と考えるべきである。

4 現に、原告の主張によれば、本件各契約のうち、本件契約1については245万5000円の(甲12号証の1)、本件契約2については208万8250円の(甲12号証の2)それぞれ損失ではなく利益が生じているにもかかわらず、原告自身が、本件契約3及び4によって生じた損失(本件契約3については2750万3100円、本件契約4については1736万9800円。甲12号証の3、4)と本件契約1及び2によって生じた利益とを通算した金額である4032万9650円が本件各契約に基づく受払いによって生じた損害(為替差損)であると主張しているのである(訴状4頁、31頁)。

このことは、原告自身も、(本件各契約は法律上は別個の契約であるが)損害論としては、本件各契約相互間では、個々の契約によって生じた利益と損害(損失)とを通算したものを最終的な損害とすべきであると考えていることを示している。そうであれば、本件契約1及び2と訴外契約1及び2とで区別すべき理由は何もない。

5 不法行為の場合の損害論について以上に述べたことは、本件各契約の無効を理由とする不当利得返還請求の場合の利得・損失論についても同様に当てはまるというべきである。

第3 消滅時効

仮に被告に説明義務違反または適合性原則違反を理由とする不法行為が成立し、被

第1　第一審

告が損害賠償責任を負うとされる場合であっても、原告は、遅くとも本件各契約に基づく毎月の受払いの結果損失（為替差損）が発生した時点で、被告の説明義務違反または適合性原則違反の事実及び損害の発生を知ったといえるから、原告の損害賠償請求権の消滅時効はその時点から進行を開始する。

したがって、本件訴訟の提起日である平成24年8月13日時点ですでに発生日から3年以上が経過している損害、具体的には、本件契約3についての為替差損（甲12号証の3）のうち平成21年（2009年）7月29日以前の分及び本件契約4についての為替差損（甲12号証の4）のうち平成21年（2009年）7月22日以前の分については、消滅時効が完成している。

被告は、上記消滅時効を援用する。

IX　第9回期日（平成25年11月28日）
（証拠調：略）

X　第10回期日（平成26年1月21日）
1　原告第9準備書面（平成26年1月15日付）

第1　はじめに

本件は、原・被告間において締結された平成16年12月24日付通貨オプション取引、平成17年6月8日付通貨オプション取引、平成18年9月20日付通貨オプション取引、平成19年3月27日付クーポンスワップ取引の具体的商品特性に問題があったことに基づき、損害賠償請求（時価の説明義務違反、適合性原則違反、信任義務違反）および錯誤無効を請求する事案である。

第2　本件各契約の具体的商品特性の問題点
1　「ゼロコスト」の組み合わせ商品である

本件各契約は、原被告間の相対取引（店頭デリバティブ取引）であり、具体的には、原告にとって、円安の為替リスクの回避する部分（コールオプション）を被告から購入するものであるとともに、円高の為替リスクを引き受ける部分（プットオプション）を被告に売却する商品であり、オプションの組み合わせ商品である（本件契約4については、コールオプション相当分について「コールオプション」、プットオプション相当分について「プットオプション」として、通貨オプションとパラレル

に主張する)。

　この組み合わせられたコールオプションおよびプットオプションは、そのひとつひとつが単独の金融商品であり、それぞれにプレミアム（オプション料）が定められている。

　本件契約1では、コールオプション119本（甲2の別紙B）とプットオプション119本（甲2の別紙A）が組み合わせられている。

　本件契約2では、コールオプション240本（甲3の別紙A、C）とプットオプション120本（甲3の別紙B）が組み合わせられている。

　本件契約3では、コールオプション120本（甲4の別紙A、C）とプットオプション120本（甲4の別紙B、D）が組み合わせられている。

　本件契約4では、コールオプション120本（甲9の24頁以下、付録②の表）とプットオプション120本（甲9の27頁以下、付録③の表）が組み合わせられていると評価できる。

　これら組み合わせはいずれも被告よりなされたものであるが、原告が被告から購入するコールオプションと、被告が原告から購入する（原告が被告に売却する）プットオプションとのプレミアム合計は同額であるとされた（「ゼロコスト」）。

　これら各オプションをゼロコストとして組み合わせることに合理性がないことこそが、本件各契約の商品性の最大の問題点である。

2　時価の重要性
　一般にオプションの時価は、ブラック・ショールズ・モデルで計算される。

　デリバティブ取引をするにあたり、デリバティブ取引の締結時点の時価は、デリバティブ取引の期待損益と強い関連性があり、契約を締結するかどうかを判断するにあたっての重要な事項である（甲15～18、22の文献、甲23の提案書などからも時価の重要性は明らかである）。デリバティブ取引のリスクを把握するためには、（将来どうなるかは確率でしか考えられないから）時価を把握したうえで判断するというのがデリバティブ取引での共通の了解事項だからである（デリバティブ取引については、時価以外には共通の尺度がないから、時価がわからないと、売買したオプションの価格の妥当性が判断できない）。

3　本件各契約の組み合わせがいびつである
（1）本件契約1のコールオプション119本の時価合計は338万3000円であるところ、プットオプション119本の時価合計はマイナス1778万1000円であった（甲6）。つまり、本件契約1で、原告が被告から取得するコールオプションの時

第1　第一審

価合計より、被告が原告から取得するプットオプションの時価合計のほうがおよそ5.26倍も価値が高いという結果であった。

これは、被告の把握する契約締結月の末日での時価（コールオプション：353万5681円、プットオプション：マイナス1983万3280円）ともさして変わらない（乙29）。

（2）本件契約2のコールオプション240本の時価合計は490万8000円であるところ、プットオプション120本の時価合計はマイナス3361万1000円であった（甲7）。つまり、本件契約2で、原告が被告から取得するコールオプションの時価合計より、被告が原告から取得するプットオプションの時価合計のほうがおよそ6.85倍も価値が高いという結果であった。

これは、被告の把握する契約締結月の末日での時価（コールオプション：531万6438円、プットオプション：マイナス3027万8295円）ともさして変わらない（乙30）。

（3）本件契約3のコールオプション120本の時価合計は178万0000円であるところ、プットオプション120本の時価合計はマイナス4922万1000円であった（甲8）。つまり、本件契約3で、原告が被告から取得するコールオプションの時価合計より、被告が原告から取得するプットオプションの時価合計のほうがおよそ27.7倍も価値が高いという結果であった。

これは、被告の把握する契約締結月の末日での時価（コールオプション：192万9510円、プットオプション：4716万4980円）ともさして変わらない（乙31）。

（4）本件契約4のコールオプション120本の時価合計は3008万2000円であるところ、プットオプション120本の時価合計はマイナス5444万6000円であった（甲9）。つまり、本件契約4で、原告が被告から取得するコールオプションの時価合計より、被告が原告から取得するプットオプションの時価合計のほうがおよそ1.80倍も価値が高いという結果であった。

これは、被告の把握する契約締結月の末日での時価（顧客側マイナス2889万4641円）とさして変わらない（乙32）。

4　時価のマイナスが大きい＝期待損益が不利となる

デリバティブ取引の締結時点の時価は、デリバティブ取引の期待損益と強い関連性があるところ、本件各契約の時価は上記のように原告側に不利なものであることから、原告から見た本件各契約での期待損益は不利なものとなる。

具体的には、本件契約1において、原告に最終的に差益が出る可能性（30.5

％）は、最終的に差損が出る可能性（６９.５％）の半分以下であり、差損が出る場合の平均額は２４９６万７０００円であって、差益が出る場合の平均額の５２９万５０００円の約４.７１倍であった（甲６の１５頁）。

本件契約２において、原告に最終的に差益が出る可能性（３７.９％）は、最終的に差損が出る可能性（６２.１％）より低く、差損が出る場合の平均額は５５８２万２０００円であって、差益が出る場合の平均額の７４５万５０００円の約７.４８倍であった（甲７の１８頁）。

本件契約３において、原告に最終的に差益が出る可能性（４８.４６％）は、最終的に差損が出る可能性（５１.５４％）より低く、差損が出る場合の平均額は１億０６２８万３０００円であって、差益が出る場合の平均額の１４７万１０００円の約７２.２５倍であった（甲８の１９頁）。

本件契約４において、原告に最終的に差益が出る可能性（３６.４％）は、最終的に差損が出る可能性（６３.６％）の約半分であり、差損が出る場合の平均額は７７３３万９０００円であって、差益が出る場合の平均額の４７５１万１０００円の約１.６２倍であった（甲９の１６頁）。

5 原告の認識

原告には、本件各契約当時、そもそも時価の概念がなく、被告から何ら説明も受けなかった（当然、原告には独自に時価を算定することもできなかった）。原告は、デリバティブ取引のリスクを把握するために時価を尺度とするということを知らなかったのである。

そのため、本件各契約で組み合わせられたコールオプションとプットオプションの組み合わせが妥当なのか（コールオプションのプレミアム合計とプットオプションのプレミアム合計がゼロコストとして相殺されることが妥当なのか）判断することがそもそもできなかった。

第3 錯誤無効

1 原告が、本件各契約を導入すると、得られるコールオプションの（原告にとってプラスの）時価より、負担させられるプットオプションの（原告にとってマイナスの）時価のほうがはるかに高い結果となる。

原告は、被告提案を受け入れ、被告主張の為替リスクを回避する商品であるということであればということで本件各契約を締結した。

しかるに、原告は、本件各契約を締結することで、円安の為替リスクを回避する代わりにその何倍もの円高の為替リスクを新たに引き受けることになり、その結果

第1　第一審

して多額の時価のマイナス（本件契約1では1439万7000円、本件契約2では2870万3000円、本件契約3では4744万1000円、本件契約4では2436万4000円）を負担することとなったのである。

原告は、本件各契約で交換される各オプション（契約上の地位）の等価性について錯誤に陥っていたのであり、その点について認識しておれば本件各契約など締結しなかった。

従って、本件各契約は錯誤により無効である。

2　そもそも、店頭為替デリバティブ取引を顧客側からみれば、その問題点の本質は錯誤（合意の瑕疵）である。

原告には、店頭デリバティブ取引複合金融商品には契約当初から時価という価値があるということについての認識の欠缺がある。

金融商品の価値（理論価格）の存在とその具体的価値についての錯誤（認識の欠缺）はいわゆる性状の錯誤であるが、金融商品の場合は、性状の錯誤は、動機の錯誤ではなく、要素の錯誤である。なぜなら金融商品は、その価値こそがすべてであるといえるほどに価値が重要だからである。

わが国の民法は、近代の個人尊重に基礎をおき、私的意思自治の原則、契約自由の原則の一環として、価格形成の合意の自由を認めている。

したがって、等価として交換されているもの（ゼロコストとして組み合わせられているもの）に価値的不均衡があったとしても、また、価値のある物という認識を前提として、その販売の対価をいくらにするかは、当事者が合意した限りにおいて（それを是として処分行為をした以上）、当事者はそれに拘束される。

問題は価値評価の尺度を持たず、価値の評価方法を理解しない者が、価値のある物という認識をしないで、（1ドルいくらの行使価格であるかというような）別の観点から合意をしている場合に、（価値の存在の認識、マイナスの価値の認識認容が欠けているにもかかわらず）当該物の価値を承認したといえるのか、マイナスの価値を是認し、処分したといえるのかである。

なぜなら、為替デリバティブ取引の顧客が、デリバティブ取引の理論値としての時価の概念を含むデリバティブの基礎的な事項を理解しないとしても（したがって、時価のマイナスを理解し、処分をしていないとしても）、1ドルがたとえば99.9円（という受払いの交換レートを含む契約条件）は承知しているからである。

しかし、この場合には価値形成の合意には瑕疵があり、マイナスの価値の認識認容、処分行為はない。

なぜなら、契約条件だけからは時価のマイナス（理論価格のマイナス）の値が出て

こないだけでなく、金融商品自体の価値ということの認識がなく（仮にあったとしても当初はプラスマイナス０ないしはそれと同等という認識であり、誤認であって、本件契約１では１４３９万７０００円、本件契約２では２８７０万３０００円、本件契約３では４７４４万１０００円、本件契約４では２４３６万４０００円という時価のマイナスを認識してそれを処分しているわけではない）、マイナスの価値の認識がない以上、それを意思に基づいて処分することもありえないからである。

3 したがって、マイナスの価値についての認識認容、処分行為はないから、たとえ１ドルいくらという契約条件を了解していても、マイナスの価値についての合意までは認められない。先にも述べたように、金融商品の価値は物の性状に相当し、金融商品の場合はその価値こそがすべて（レゾンデートル）であるから、性状の錯誤は要素の錯誤であり、無効である。

　この場合、取引の安全を考慮する必要はまったくない。被告は、原告にとってマイナスの価値となることを把握したうえで勧誘をなしており、原告がその時価のマイナスを知らないことも被告は知っているからである。

第４　適合性原則違反
1　最高裁平成１７年判決の枠組み
　最高裁平成１７年判決は、当該商品が当該顧客に販売するに不適切なものでなかったか否かの判断を行っており、狭義の適合性原則からの著しい逸脱の有無の観点から判断し、証券会社の担当者が①顧客の意向と実情に反して、②明らかに過大な危険を伴う取引を、③積極的に勧誘するなど、適合性の原則から著しく逸脱した証券取引の勧誘をしてこれを行わせたときは、当該行為は不法行為法上も違法となると判示する。
　また、同最高裁判所判決は、不法行為を基礎づける適合性の判断枠組みとして「顧客の適合性を判断するに当たっては、単にオプションの売り取引という取引類型における一般的抽象的なリスクのみを考慮するのではなく、当該オプションの基礎商品が何か、当該オプションは上場商品とされているかどうか等の具体的な商品特性を踏まえて、これとの相関関係において、顧客の投資経験、証券取引の知識、投資意向、財産状態等の諸要素を総合的に考慮する必要がある」と述べている。

2　本件各契約の具体的商品特性
　本書面の第２で述べた通りである。
　被告は、時価を理解していない原告に対し、時価とかけ離れた高い額のプレミアム

第1 第一審

が設定された複数のコールオプションを販売し、その対価として、時価とかけ離れた安い額のプレミアムが設定された複数のプットオプションを売却させる結果となる「ゼロコスト複合組み合わせ為替デリバティブ取引」をさせた。

その組み合わせおよびそれに伴う期待損益の歪さは、甲第6号証ないし9号証の通りである。

3　原告の投資経験

（1）原告の投資経験

そもそも、原告に為替デリバティブ取引の勧誘を行ったのは被告のみである。原告には三井住友銀行やみずほ銀行との取引はない（A証言14頁）。

原告は、平成7年頃から（略）徹底して自己資本比率を高めるとともに、安定した無借金経営を目指し、平成12年頃には完全無借金経営とした方針からも明らかなように、実業を何よりも重視して経営を行ってきたのであり、被告より勧められた為替デリバティブ以外に投資経験はない（そもそも為替デリバティブが投資であるという認識は当時なかったが）。

（2）原告前代表者の投資経験

また原告前代表者Aの投資経験は、甲第32号証および平成26年1月14日付回答書記載の通りであるが、いずれも積極的に投資をしていたということでもなく、商品自体も本件各契約と異なるものである。

しかも、被告担当者の勧誘により、被告または三菱UFJ証券株式会社との間で取引したものがほとんどである。

4　証券取引の知識

（1）他の選択肢について知らなかった

仮に百歩譲って、被告が主張するように原告に円安の為替リスクがあったとしても（原告に円安の為替リスクがほとんどないことは後に本項の「5原告の投資意向」において詳述する）、それに対して対策を講ずるとすれば、被告が提案した複合組み合わせゼロコストオプション以外に、コールオプションを購入する、という方法が考えられる。

（2）コールオプションを購入することによる円安の為替リスクの回避

仮に百歩譲って、被告が主張するように原告に長期的な円安の為替リスクがあったとし、かつ、原告がそれに対策を講じたいと考えたとしても（原告に円安の為替リスクがほとんどないことは後に本項の「5原告の投資意向」において詳述する）、原告の意向にオプション取引により端的にかつ確実に答えるだけであれば、原告は、

一定期間、一定の分量のドルを、妥当と考えられる行使価格で購入する権利（コールオプション）を購入すれば良いことになる。

原告の意向との関係では、コールオプションを購入することでも、複合組み合わせゼロコストオプションを契約することでも、その効果（メリット）は、変わらない。

逆に、コールオプションを購入する際のデメリットは、プレミアム（オプション料）が事前に金銭で支払う必要となるということになろう。しかも、オプションは店頭取引であるため、オプション料が妥当かどうかについては比較の対象がなく、時価を把握しなければ判断できないという点も問題である。

しかし、この点は、プレミアム自体がいくらであるかはわかり、かつ、事前に金銭で支払ったプレミアム以上に負担が発生することはないのであるから（円高の為替相場に移行したとしてもコールオプションを放棄すれば対価として支払ったプレミアム以上に損をすることはない）、その点をデメリットととらえない考え方もあるかもしれない。

（3）複合組み合わせゼロコストオプションの場合

しかし、被告の持ってきたものは、コールオプションとプットオプションを複合的に組み合わせた商品であった。

まず、複合組み合わせ商品の場合、コールオプション部分は、効果としては上記（2）と変わらない。

被告は、複合組み合わせゼロコストオプションの場合、プレミアムがかからないということも「メリット」であるということをいうのであろう。

しかし、この点は、将来いくらの負担が発生するのかわからないのであるから、その点をデメリットととらえる考え方もあるはずである。

しかも、店頭取引であるため、オプション料が妥当かどうかについては時価を知らなければ判断できないし、そのコールオプションのオプション料に見合ったプットオプションの組み合わせとなっているかどうかも時価を把握しないと判断できないという点も問題である。

コールオプションの購入と異なり、そもそもオプション料自体がいくらかということもわからない（通貨オプション取引がオプション料が具体的に提示される前に電話でのやり取りで成立すること自体争いはない）。

そこで、会社の経済状況によっては、事前に定められたプレミアムであれば金額次第では甘受できるが、将来いかなる損が発生するかわからないという事態（プットオプションの売却）は回避したいということも十分考えられるところである。

本件契約1のコールオプションのプレミアム490万0800円（甲2）、本件契約2のコールオプションのプレミアム693万2000円（甲3）、本件契約3のコ

第1　第一審

　　ールオプションのプレミアム９１６万１２０３円（甲４）というプレミアムは、原告にとって事前に負担することは十分可能であったし、原告の意向はまさにこれであった。
（４）小括
　　このような原告に対し、被告は、他の選択肢を示すことなく複合組み合わせ、ゼロコストオプションしか方法がないような勧誘をなしたのである。
　　言い換えると、原告は、複数ある円安為替リスク回避方法から、あえて複合通貨オプション取引（本件各契約）を選択したのではなく、そもそもこれしかないという提案を受けたのである（C証言４２～４４頁）。
　　このような原告が、証券取引の知識を持ち合わせていたなどとはおよそ言えない。複合通貨オプションを被告との間で何本契約したところで、他の選択肢を知らなかったのであるから意味などない。

　５　投資意向
（１）原告の経営方針との関係での投資意向
　　原告は、（略）徹底して自己資本比率を高めるとともに、安定した無借金経営を目指し、平成１２年頃には完全無借金経営とした方針からも明らかなように、事業にとってリスクのあることはしないという事業方針を貫いてきた。
　　そのような原告が、仮に上記を並べて提案されたとき、経営方針との関係で、リスクをコントロールすることができるコールオプションの購入を選択した可能性は極めて高い。原告には本件各契約締結当時、余剰資金がないわけではなかったのであるからなおさらである（A証言３０～３１頁）。
　　被告の提案は、原告の意向をおよそ無視し、原告に大量のコールオプションを高値で買わせ、原告に大量のプットオプションを廉価で売らせ、それぞれのプレミアムがゼロコストであるということをさも原告にとって有利なことであるかのように見せかけ（少なくともそのプレミアムが妥当かどうかを判断させず）、原告を誤信させたのである。
（２）原告の事業との関係での投資意向
（ア）原告は、西陣織ネクタイの製造卸会社であり、白生地を仕入れ、製造加工し、そして商社へ販売するというのが大まかな流れである。
　　原告の白生地の仕入先は、すべて日本国内の企業（京都市中の白生地問屋７～８社）であり、仕入代金の支払いはすべて円で支払われるが、国内企業から仕入れる白生地の中に、一部中国製の白生地もある（A証言２～３頁）。
　　しかし、その量はわずか総仕入額の３％～４％程度であり（甲１０の５頁、）、その

他はすべて国産である。
(イ) 原告で扱う中国製の白生地のうち、取引量が最も多く、かつ、継続して取引のあった商品である「(略)」の価格については、原料である生糸相場の変動と需給バランスにより変動するものであり、為替相場との相関性は薄いものであった（甲１０の５頁）。

　　Ａも、中国製の白生地の仕入単価は生糸相場および需給バランスで変動するものであり、ドルと円の為替相場で変動することはないし、中国製の白生地の価格が高騰して困ったことはない旨証言する（Ａ証言３頁）。

　　従って、原告としては、為替相場を日々気にしながら事業するようなこともなかった。

(ウ) もっとも、原告には、わずかとはいえ（しかも金額および支払時期については被告主張と大きく異なるものの）、被告を通じ、中国の提携工場にドル建てで加工賃を支払ったこと自体は事実であるので（甲１９）、原告の事業に円安の影響がまったくないなどという主張までするつもりはない。

　　しかし、為替相場というのは、ひとり原告にのみ適用されるものではなく業界全体に適用されるものであり、為替相場が円安になった場合、原告としては、短期的にドルの調達コストが上がる結果として、加工賃が当面短期的には上がることもあるだろうが、その場合は、原告のみならず、他の海外で加工を行う業者もすべて同じ理屈で加工賃が上がることとなるため、業界として、それを販売価格へ転嫁するという動きが出る（原告も西陣織の精緻を極めることで付加価値を加えるのである）。

　　とすると、加工賃の短期的な上昇分は、一時的な円安の影響であったとしても「長期の為替リスク」などではないし、ましてや、１０年もの円高の為替リスクを新たに負担してまでヘッジする必要などどこにもない。

(エ) 小括
(ａ) 以上より、まず、原告が日本国内から購入する中国製の白生地の仕入については、円安の為替リスクを回避する必要はなかった。

　　この点、被告は、中国製の白生地のみならず日本製の白生地についても海外の生糸を用いているのであるから円安の為替リスクがあるかのような主張もなす。

　　しかし、被告の主張によると、食料自給率が低く、原油などのエネルギー資源もほとんど海外から輸入している日本国民は、総じて円安の為替リスクがあることになってしまうが、これは荒唐無稽な為替デリバティブを売らんがために作り出した屁理屈である。

(ｂ) 次に、原告が、中国の提携工場にドル建てで加工賃を支払っていたことについては、仮に百歩譲って被告主張の円安の為替リスクを回避する必要があったとしても、（複合通貨オプションという選択肢のみしか示さなかった点は措くとしても）取引量が過

第1　第一審

大であり、かつ、取引時期も尚早であって、原告の意向に沿うものではない。
(c) まず、取引量の点であるが、原告のドル建ての送金は、いずれも被告を通じて送金したものであり、原告は被告以外にドルの預金口座も持っていなかったのであるから（A証言4頁、B証言2頁）、被告は、原告の創業以来のメインバンクとして、原告が事業において負うドル建ての支払債務がどの程度のものか把握していた（少なくとも容易に把握できた）はずである。

　しかも、本件各契約で最大購入しなければならないドルは甲第19号証と比較すると明らかに過大であり、かつ、平成17年9月以降中国工場が本格稼働して以降もドルの支払量は増えていなかったこと（A証言8～9頁）、そもそも中国工場の規模からみてフル稼働したとしても年間30万ドル程度のドルの支払量しか想定されなかったこと（A証言8頁）と併せ考えると、原告の意向に沿った取引量とはおよそいえない。

(d) 次に、時期の点であるが、中国の提携工場との継続的取引が本格的にスタートしたのは平成17年9月以降であり、それまでは試行錯誤の段階であったこと、本格稼働直前になって中国側とトラブルになったことについて被告担当者のCに相談して通訳を紹介してもらったこと（A証言6～7頁）と、上記原告のドルの取扱量が僅少であったこととを合わせて考えると、被告は、原告の創業以来のメインバンクとして、少なくとも、本件各契約の勧誘当時、原告の中国の提携工場の稼働状況は把握していたはずである（被告側の提出した情報ノートなどの資料からもこの点は読み取れる）。

　にもかかわらず、被告は、平成16年6月以降、（訴外契約2本を含む）4本の為替デリバティブ取引を勧誘し、平成17年9月以降、中国工場が本格稼働して以降もドルの支払量は増えていなかったにもかかわらず、さらに2本の為替デリバティブ取引を勧誘したのである（本件契約4の勧誘時には訴外契約2本は消滅していたが）。

(オ) 従って、原告の事業から見た場合、被告の本件各契約の勧誘時期およびドルの取引量は（複合通貨オプションという商品の問題性および選択肢としての合理性は措くとしても）、原告の意向におよそ沿ったものとは言えない。

（3）契約の経緯から明らかな原告の消極的投資意向

(ア) 原告は、訴外契約1の勧誘前（平成16年5月頃）、中国の提携工場において、染色加工するための準備を進めていた折、原告が、中国工場に染織加工に必要な機械（（略）他）を運搬するのに必要な費用として、1万ドルをドル建てで送金する必要が急遽生じ、被告に相談したことが本件の事の発端である（A証言3頁）。

　原告が、訴外契約1勧誘時に迫られていたのは、1万ドルを1回限り送金することのみであったのであるから、長期の為替デリバティブ取引を導入したいなどという

積極的意向はおよそなかった。
（イ）本件契約１の勧誘時も、１２月という会社にとっての繁忙期であり、訴外契約１の契約から半年しかたっておらず、また、中国工場の稼働も試行錯誤の段階でドル建ての支払もわずかであったのであるから（Ａ証言５〜６頁、甲１９）、追加で長期の為替デリバティブ取引を導入したいなどという積極的意向はおよそなかった。
（ウ）本件契約２よおび訴外契約２の勧誘時も、平成１７年５月であり、本件契約１の契約から半年しかたっておらず、また、中国工場の稼働も現地への技術指導に行くなどまだまだ、試行錯誤の段階でドル建ての支払もわずかであったのであるから（Ａ証言６頁、甲１９）、追加で、しかも２本もの長期の為替デリバティブ取引を導入したいなどという積極的意向はおよそなかった。
（エ）本件契約３の勧誘時も、中国工場は稼働していたものの、加工で月産１００〜１５０枚程度ということで、ドル建ての支払もまだまだ少ないものであったのであるから（Ａ証言８頁、甲１９）、追加で長期の為替デリバティブ取引を導入したいなどという積極的意向はおよそなかった。
（オ）本件契約４の勧誘時も、中国工場は引き続き稼働していたものの、加工で月産１００〜１５０枚程度ということで横ばいであり、ドル建ての支払も減りこそすれ増える見込みはなく、ボリュームとしても少ないものであったのであるから（Ａ証言９頁、甲１９）、追加で長期の為替デリバティブ取引を導入したいなどという積極的意向はおよそなく、勧誘を断っていた（Ａ証言９頁）。
　　　にもかかわらず、Ｄは、訴外契約１および２が消滅したことを理由に強引に契約を迫ったのである（Ａ証言９〜１０頁、Ｂ証言４〜６頁）。
（カ）以上の経緯および情報ノートの記載の一部からも見て取れるように、原告は、本件各契約に積極的に取り組む意向を示したことは一度もなく、いずれも被告からの勧誘により締結することとなったものである。

　６　財産状態
　　　原告の財産状況については甲第２４号証の通りである。

　７　まとめ
　　　以上の通り、具体的な商品特性を踏まえて、これとの相関関係において、顧客の投資経験、証券取引の知識、投資意向、財産状態等の諸要素を総合的に考慮した場合、最高裁平成１７年判決に沿って考えると、適合性の原則に違反し、不法行為が成立することは明らかである。

第1　第一審

第5　時価をなぜ説明する必要があるか（説明義務違反および信任義務違反）

1　一般に投資勧誘では勧誘者は、投資者が、リスクとリターンを正しく評価して投資判断するのに必要な重要な事項を説明する義務がある。

　店頭デリバティブ取引では契約時点の時価は、投資判断を行うのに当たって必要な重要な事項である。

　そのうえで、投資勧誘における時価の説明義務の実質的根拠は①被告は原告よりもデリバティブ取引について優れた情報や知識を持っていた②その情報は容易に入手できないし（ブルームバーグなどの金融情報ベンダーとの契約が必要）、原告は独自に時価を知るすべがない③被告は、原告が被告のデリバティブ取引についての知識を信頼していることを知っており、原告の信頼は、被告に対する信任に基づく、というものである。

2　時価の説明義務違反と信任義務とは、裏表のような関係にある。

　時価の概念のない原告に対し、時価を把握する被告が相対取引となる商品を組成するのであれば、被告は、少なくとも原告より信任を受ける者として、自分の利益のことも考えてよいが原告の利益を念頭に置いて行動しなければならないという条理上の義務であり、信任関係は時価を算出できない顧客の店頭デリバティブ取引を可能にする前提条件といえる。これは、時価の概念のない原告に対し、時価を説明し理解させる義務であるとも言い換えられる。

3　もともと店頭デリバティブ取引は価格が不透明であるがゆえに、時価を理解し、みずから算定できる者同士の、プロ同士の取引である。価格が不透明ということは、自ら時価を算出できないと不当に高く買わされるおそれがある。

　したがって、自ら時価を算定できない素人が取引に参加するための前提条件が、プロの知見が必要な部分を銀行が代替するという銀行との信任関係ということなのである。

　デリバティブ取引では時価が商品の価値の評価尺度であり、リスク評価方法であるから、本来、店頭デリバティブ取引は、時価を算定できる者でなければ、取引は困難である。

　甲第16号証の可児滋氏の「デリバティブの落とし穴」336，337頁を素直に読めばそうとしか読めないし、日本銀行の山澤光太郎氏も「ビジネスマンのためのファイナンス入門」東証経済新報社2004年3月199頁で、「実際には、金融のプロ同士が『（43）オプションの価値』で説明するような複雑な確率計算により、両者の損益が同じになるようなオプションの対価（プレミアム）を計算しながら取

引を行っています。」と同様の認識を示している。

4　店頭デリバティブ取引では、市場価格がないから、評価尺度である時価に依存せざるを得ない。税務実務上も、店頭デリバティブ取引のみなし決済金額で用いる時価は、銀行から入手した金額を信頼してよいことが前提になっている。

　原告のような中小企業ではほとんど例外なく時価を自ら算定できない場合に該当するから、取引の相手方銀行が時価を出し、それを信頼してよいということでなければ、店頭デリバティブ取引を決算期末で時価評価して損益計算書に反映するという平成12年の法人税法改正による税務も成り立たないのである。

　時価の概念を理解していても、それを自ら算定できない原告にとって、被告の算定した時価を検証することは不可能である。したがって、取引当事者の関係が単なる相対取引の一方当事者と他方当事者という関係ではなく、原告が被告を信任し依存しなければならないのである（信任関係）。

　信任関係に入ることを前提とすれば、被告が時価の概念の理解を欠く原告に、時価を理解させることなく、契約時点の時価のマイナスを告げずに、顧客に為替デリバティブ取引を販売することは、時価のマイナスを押しつけることに他ならず、条理上許されない。

　信任義務は、デリバティブのプロ（自ら時価を算定できる顧客）でない限り、専門家に依存せざるを得ない取引類型（店頭デリバティブ取引）では、誠実義務（36条1項）の具体化として当然の義務である（金融商品取引法が施行されておらず、その適用がないというのであれば、条理上ないし信義則上の義務ということになる）。

5　ドイツの裁判例について
（1）甲第25号証の補足

　川地論文（甲25）の31頁「三　ネガティブな市場価格についての説明義務」について、ドイツでは銀行に説明義務を課す見解が多数派を占めており、連邦通常裁判所（日本で言う最高裁判所）もその旨判示している。

　その理由としてまず考えられているのは、①スワップは交換契約と類似しているように見えるが、投機性のあるスワップ契約は金利の賭けであり、交換契約や売買契約とは同視できない。交換契約では双方に給付がなされるので、両当事者はウインウインの関係に立つが、賭けにおいては負けたほうは何も残らない。賭けの不公正が反映されたものが市場価格であり、ネガティブな市場価格は顧客のリスクを反映したものであるから、顧客の投資決定にとって不可欠な情報であること（甲25の31頁Roberts）である。

第1　第一審

　　上記理由はそのまま本件に当てはまる。すなわち、本件各契約はまさにドル円為替のスワップ契約であるクーポンスワップ契約およびスワップ契約に類似する通貨オプション契約であり、いわば相対の為替の賭けである。従って、顧客が勝てば業者が負け、顧客が負ければ業者が勝つゼロサムの関係にある。

　　「賭けの不公正が反映されたもの」が「市場価格」であり、本件ではまさにこれが契約締結時点での時価のマイナスである。「ネガティブ」な市場価格と呼んでいるのは、それがマイナスだからそう呼ばれているのである。

　　つまり、時価のマイナスは、顧客のリスクを反映したものであるから、顧客の投資決定（本件各契約の締結）にとって不可欠な情報なのである。

　　また他に理由として考えられているのは、②スワップ取引のように市場原理が働かない取引については、銀行が自分に有利な内容の契約を結ばせるので、他の金融商品との価格を比較する機会を顧客に与える必要があること（甲２５の３２頁 Klöhen）③顧客はスワップ取引のような金融商品の価格を正確に評価できないことから、複数の金融商品を価格によって相互比較することができず、市場参加者にとって価格が警告として作用しない（甲２５の３２頁 Spindler）④リベートもネガティブな市場価格も顧客が認識できない銀行の特別利益である点で共通しており、その「秘匿性」が説明義務を基礎づける（甲２５の３２頁 Lederer）である。

　　上記理由もそのまま本件に当てはまる。

　　本件各契約は店頭デリバティブであり、市場原理は働かず（②）、顧客である原告は金融商品の価格を正確に把握することができず（③）、本件契約１では１４３９万７０００円、本件契約２では２８７０万３０００円、本件契約３では４７４４万１０００円、本件契約４では２４３６万４０００円もの時価のマイナスは顧客である原告に認識できない被告の秘匿された利益であること（④）、いずれも本件と通底する共通事情である。

（２）助言義務＞説明義務

　　なお、ドイツでは、ボンド判決ルールにより、銀行と顧客との間に情報力の格差があり、顧客が銀行に信頼を寄せている状況があれば、説明義務よりワンランク上の銀行と顧客との間に黙示の助言契約の成立が認定されるようであるが（甲２５の１８頁）、原告が本件で求めているのは、あくまでドイツで課される義務のワンランク下の説明義務である。

　　すなわち、原告は、契約をすべきかどうかの助言までは被告に求めておらず、せめて契約をすべきかどうかの判断をするうえで、リスクの把握のために重要な情報は説明すべきである、と主張しているのである。

　　原告が主張する信任義務も、民法上の信義則および金商法条の誠実義務を根拠とし

て、上記ボンド判決ルールに倣い、銀行と顧客との間に情報力の格差があり、顧客が銀行に信頼を寄せている本件においては、少なくとも信任を受ける者として、自分の利益のことも考えてよいが、相手の利益を念頭に置いて行動しなければならないということに基礎づけた主張である。

　信認関係とまではいえなくても、信任関係にある者として、銀行が理論値としての時価の概念の理解を欠く顧客に、理論値としての時価を理解させた上で、契約時点の理論値としての時価（その負の、ネガティブな市場価値）を告げることなしに、時価評価のマイナスをかかえることになる金融商品を勧誘販売するのは、上記信任義務に反する不法行為でもある。

第6　損害の整理について
　　口頭弁論終結時の解約金（第4準備書面の18頁以下E）は不明であるが、為替相場の円安方向への変動に伴い、ゼロバリューの場合の解約金は限りなくゼロに近づいていることが想定される。
　　そこで、正式に、口頭弁論終結時点で、第4準備書面の18頁以下Aであるプレミアム喪失損害（本件契約1では1439万7000円、本件契約2では2870万3000円、本件契約3では4744万1000円、本件契約4では2436万4000円）合計額1億1490万5000円を予備的な損害額として主張する。
　　さらに、原告が、契約締結後から決済停止までの各権利行使により合計4032万9650円の為替差損を被ったところ（甲12）、この実損部分について、再予備的な損害額として主張する。

第7　消滅時効について
　　被告は、消滅時効について縷々主張するが、原告が「不法行為により損害を受けたこと」すなわち本件各契約が違法である（不法行為である）と知ったのは、専門家による契約締結時点での時価について算定してもらったとき（平成24年5月29日）であり、原告は、第2で述べたような本件各契約の具体的商品特性（違法性を基礎づける事実）などそれまで全く知らなかった。
　　従って、消滅時効の主張には理由がない。

　　　　　　　　　　　　　　　　　　　　　　　　　　　　　　　　　　　以上

2　被告準備書面（7）（平成26年1月21日付）

第1　第一審

　被告は、原告の創業者であり本件各契約締結当時の原告の代表取締役であったA社長（当時。以下「A社長」という）及び原告の経理担当者であるB課長（以下「B課長」という）並びに被告の担当者であったC及びDの各証人尋問結果を踏まえて、従前の主張に追加して、以下のとおり主張する。

第1　適合性の原則違反の主張について – 契約締結の目的について
　1　原告が為替変動リスクを負っており為替リスクヘッジニーズがあったこと
（1）原告は、主に中国からの直接的または間接的な輸入による製品の仕入価格の為替変動による上昇リスクをヘッジ（軽減）する目的で本件各契約を締結したものである。

　　すなわち、被告の担当者であったCは、平成16年5月ころ、原告のA社長から、原告は中国の企業に西陣織ネクタイ等の製造・加工を委託しており、従来は大部分を商社を介して間接的に仕入れていたが（いわゆる間接貿易）、昨年来の投資継続により、ようやく中国企業との本格的な直接貿易が開始し、その輸入・加工代金を米ドル建てで支払っている、今後も中国からの仕入額は増加傾向にある、為替変動の影響を受ける仕入額は間接貿易分・直接貿易分を合わせて年間約310万ドルであるとの説明を受けたうえ、A社長から為替リスクヘッジについて相談を受けたことから、訴外契約及び本件各契約を提案したものである。

　　ただし、310万ドルという金額がA社長の口から直接出たわけではなく、米ドル・円の為替相場の変動の影響を受ける取引量は直接貿易分・間接貿易分を合わせて仕入全体のおよそ30％であるとヒアリングしたことから、被告において、原告の直近の決算書上の総仕入額に30％を乗じた金額を当時の為替相場で米ドルに換算して、原告において米ドル・円の為替相場の変動の影響を受ける取引量としては年間約310万ドルと把握したものである。しかし、Cは、約310万ドルという金額が実態に合っていることをA社長に確認している（C証人調書3頁、25頁、26頁）。

（2）なお、本件訴訟の提起前に原告が被告を相手方として特定非営利活動法人証券・金融商品あっせん相談センターに申し立てたあっせん事件での原告の申立書には、「申立人（原告）は、平成12年頃より、中国の杭州所在の工場に対しネクタイの製造加工業務を委託していたが、商品の仕入はすべて商社を通じて行っており」と記載されており（乙61号証3頁。A証人調書16頁）、遅くとも平成12年ころから中国の工場と提携したうえで間接貿易を行っていたことを原告自身が認めている。

（3）以上に対し、原告は、原告の事業に円安の影響がまったくないわけではないものの、原告が国内商社から仕入れる白生地には一部中国製の物もあるがその割合はわずかであり、中国の提携工場に対する米ドル建てでの加工賃の支払いもわずかである、仮に円安によって仕入価格が上昇したとしても、販売価格に転嫁することが可能であるか

ら、原告は円安の為替リスクはまったく負っていなかったと主張する。Ａ社長も、仕入原価や製造加工にかかる費用に変動があったとしても、それを「営業努力によって」随時販売価格へ転嫁することが可能であると陳述する（甲３０号証２頁）。

しかし、円安米ドル高の進行による輸入価格の上昇の国内販売価格への転嫁は、原告が主張するように容易ないし単純なものではない。高度情報化社会の発展と取引の国際化の進行及び各種の規制緩和に加えて、長期のデフレ経済下にあることもあって、どの業界であっても国内の販売業者は厳しい価格競争にさらされているのであり、取り扱う商品の性能・品質面や取引上の力関係において販売業者側が圧倒的に優位な立場にある場合でもない限り、仕入価格の上昇の価格転嫁はけっして容易ではない。むしろ、安易に販売価格を値上げしてしまえば、販売先から取引を打ち切られて他の業者に切り替えられたり、取引量を減らされたりする恐れも大きい。あるいは、販売価格の上昇は消費者離れを招いて、結果的に販売量が減ってしまい、利益を減少させてしまう恐れがある。さらには、市場全体の縮小を引き起こす可能性すらある。

（４）したがって、輸入卸売業者が為替変動による輸入価格の上昇を理由として販売価格の値上げをしようとしても、販売先（小売業者等）の強い抵抗にあい、容易には値上げできず、あるいは値上げできたとしても輸入価格の上昇分の一部分に止まるのが通常である。

また、為替変動によるものではないが、本年４月に予定されている消費税率の上昇に伴う価格転嫁について、わざわざ「消費税の円滑かつ適正な転嫁の確保のための消費税の転嫁を阻害する行為の是正等に関する特別措置法」が制定されたことは、市場原理や自由競争に任せていたのでは仕入価格の上昇を販売価格に転嫁することが容易ではないことの裏返しであるといえよう。

現に、Ａ社長の言うところの「営業努力」も、その具体的な意味は「西陣織の精緻を極める（？）」ということであり、そのためにはコストや人的な苦労が必要であるというのである（Ａ証人調書２６頁）。しかも、Ａ社長も、白生地ではない製品の場合には、仕入価格の上昇を国内価格に急に転嫁できるものではないことを認めている（Ａ証人調書２７頁）。

（５）そもそも、仮に、原告が本件訴訟で主張しているように、為替変動による輸入価格の上昇分は国内の販売価格への転嫁が容易であって、原告には為替変動リスクヘッジニーズがなかったのであれば、そのことを誰よりも一番よく理解しているのは原告自身のはずである。

しかるに、そうであるならば、原告が被告との間で本件契約１～４と訴外契約１及び２の全部で６本もの為替デリバティブ契約を行ったことの合理的な説明がつかな

第1　第一審

　　　　い。このことからしても、原告が為替変動リスクヘッジニーズを有していたこと（少
　　　　なくとも、本件各契約当時原告自身がそのように認識していたこと）は確実である。
（６）この点について、原告は、被告の担当者が熱心に勧誘したことや、被告がいわゆる
　　　メガバンクでありかつ原告にとって創業以来の取引銀行であったことから、不本意で
　　　はあったが本件各契約を締結したものであると説明する。
　　　　しかし、原告も認めるとおり原告・被告間には融資取引はなく、本件各契約当時具
　　　体的な融資案件も存在していなかった。また、原告は、被告以外に地元の京都銀行
　　　とも永年取引を行っており、京都銀行からは資金を借りてくれとの依頼も受けてい
　　　たから、もし資金借入の必要が生じた場合には被告ではなく京都銀行から借入を行
　　　うことも十分に可能であった（Ａ証人調書１４頁、１５頁）
　　　　そのため、取引上の立場としては、むしろ原告の方が優位であって、被告は、原告
　　　に対し、不必要な為替デリバティブ契約を押し付けることができるような優越的な
　　　地位になどまったくなかったのであり、原告の説明は不合理である。
　　　　なお、この点に関し、Ａ社長の陳述書（甲３０号証）１頁では、被告が「日本でも
　　　一番大きな銀行でもあって」全幅の信頼を置いていたことが述べられている。しかし、
　　　原告と本件契約１、２及び訴外契約を締結したのは当時の旧ＵＦＪ銀行であるところ、
　　　旧ＵＦＪ銀行は日本で一番大きい銀行ではなかった（公知の事実である）から、
　　　Ａ社長の上記陳述は客観的に誤りであり、後から思い付いた理由である。
（７）以上から、そもそも原告はまったく為替リスクを負っておらず為替リスクをヘッジ
　　　するニーズはまったくなかったとの原告の主張がまったく信用性に乏しいことが明ら
　　　かである。
（８）なお、本件各契約単体だけを見れば、行使価格または交換レートを超えて円高米ド
　　　ル安が進行した場合には原告に損失が生じることになるが、本件のように為替デリバ
　　　ティブ契約の当事者が為替変動リスクを内包する実需取引を有しており、為替デリバ
　　　ティブ契約がその為替変動リスクのヘッジのために行われたような場合には、その損
　　　失は実質的に減殺され、一定のリスクヘッジがされている。
　　　　すなわち、輸入業者が本件各契約のような為替デリバティブ契約を行った場合、行
　　　使価格または交換レートを超えて円高米ドル安が進行したときには、為替デリバ
　　　ティブ契約単体だけを見れば損失を受けるが、反面、（輸入取引量が変わらなければ）
　　　実需取引においては円高メリット（円換算した輸入代金の低下）を享受できるから、
　　　為替デリバティブ契約による損失が相殺され、輸入業者の事業の総体の損益で見れ
　　　ばリスクが実質的にヘッジされていることになる。

２　仮にオーバーヘッジであったとしても、そのことによっては被告が不法行為責任を

負うことはないこと
(1) なお、仮に、本件各契約による取引量が原告における為替リスクを負っている輸入取引量に照らして過大（いわゆるオーバーヘッジ）であったとしても、そのことによっては、被告が不法行為責任を負うことはない。

けだし、後述のとおり、被告は、本件各契約の商品内容、取引の仕組み、メリット、リスク・デメリット等について、取引説明書（提案書）及び口頭で具体的に詳しく説明しており、原告は、自己責任の下で本件各契約を締結するか否かの合理的な判断を行うのに必要な程度に被告の説明を理解していた。

そうであれば、原告において実質的に為替リスクを負っている取引量について一番よく知っているのは被告ではなく原告自身なのであるから、為替リスクを負っている取引量を勘案して、本件各契約の取引量をどの程度にすべきか、いわゆるヘッジ率をいくらにするか、本件各契約の取引量は過大ではないか等の点については、まずもって原告自身が判断すべきものであり（この判断は、個々の経営者の経営方針やリスク志向の程度によって変わりうる経営判断事項であって、画一的な法律的判断にはなじみにくいものである）、かつそれは可能であったというべきであるからである。

(2) この点について、東京地方裁判所平成２５年２月２２日判決は、被告の勧誘によって顧客が被告との間で本件各契約と同様の通貨オプション取引を行った同種事案において、「そもそも、約定取引額（を）どの程度にすべきか（は）、第一次的には原告において決定すべき経営判断事項であることからすると、全国銀行協会あっせん委員会が、本件各取引における年間の最大取引量（４０８万ドル）は明らかに過大であり、適合性原則の観点から問題があるといわざるを得ない旨の指摘をしていることを考慮、しても、やはり、被告の担当者が本件各取引を勧誘したことが、適合性原則に違反し、不法行為を構成するとまではいえないと判示している（乙３８号証２２頁、２３頁）。

(3) また、東京地方裁判所平成２５年５月１５日判決（乙４１号証）の控訴審判決である東京高等裁判所同年１２月２５日判決は、「為替相場が変動することを前提とする上記の通貨オプション取引の構造（仕組み）及びこれによる利益と不利益（危険）並びに為替相場の変動予測等を勘案して、契約を締結するか、締結する場合の約定取引額をどの程度にするかについては、本来、控訴人のような企業経営者自身の経営戦略に係る判断事項であり、自己責任を旨とする事項であるというべき」（乙６２号証４頁）と判示している。

(4) 以上の各判示は本件にも同様にあてはまる。

第1　第一審

第2　適合性の原則違反の主張について－その他の判断要素について
1　原告の経験・知識
（1）原告は、遅くとも平成12年ころ以降中国の提携工場に製造加工を委託して製品を間接的に輸入していた（乙61号証3頁。A証人調書16頁）。また、平成16年ころからは、別の中国の工場と提携して製品を直接輸入する取引を進めており、中国に対する少なからざる投資を進めていた（A証人調書17頁、18頁）。
（2）原告は、過去に、旧東海銀行や京都銀行から借入を行った経験が延べで30回程度あり、借入金の合計額は最大時で2億円程度であった（A証人調書12頁、13頁）。
（3）A社長は、昭和38年に原告を創業し、ゼロからスタートして、平成12年には完全無借金経営を達成し、平成16年12月期には年間売上高が13億円以上（甲24号証の2）になるまでに原告を成長させた。したがって、A社長は、企業経営者として豊富な経験、知識、能力を有していたといえる。
（4）A社長は、個人として、平成12年に野村證券から「ノムラ戦略ファンド」という金融商品（名前からして投資信託と考えられる）を200万円購入したが、翌年に半分程度に下落した経験を有していた。さらに、A社長は、平成18年に、被告からの勧誘で「ピムコハイ・インカム」という投資信託を約970万円購入した経験を有していた（甲32号証。A証人調書14頁）。「ピムコハイ・インカム」は、外国債券を投資対象とする投資信託であり、為替変動リスクのある型と為替変動リスクの小さい「為替ヘッジ付き」型とがある（乙60号証）。
（5）以上からすれば、原告及びA社長は、被告から適切な説明を受ければ、自己責任の下で本件各契約の締結を判断するに十分な程度に経済、金融、為替、金融商品等についての知識及び経験を有していたといえる。

2　原告の財産状況
　　原告は平成12年以降完全無借金経営を維持している優良企業であり、原告の決算書（貸借対照表）によれば、本件各契約当時の原告の純資産額は、平成15年12月31日現在約9億3700万円（甲24号証の1）、平成16年12月31日現在約9億6800万円（甲24号証の2）、平成17年12月31日現在約9億8900万円（甲24号証の3）、平成18年12月31日現在約10億0200万円（甲24号証の4）、平成19年12月31日現在約10億1200万円（甲24号証の5）であった。
　　このように、原告は、本件各契約のリスクが現実化した場合に生じる損失（原告の主張によれば、本件各契約に基づく受払いにより現実に生じた損失は合計4032万9650円である。訴状31頁)に対する十分な財務耐久力を有していた。

3 結論
　以上のとおりの原告が本件各契約を締結した目的、原告及びA社長の知識・経験、原告の財産状況からすれば、本件各契約は原告の意向と実情に反して明らかに過大な危険を伴うものではなく、被告による本件各契約の勧誘が適合性の原則には違反していない（少なくとも不法行為法上も違法となるほどに著しく違反していない）ことが明らかである。

第3　説明義務違反の主張について
　1　本件各契約に関する被告の説明について
（1）本件各契約及び訴外契約の提案・勧誘にあたっては、被告の京都支社（旧UFJ銀行当時は京都法人営業部）の担当者であるCまたはDと本部の市場営業部のM（本件契約4の際、Dのほかに「為替の担当の方」がいたことはA社長も証言している。A証人調書9頁）が、その都度、原告に対し、取引説明書（提案書）（乙5号証、乙10号証、乙13号証、乙16号証、乙22号証、乙24号証）を使用しながら、各契約の仕組みと内容及びリスク・デメリットを説明している。そして、原告も、各契約の仕組み及びリスク並びにメリット・デメリットについて十分に理解したうえで、自らの自由な意思に基づく判断で各契約を締結したものである。
（2）すなわち、本件各契約及び訴外契約の仕組みと内容及びリスク・デメリットは、各取引説明書にスキーム図も交えてわかりやすく説明されている。
　　たとえば、本件契約4の取引説明書である乙24号証では、スキーム図に加えて、デメリット及びリスクに関して、「6．本取引のデメリット（リスク）お客さまの支払は実質的に円建となるため、各受払日における実勢為替相場が交換レート９９．８５円／米ドルより円高米ドル安となっても円高メリットを享受することができなくなります。またその場合、お客さまのお受取外貨額およびお支払円貨額は、米ドル高円安であった場合のそれぞれ２倍の金額になります」と具体的に記載されている（乙24号証3頁）。さらに、判定日の対象為替相場が変動すると本件契約4による導入効果（原告の差益または差損）が具体的にいくらになるかのシミュレーションが3円／米ドル刻みで記載されている（乙24号証2頁）。これによれば、たとえば為替相場が８７．８５円／米ドルになれば1回あたり８４万円の損失が生じることが一見して理解できる。
　　また、「7．重要事項に関するご説明」として、「（1）市場リスクによる損失発生の可能性について金利および為替相場の変動の影響等により、お客さまの支払金額の合計が受取金額の合計を上回り、お客さまに損失が生じることがあります」、「（3）

第1　第一審

　　　中途解約の制限についてご約定後の中途解約はできません。(・・・)やむを得ず当
　　　行が同意することにより中途解約される場合は、当行の提示する清算金をお支払い
　　　いただく場合があります。その場合、お客さまの支払金額（清算金を含む）の合計
　　　が受取金額の合計を上回り、お客さまに損失が生じることがあります。清算金は為
　　　替相場・市場金利等の動向によって変動します」と記載されており、続けて、清算
　　　金の算出の考え方の説明と清算金額の概算が1億1760万円になる例示が記載
　　　されている（乙24号証3頁）。
（3）以上の結果、原告も、被告から本件各契約及び訴外契約の仕組み及びリスク・デメ
　　リットについて十分な説明を受けて、これを理解したうえで、自らの責任と判断でこ
　　れを行うものであることを確認している。
　　　すなわち、原告は、本件契約1、2及び訴外契約1、2の際には各契約のリスクの
　　存在及び内容を理解したうえで契約を申し込んだ旨が記載された「リスク確認書」（乙
　　7号証、乙12号証、乙15号証、乙18号証）に、また、本件契約3、4の際に
　　は各取引説明書の「当社は、必要な内部手続きを経た上で、当社の責任と判断及び
　　当社の意思に基づいて、本書ご案内の商品を申し込むにあたり、商品内容、リスク
　　及び他の記載事項について貴行より説明を受け、これを承知しました」との記載の
　　あるリスク承知文言部分（乙22号証6頁、乙24号証4頁）に、それぞれ任意に
　　記名・捺印し、被告の説明を理解したことを確認している。

　2　「情報ノート」及び「活動情報」の記録の信用性について
（1）以上の本件各契約及び訴外契約の締結に至る具体的事実経過は、被告の担当者であ
　　るC及びDの陳述書（乙58号証、乙59号証）並びに証言だけでなく、本件当時
　　C、D及び被告本部の担当者であったG、Hが作成・記録していた「情報ノート」（乙
　　36号証、乙37号証の15、乙43号証、乙44号証の1～6、乙45号証の1～3、
　　乙47号証の1、2）や「活動情報」（乙46号証の1～5、乙47号証の3）に記
　　録されており、真実である。
（2）「情報ノート」及び「活動情報」は、銀行という厳格な事務手続きが要求される業種
　　の企業において、日常の業務の過程でその都度定型的に作成される性質の文書であり、
　　本件で提出している「情報ノート」及び「活動情報」も、実際に本件当時作成された
　　ものである。すなわち、「情報ノート」は電子媒体による記録であり、これに入力し
　　たり内容を変更したりした場合には、行為者の氏名・役職と日付が自動的に末尾に記
　　録されることになっている。したがって、「情報ノート」の各末尾の更新履歴を見れば、
　　これらの記録が本件当時作成されたものであり、その後改変されていないことが確認
　　できる。「活動情報」の「作成日」や「最終更新日」も同様である。

（3）当時は原告と被告との関係は円満良好であったのであり、また「情報ノート」及び「活動情報」は原則として外部の者に開示することは想定されていないから、被告の各担当者にはあえて虚偽を記載する動機も実益もまったくない。現に、本件での「情報ノート」及び「活動情報」には、原告のA社長がときによっては被告からの勧誘に対して慎重な姿勢を見せていることや原告が他行からも為替デリバティブ取引の勧誘を受けていること等、被告にとって好ましからざる事実も隠さずにそのまま記載されている。

（4）また、たとえば、乙46号証の2の「社長反応」欄に記載されている「商品性は問題なく、あとは相場とBTMUさんがどれだけ頑張ってくれるかやな」、あるいは乙47号証の1の「先方反応」欄に記載されている「担当変更と同時にコールされるとは、相性が悪い（半分冗談）」などというA社長の発言は、具体的で生々しく、到底後から頭の中で考え出せるようなものではない。

　　したがって、これらの「情報ノート」及び「活動情報」の記載内容の信用性は極めて高いものである。

3　A社長及びB課長の証言でも原告は各契約の仕組み及びリスク・デメリットについて正しく理解していたことが認められること

（1）被告からの説明によって、原告が本件各契約及び訴外契約の仕組み及びリスク・デメリットについて正しく理解していたことは、A社長及びB課長の証言からも明らかである。

　　すなわち、A社長は、訴外契約1（クーポンスワップ契約）は米ドルと円貨を常に一定の交換レートで交換する契約であること（A証人調書20頁）、為替相場というものは絶えず変動する性質のものであること（同調書20頁）等の各事項は理解しており、本件各契約が円高のリスクがまったくないと思っていたわけではないこと（同調書29頁）を証言している。中途解約についても、中途解約する場合には被告に対し何らかの支払いが必要となることも理解していたことを認めている（A証人調書29頁）。

　　なお、A社長は、本件契約4の提案書（乙24号証）の2頁のグラフや表を現在見れば、この契約が為替相場が交換レートよりも円高になると損失が出る契約であり、円高の場合の損失が円安の場合の利益の2倍であることは理解できることを認めている（A証人調書24頁）。

（2）また、A社長は、訴外契約1が終了するころには自分が71歳になっていることも気がかりであったと陳述するが（甲30号証3頁）、それは、訴外契約1が為替相場次第で損失を受けることもあるとの理解を前提としたうえで、10年後には為替相場が

第1 第一審

どうなっているかがわからないから気がかりであったものと考えられる。もし、71歳になった時に自分の判断能力が衰えているかもしれないことが気がかりであったというのであれば、それは訴外契約1に限ったことではなくすべてのことに当てはまることであるから、訴外契約1についてだけ自分が71歳になっていることも気がかりであったと思うことは不自然である。

なお、A社長は、証人尋問では「当時、契約するときは、そんな気掛かりではなかったのかと思いますが」と証言し（A証人調書22頁）、陳述書の内容と異なる証言をしている。

（3）B課長も、本件各契約が、為替相場が円安だとA株式会社に利益が出て、為替相場が「一定限度」を超えて円高になると損失が出るという仕組みの契約であること自体は理解していたことを認めているし（B証人調書13頁、14頁）、本件契約1の際、当時のスポットレートが100円台であったこと（同調書8頁）を前提としても、交換レートが90円台では「怖い」と思っていたことを認めている（同調書10頁）。

第4 A社長及びB課長の陳述書及び証言には信用性がないこと

1 以上に対し、原告の主張の最大の根拠であるはずのA社長及びB課長の陳述書の記載及び証言は、あいまいで、確実な記憶に基づくものではない部分や不自然・不合理な部分が多く、全体として信用性に乏しいことが明らかである。

2 各契約の勧誘や商品内容、仕組み、リスク等に関する説明について被告による本件各契約や訴外契約の勧誘や商品内容、仕組み、リスク等に関する説明について、A社長は、被告の担当者からどのような提案書（取引説明書）を見せられて説明を受けたのかや、そもそも提案書を見せられたこと自体の記憶があいまいである旨を証言している（A証人調書19頁、22頁24頁）。

3 訴外契約1の際のCの説明について

A社長は、訴外契約1の際、Cからは、「万が一契約期間中に本契約の交換レート97.80円より円高になることがあっても・・－大丈夫です」という説明があったと陳述するが（乙30号証3頁、4頁）、その説明の前に、Cからは、為替相場が交換レートよりも円高になると損失が出るという説明はまったくなかったと証言する（A証人調書21頁）。

しかし、為替相場が交換レートよりも円高になると損失が出るという説明もしていないのに、いきなり「万が一契約期間中に本契約の交換レート97.80円より円高になることがあっても、大丈夫です」という説明を行うということは著しく不合理

である。まず最初に為替相場が交換レートよりも円高になると損失が出るという説明があったからこそ、その後で「万が一交換レートより円高になることがあっても～」という説明になったというのが自然な流れである。

4　本件契約3の際のCの説明について
　　B課長は、本件契約3の際のCの説明を聞いて、「それなら前半2年間の受取のみで、いわば勝ち逃げみたいになる商品ということですか」と尋ねたところ、Cは「そうです」と答えたと陳述し（甲31号証3頁）、証言する（B証人調書4頁）。A社長も、同内容の陳述をする（甲30号証6頁）。しかし、B課長は、Cからは、後半期間には損失が出ることもあるという説明はなかったと証言する（B証人調書11頁）。
　　しかし、「勝ち逃げ」とは「勝った」者が「負ける」前に勝負や取引をやめる場合に使う言葉であって、「負ける」すなわち悪いことが起きる可能性があるからこそ、（その前に）「逃げる」という発想が出てくるのである。前半期間が「勝ち」（原告の受取）のみで、後半期間も常に「勝ち続けられる」のであれば、「勝ち逃げ」という発想が出てくることはない。B課長の証言は不合理である。

5　訴外契約が終了した時の気持ちについて
　　A社長は、平成19年2月に訴外契約1及び2が終了した時には、契約が終了してよかったと思ったと証言する（A証人調書23頁）。
　　しかし、訴外契約1及び2は、契約開始以降最初の受払いから終了するまで、常に原告に利益が生じていたのであり（乙8号証、乙19号証。争いのない事実のはずである）、しかも、A社長の陳述及び証言によれば、A社長は被告からは訴外契約1及び2についてまったくリスクやデメリットの説明を受けておらず、リスクやデメリットがない契約であると理解していたとのことである。
　　もしそうであれば、それにもかかわらず訴外契約1及び2が契約途中で終了したら、残念に思うのが通常の人間の心理であって、契約が終了してよかったと思ったなどとは著しく不自然である。現に、Dの陳述及び証言によれば、A社長は、Dに対し「着任早々に（訴外契約1、2が）解約されるとは、Dさんとは相性が悪いと半ば冗談を言ったのであり（乙59号証3頁。D証人調書4頁）自然な反応である。

6　本件契約4を締結した理由について
　　本件契約4を締結した理由について、A社長は、原告の事務所の応接室でDから商品の勧誘を受けた翌日に被告に電話を掛けて断ったが、後日、Dから面談時の提案よりも円高の（原告に有利な）条件（99.90円／米ドル）を呈示されたので、も

第1 第一審

はや断り切れず、やむなく平成19年3月27日に本件契約4を締結したと陳述し（甲30号証7頁）、証言する（A証人調書10頁、11頁）。B課長も、同内容の陳述をし（甲31号証3頁）、証言をする（B証人調書6頁）。

しかし、最終的に締結された本件契約4の交換レートは99.90円／米ドルであるのに対し、同年3月27日の原告の事務所での面談時に提案された商品の交換レートは99.85円／米ドルであるし（乙24号証1頁）、同年3月15日の訪問時に提案された商品（通貨オプション）の行使価格（クーポンスワップの場合の交換レートに相当）は96.70円／米ドルまたは96.69円／米ドルであって（乙42号証1頁）、いずれも本件契約4の交換レートの方が円安（原告に不利）である。よって、A社長及びB課長の陳述及び証言は、明らかに不合理である。

なお、B課長は、反対尋問でこの点の不合理さを指摘されると、本件契約4よりも円安であった（＝本件契約4の方が円高であった）という最初に提案された商品とは、最終的な契約よりも半月以上前の時の商品であると弁明するが（B証人調書12頁、13頁）主尋問では、Dが原告の応接室から被告に電話を掛けたとされる面談時に提案された商品と比べて本件契約4の方が円高であったと証言しているのであり（同調書5頁、6頁。A社長の証言も同旨である。A証人調書10頁、11頁）、証言が不合理に変遷している。

第5 結論

以上のとおり、本件各契約は円安米ドル高の為替リスクをヘッジするという原告のニーズに合致していたものであるし、原告の知識、経験、財産状況に照らしても本件各契約は問題のないものであった。また、被告は、本件各契約の商品内容、取引の仕組み、メリット、リスク・デメリット等について、取引説明書及び口頭で具体的に詳しく説明しており、原告は、自己責任の下で本件各契約を締結するか否かの合理的な判断を行うのに必要な程度に被告の説明を理解していた。よって、被告には適合性原則違反も説明義務違反もなく、原告の本件請求はまったく理由がない。

第6 過失相殺

仮に被告に何らかの不法行為が成立し、被告が損害賠償責任を負うとされる場合であっても、原告には重大な過失があることは明らかであり、大幅な過失相殺がされるべきである。

第7 消滅時効

仮に被告に何らかの不法行為が成立し、被告が損害賠償責任を負うとされる場合

であっても、本件訴訟の提起日である平成24年8月13日時点ですでに発生日から3年以上が経過している損害、具体的には、本件契約3についての為替差損（甲12号証の3）のうち平成21年（2009年）7月29日以前の分及び本件契約4についての為替差損（甲12号証の4）のうち平成21年（2009年）7月22日以前の分については消滅時効が完成していることは、被告の平成25年9月20日付け準備書面（6）7頁、8頁で主張したとおりである。

以 上

第2　一審判決
言渡｜平成２６年３月２５日交付｜平成２６年３月２５日裁判所書記官

平成２４年（ワ）第★号　損害賠償請求事件
口頭弁論終結の日　平成２６年１月２１日
判決
京都市某
原告　Ａ株式会社
上記代表者代表取締役　Ｆ
上記訴訟代理人弁護士　稲田　龍示
同　　　　　　　　　　木暮　直美
同　　　　　　　　　　大矢　真義

東京都千代田区丸の内二丁目７番１号
被告　株式会社三菱東京ＵＦＪ銀行
上記代表者代表取締役　平野　信行
上記訴訟代理人弁護士　近藤　基

主文
1　原告の主位的請求を棄却する。
2　原告の予備的請求に係る訴えのうち、無効確認請求に係る部分を却下する。
3　原告の予備的請求のうち金銭支払請求を棄却する。
4　訴訟費用は、原告の負担とする。

事実

第１　請求等
　１　主位的請求の趣旨
　　　被告は、原告に対し、１億７０７５万８１１５円及びこれに対する平成２４年９月８日から完済まで年５分の割合による金員を支払え。
　２　予備的請求の趣旨
（１）被告は、原告に対し、４０３２万９６５０円及びこれに対する平成２４年９月８日から完済まで年５分の割合による金員を支払え。
（２）原告と被告との間の平成１６年１２月２４日付け通貨オプション取引契約、平成

17年6月8日付け通貨オプション取引契約，平成18年9月20日付け通貨オプション取引契約及び平成19年3月27日付けクーポンスワップ取引契約がいずれも無効であることを確認する。

3　請求の概要
（1）原告は，被告行員の勧誘により，被告との間で金融派生商品取引（為替デリバティブ取引）を行ったが，多額の損害を被ったとして本件訴訟を提起した。
（2）主位的請求は，当該金融派生商品取引の勧誘が不法行為に当たると主張し，被告に対し，取引契約締結と同時に発生した損害（時価差額）及び為替変動によって生じた損失の合計1億7075万8115円の賠償請求である。
　　附帯請求は，訴状送達の日の翌日である平成24年9月8日を起算日とする民法所定の年5分の割合による遅延損害金の支払請求である。
（3）予備的請求は，当該金融派生商品取引に関する原告の意思表示には要素の錯誤があり無効であることを原因とする請求であり，金銭請求は，原告に生じた損失の合計4032万9650円の返還を求めたものである。
　　附帯請求は，訴状送達の日の翌日である平成24年9月8日を起算日とする民法704条所定の年5分の割合による法定利息の支払請求である。

4　略語・用語
　　本件で問題となる金融派生商品は，もっぱら日本円と米国ドルの為替レートを指標とする為替デリバティブである。
　　本判決においては，次の左欄の用語を，その右欄を意味するものとして使用する。
第2　前提事実
　　次の事実は，末尾に証拠番号を付したものを含めて，当事者間に争いがないか，争うことが明らかにされない事実である。
1　当事者等
　　原告は，昭和38年にAが創業した西陣織ネクタイの製造卸売事業が，昭和47年12月22日に法人成りした株式会社である。Aは，長らく原告の代表取締役を務めていたが，平成25年7月19日をもって辞任し，以後，Fがその地位にある。
　　被告は，前身の株式会社ＵＦＪ銀行（旧ＵＦＪ銀行）及びそのさらに前身の東海銀行時代から，原告の主な取引銀行であった（被告は，平成18年1月に株式会社東京三菱銀行が旧ＵＦＪ銀行を吸収合併して商号を改めたものである。本判決では，東海銀行，旧ＵＦＪ銀行及び現在の被告を指していずれも「被告」と表記する。）。

第2　一審判決

　　2　原告と被告とのオプション契約
（1）原告は，被告行員の勧誘を受け，被告との間で，第1契約，第2契約及び第3契約の三つの通貨オプション契約を締結した。

　　　これら契約は，一つの契約で，原告と被告それぞれが相手方を義務者とするオプションを取得するがプレミアムの遣り取りはしないという契約であり，「ゼロコストオプション（契約）」と呼ばれる。

　　　原告が取得するオプションは，被告が原告に売ったオプションということができ，被告が取得するオプションは，原告が被告に売ったオプションということができるが，双方のプレミアムが同額であるとして契約が締結されたものである。

　　　被告側から提示されたオプションの代金額は別表「被告提示の代金額」欄のとおりであった。

（2）上記三つのオプション契約は，いずれも，原告と被告の相対取引であり，一方の利益はそのまま他方の損失となる。

　　　また，オプション行使の意思表示は省略するものとされ，行使期日に円レートに従って有利な権利行使がされたものとみなし，その2営業日後に損益金の受渡しを行う取り決めになっていた。

（3）第2取引においては，行使期日の東京時間午後3時時点の円レートが89.90円より円安となった場合，オプション③は消滅し（ノックアウト特約），原告の権利はオプション⑤のみとなる。この場合，原告が受け取る利益は7万5000円の定額となる（ペイオフ特約）。

（4）第3取引の後半部分においては，行使期日の東京時間午後3時までに，日本又は海外の銀行間外為市場における取引相場が114.90円より円安となった場合，その行使期日における決済は行われない（ノックアウト特約）。

（5）上記三つの通貨オプション取引にあっては，原則として原告からの中途解約はできないこととされている。

　　3　クーポンスワップ契約の締結
　　　原告は，被告行員の勧誘を受け，被告との間で，クーポンスワップ契約である第4契約を締結した。

　　　第4取引では，金利交換日の5東京銀行営業日前の東京時間午前10時における為替相場（ロイター画面上の「JPNU」ページに提示されるドル円為替相場のMIDレート）が99.85円より円高の場合（すなわち被告に利益が生じている場合），交換すべき金利を2倍にするものとされている（レバレッジ特約）。

4 本件取引における原告の損益状況
(1) 本件契約締結時の円レートは別表の「契約時の円レート」欄のとおりであった。
(2) 本件取引は，いずれも，円安であれば原告に利益（被告に損失）を発生させ，円高となれば被告に利益（原告に損失）を発生させる取引であるが，契約時の円レートよりも少し円高水準の行使価格が設定されているため，為替相場に変動がなければ，毎月，原告が利益を出し，被告から利益金の支払を受けることになる。
　　すなわち，本件取引は，取引開始からしばらくの間は，対価を支払わずに取引が開始されたのに，毎月，被告から原告に利益金が支払われるという取引であった。
(3) 本件取引では，次の期間にわたり原告に利益が発生していた。
　　第1取引　平成17年1月から平成22年6月まで
　　第2取引　平成17年6月から平成22年7月まで
　　第3取引　平成18年9月から平成20年9月まで
　　第4取引　平成19年4月から平成20年9月まで
(4) ところが，平成20年9月頃から進んだ円高により，本件取引において原告に損失が発生するようになった。
　　平成23年6月末の資金受渡日における原告の取引損益は，別表の「実際の損益」欄のとおりであった。原告には4032万9650円もの多額の損失が発生したのである。

5 取引の中断
　　原告は，原告訴訟代理人弁護士に相談し，被告に対し，本件契約に基づく平成23年7月以降の資金受渡しの中断を求めるとともに，同年8月5日には，本件契約に関して紛争があるとして金融商品あっせん相談センタ（FINMAC）にあっせん手続を申し立てた（乙61）。しかし，同手続によっても紛争は解決せず，本件契約に基づく資金の受渡しは，現在まで，事実上中断した状態にある。

6 本件取引以外の取引
(1) 原告は，平成16年6月2日（第1契約の半年前），被告行員の勧誘を受け，被告との間で，同年6月から10年間を契約期間とするクーポンスワップ契約を締結し，これに基づく金利交換取引を継続していた（甲13，乙5，6。以下「訴外契約1」「訴外取引1」という。）。
(2) さらに，原告は，被告行員の勧誘を受け，平成17年6月8日（第2契約の締結日と同日），同年6月から10年間を契約期間とするクーポンスワップ契約を締結し，これに基づく金利交換取引を継続していた（甲14，乙16，17。以下「訴外契約2」

第2　一審判決

「訴外取引2」という。また，訴外契約1訴外取引1と合わせて「訴外契約」「訴外取引」という。）。

(3) 訴外取引も，本件取引と同様，円安であれば原告に利益（被告に損失）を発生させる取引であり，円安傾向が続く限り，毎月，原告が被告から利益金の支払を受けることになる取引であった。

そのため，訴外契約では，円安が一定条件となれば被告の解約権が留保されていた。そして，契約後に円安が続いたため訴外取引は，いずれも，平成19年2月28日（第4契約締結の前月），被告の留保解約権行使により終了した。

(4) 2年9か月継続した訴外取引1で原告が得た利益は700万円を超えており（乙8），また，1年9か月継続した訴外取引2で原告が得た利益は1300万円を超えており（乙19），訴外取引で原告は2000万円以上の多額の利益を得た。

7　時価の不告知

金融派生商品は，金融工学において開発された計算方法により，当該商品（権利）の内容に従った時価を計算することができる。その計算の代表的なものは「ブラック・ショールズ・モデル」と呼ばれるものである。

金融機関，証券会社等の業者は，計算によって金融派生商品の時価を知った上で，当該商品のプレミアムを決定し，あるいは，当該商品の取引の是非を判断するのであり，被告も，何らかの計算方法を用い，本件契約で原告が取得する権利と被告が取得する権利のそれぞれの時価を計算し，前者の時価が後者の時価よりも低いことを確認し，銀行としての損得を勘案した上で，本件取引を勧誘した。

しかし，被告行員は，訴外契約を勧誘する際も，本件契約の勧誘の際も，被告側で計算した時価を原告に告知していない。

第3　争点の摘示

1　主位的請求に関する争点は，本件契約の勧誘が説明義務違反（あるいは信任義務違反），手数料開示義務違反又は適合性原則違反等を理由とする不法行為に該当するかどうかである（争点1）。

仮に，本件契約の勧誘が不法行為に該当する場合，原告に生じた損害（争点2）及び消滅時効の成否（争点3）も争点となる。

2　予備的請求に関する争点は，本件契約が，権利の等価性に関する原告の錯誤により無効となるかどうかである（争点4）。

第4　争点1及び争点2（不法行為の成否及び損害）に関する当事者の主張
【原告の主張】
1　双方の手にする権利の経済的価値に著しい格差があったこと
（1）時価の著しい格差

　　原告が取得するオプション等と被告が取得するオプション等のそれぞれの時価をブラック・ショールズ・モデルを用いて時価を計算すれば，別表「時価（理論値）」欄のとおり，合計で1億1490万5000円もの格差が生じている。

（2）時価の差額相当分の得失

　　上記時価の大きな開きにもかかわらず，本件契約において原告が取得する権利と被告が取得する権利は等価であるとされ，代金の授受がされていない。したがって，本件契約を締結したことにより，被告は時価差額の利益を得，反面，原告は同額の損失を被った。

（3）本件契約の期待損益

　　金融派生商品の取引では，契約締結時の権利の時価は，取引の期待損益と強い関連性がある。これを本件契約に即していえば次のとおりとなる。

　　第1契約では，原告に最終的に利益が出る可能性は30.5％，その場合の平均額は529万5000円に過ぎないのに対し損失が出る可能性は69.5％，その場合の平均額は2496万7000円にのぼる（甲6・15頁）。

　　第2契約では，原告に利益が出る可能性は37.9％，利益の平均額は745万5000円に対し，原告に損失が出る可能性は62.1％，損失の平均額は5582万2000円である（甲7・18頁）。

　　第3契約では，原告に利益が出る可能性は48.46％，利益の平均額は147万1000円に対して，原告に損失が出る可能性は51.54％，損失の平均額は1億0628万3000円である（甲8・19頁）。

　　第4契約では，原告に利益が出る可能性は36.4％，利益の平均額は4751万1000円に対して，原告に損失が出る可能性は63.6％，損失の平均額は7733万9000円である（甲9・16頁）。

2　説明義務違反の勧誘がされたこと
（1）上記のとおり，本件契約において双方が手にする権利の時価に著しい差があり，これがそのまま原告の損失となることに鑑みれば，被告は，本件契約の勧誘に当たって，時価の概念の説明をし，原告が取得する権利の時価，被告が取得する権利の時価を説明した上で，原告に対し，それでも契約を締結するのがどうかを検討する機会を与えるべき義務を負っていたというべきである。

第2　一審判決

（2）また，金融商品取引法は，金融商品取引業者等が金融商品取引契約を締結しようとするときは「手数料報酬，その他の当該金融商品取引契約に関して顧客が支払うべき対価に関する事項であって内閣府令で定めるもの」（同法37条の3第1項4号）を記載した書面を交付しなければならないと規定し，これを受けた金商業等府令81条は，同書面について「手数料，報酬，費用その他いかなる名称によるかを問わず，金融商品取引契約に関して顧客が支払うべき手数料等の種類ごとの金額若しくはその上限額又はこれらの計算方法及び当該金額の合計額若しくはその上限額又はこれらの計算方法」の記載を求めている。契約締結時の時価差額は実質的には手数料に該当するから，時価差額を記載した書面を交付しなければならなかったはずである。

（3）ところが，被告行員は，そのような説明を怠り，その結果，原告は時価の格差を知らないまま本件契約を締結してしまい，時価の高い権利を時価の低い権利と交換させられたということができるのである。したがって，被告行員の本件取引の勧誘は，説明義務に反する不法行為に当たるから，被告は，後記4の損害を賠償すべき責任を負う。

3　適合性原則に違反する勧誘がされたこと

（1）原告が本件取引のリスクを自ら知り得ないこと

　　オプション等の時価とは，当該オプション等の義務者が引き受けるリスクの大きさを金銭で表したものであるから，本件契約によって原告が引き受けるリスクは，被告が引き受けるリスクよりも著しく大きい。

　　ところが，金融派生商品の時価を知るには金融工学の専門的知識が必要である上，本件契約にあってはプレミアムの授受が行われないことから，中小企業である原告が本件契約によって引き受けたリスクの大きさを認識することは極めて困難であった。

（2）原告には投資取引の経験がなかったこと　原告は，実業を何より重視してきた会社であり，被告から勧められた金融派生商品以外には投機取引の経験がない。また，A自身も，投資信託や株式の現物取引を行っていたに過ぎず，金融派生商品に関する投機取引の経験はない（甲32，乙64）。

　　すなわち，原告ないしAに投機取引の知識や経験がほとんどなかった。

（3）過大な取引の勧誘がされたこと

　　原告は，西陣織ネクタイの製造卸会社であり，その事業の大まかな流れは，白生地を仕入れ，製造加工し，商社へ販売するというものである。原告の白生地の仕入先は全て日本国内の企業であり，仕入代金の支払は全て円で支払われる。国内企業から仕入れる白生地の中に，一部中国製の白生地もあるが，その量はわずか総仕入額

の３％から４％に過ぎず為替相場の変動による影響はわずかであった。また，原告は，中国の提携工場にドル建で，加工賃を支払っていたが，その規模から最大年間３０万ドル程度の支払量であった。

　被告は，原告の企業活動中に中国からの輸入があるので，円安による事業損失を埋め合わせる必要もあることから本件契約を勧誘したと主張するようであるが，実際には，原告には金融派生商品の取引を行ってまで円安による事業損失を埋め合わせる必要は余り大きくなかったのであり，少なくとも，訴外契約以外に，本件契約を勧誘することは明らかに過大な取引の勧誘であった。

（４）取引目的から逸脱した取引の勧誘がされたこと原告が取得する権利の時価が被告のそれよりも著しく低いということから明らかなとおり，本件契約は円安による事業損失を埋め合わせるための商品としても極めて不適切である。

　もし，本当に，原告が，金融派生商品の取引により，円安による事業損失を軽減したいのであれば，対価を支払ってコールオプションを購入し，円安時に高価なドルを安く取得できるようにしておけば足りたのである。プットオプションの義務者になり，円高時に廉価なドルを高く買い取る義務を負う必要など何もなかった。

　ところが，本件契約は，原告をプットオプションの義務者とし，円高時の事業上の利益を打ち消す仕組みになっており，かつ，円高時に原告が引き受けるリスクの方がはるかに高いため，結局，円安時の為替リスクを軽減するというより，むしろ，円高時の過大な為替リスクを発生させる結果となっているのである。

（５）以上のとおり，被告行員による本件契約の勧誘は，適合性原則に反し，原告に対する不法行為に該当するから，被告は，後記４の損害を賠償すべき責任を負う。

　４　原告に生じた損害

（１）契約時の時価差額

　　原告は，被告行員の違法な勧誘の結果，受け取るべきプレミアムを受け取らず，前記時価差額に相当する損害（合計１億１４９０万５０００円）を被った。

（２）為替損失

　　原告は，本件契約の締結から決済中断までの間に，為替相場の変動により合計４０３２万９６５０円の損害を被った。

（３）弁護士費用原告は，本件訴訟の追行を訴訟代理人に委任することを余儀なくされたが，上記（１）及び（２）の合計額の１割である１５５２万３４６５円が不法行為と相当因果関係を有する損害である。

（上記合計１億７０７５万８１１５円）

第2 一審判決

【被告の主張】
1 説明義務違反について
(1) 本件契約において原告が取得する権利と被告が取得する権利の時価に原告主張のような差があることは否認する。
(2) 金融派生商品の時価は、その取引におけるリスクの大きさや、契約当事者が将来損失を受ける確率及び損失の大きさを示すものではなく、実際に行われる決済額とも関係がない。通貨オプションやクーポンスワップの実際の損益は、もっぱら契約後の為替相場の動向に左右されるものである。
 したがって、金融派生商品の時価は、通貨オプション取引やクーポンスワップ取引の基本的部分ないし重要部分ではないから、被告は、原告に対し、本件契約の締結にあたり時価を説明する義務を負うものではない。
(3) なお、金融商品取引法及び金商業等府令が施行されたのは、本件契約締結後の平成19年9月30日である上、同法は行政法規であり、その違反が直ちに不法行為に該当するものではない。
 金融商品取引業者と顧客との私法上の関係は、金融商品販売法により規制されるところ、同法は、手数料を、金融商品販売業者が説明義務を負う事項としていない(同法3条1項)。
 また、金融商品取引法においても金融商品販売法においても、原告がいうところの時価は、金融商品取引業者が説明義務を負う事項とされていない。

2 適合性原則違反について
(1) 被告行員は、平成16年5月頃、Aから、原告は従来中国の企業に西陣織ネクタイ製品等の製造・加工を委託しており、その大部分は商社を介して間接的に仕入れていたが(間接貿易)、中国企業との本格的な直接貿易を開始し、その輸入・加工代金をドル建で、支払っている、今後の中国からの仕入額は増加傾向にある、為替変動の影響を受ける仕入額は間接貿易分・直接貿易分を合わせて年間約310万ドルであるとの説明を受け、円安の為替リスクをヘッジすることについて相談を受けた。
 これを受けて、被告は、原告に対し、訴外契約と本件契約の合計六つの契約を提案したのである。原告が実際にこれらの取引を行ったことからも、原告の企業活動において円安による事業損失を埋め合わせる必要があったということができる。
(2) 確かに、本件契約では単純にコールオプションの権利者となる場合に比べ、プットオプションの義務者ともなって円高の為替リスクを負担することになるが、その反面、顧客は、金銭の支払をすることなくコールオプションのメリットを享受するものである。本件契約は、新たに円高の為替リスクを引き受けるだけに等しいものではない。

（3）仮に，原被告間の取引量が過大（オーバーヘッジ）であったとしても，それによって被告が責任を負うものではない。

　　すなわち，被告は，本件契約のいずれについても，原告に対し，その都度，一商品内容，取引の仕組み，メリット，リスク・デメリット等について，担当者から，取引説明書（乙１０，１３，２２，２４）を用いて口頭で詳しく説明している。そして，原告は，本件契約のいずれについても，リスク確認書（乙１２，１５）又は取引説明書のリスク承知文言部分（乙２２・６頁，乙２４・４頁）に任意で記名捺印し，もって，被告の行った説明内容について十分に理解した上で自らの判断で各契約を締結したことを確認している。これについては，訴外契約についても同様である（乙５，７，１６，１８）。そうすると，取引量が過大でないかどうかは，原告自身が判断すべき事柄である。

（4）したがって，原告は，被告行員の説明を受けて本件契約の商品性やリスクを十分理解した上で，自己責任の下で本件契約を締結したのであるから，本件契約の勧誘は，適合性原則に反するものではない。

　3　損害について

　　原告主張の損害の契約時の時価差額は，時価会計上の評価損に過ぎず，現実の損失ではない。

　　仮に，本件契約の勧誘が不法行為に該当し，原告に何らかの損害が認められるとしても，原告に重大な過失が認められるから，大幅な過失相殺がされるべきである。

第５　争点３（消滅時効）に関する当事者の主張

【被告の主張】

　　仮に，本件契約の勧誘が不法行為に該当するとしても，本件訴訟の提起日である平成２４年８月１３日時点で発生日から３年が経過している損害，すなわち第３契約の為替損失（甲１２の３）のうち平成２１年７月２９日以前の分及び第４契約の為替損失（甲１２の４）のうち平成２１年７月２２日以前の分については消滅時効が完成しているから，これを援用する。

【原告の主張】

　　原告が本件契約から生じた損害及び加害者を知ったのは，専門家によって本件契約のオプションの時価を計算してもらった平成２４年５月２９日である。

第６　争点４（錯誤無効）に関する当事者の主張

第2　一審判決

【原告の主張】

1　原告は，主観的には，円安による事業損失を埋め合わせるという目的で本件契約を締結したものであり，かつ，本件契約で原告が取得する権利と被告が取得する権利とが当然に価値が見合っているため対価の授受がないものと認識して，本件契約を締結した。

2　しかし，客観的には，本件契約は，円安による事業損失を埋め合わせるのにはおよそ不適切な契約であったし，対価の授受（被告から原告への対価支払）が必要な契約であった。

3　もし，原告が，本件契約が事業上の目的に合致していないことや対価を受け取る必要があることを知っていたなら，無償で本件契約の締結に応じることなど決してなかったから，上記1の主観的認識と上記2の客観的事実との食違いは，法律行為の要素の錯誤に該当し，本件契約に関する原告の意思表示は民法95条により無効である。

【被告の主張】

1　原告が契約締結時の時価差額を知らなかったとしても，そのことから直ちに錯誤に陥っていたことにはならない。

前記主張のとおり，金融派生商品の時価は，実際の決済額には影響を及ぼさないのであり，オプション等を取得することが経済的に見合うものであるかどうかは，取引の仕組みや取引量・取引金額を理解した上で，取引当事者の各自が自己責任の下で判断すべきであり，原告もそのような判断をした上で本件契約を締結したのである。

要するに，オプション等の時価が等価であったのか，それとも時価に格差があったのかという点は，契約の要素に当たらない。

2　仮に，原告主張の錯誤があったとしても，原告は，本件契約の取引通貨，レバレッジ特約を含む取引金額，行使価格，取引期間・取引回数，ペイオフ特約，ノックアウト特約の内容自体は認識していたのであり，原告の錯誤は，あくまで動機の錯誤にとどまる。

動機の錯誤が要素の錯誤に当たるというためには，その動機が契約内容となっているか，少なくとも表意者によって相手方に表示されていることが必要であるが，本件契約においては，オプション等の時価がいくらであるのかということは契約内容とはなっていないし，時価差額があれば契約しないといった意思が原告によって表示されたこともない。

そもそも，通貨オプションやクーポンスワップの契約において，通常人は，時価が

いくらであるかを確認した上で契約を締結するわけではない。金融商品取引法や金融商品販売法が，金融派生商品の取引について，時価を説明事項にあげていないのもそのためである。そのため，一般取引上の通念に照らして，時価差額があると知っていれば，通常人でも本件契約の締結をしなかったともいえない。

したがって，オプション等の時価差額の存在を知らなかったとしても，原告の意思表示に要素の錯誤があったとはいえない。

理由
第1 事実経過について
　前記前提事実，証拠（甲2ないし5，10，13，14，19ないし21，24，30ないし32，乙2ないし25，36，37，42ないし47，58ないし61，証人A，証人B，証人C及び証人D）及び弁論の全趣旨によれば，次の事実が認められる。

1 原告の事業経営
（1）原告は，Aによって昭和38年に創業されて以来，順調に事業を成長させ，平成12年に完全無借金経営となった。
（2）原告の第33期（平成16年1月1日から12月31日まで）の売上は13億円を超えており，第33期末（平成16年12月31日時点）での純資産額（貸借対照表上の資本金，資本剰余金，利益剰余金及び当期未処分利益の合計額）は9億円を超えていた（甲24の2）。原告の純資産額は，第34期末，第35期末，第36期末においても減少していない。
（3）原告は，遅くとも平成12年頃から中国の提携工場（O有限公司）に製造加工を委託し，商社を介して中国から間接的に製品の輸入を始めた（甲19，乙61，証人A）。また，原告は，平成16年頃から，別の中国の工場（N有限公司）と提携し，商社を介さずに中国から製品を輸入する準備を進め，平成17年9月2日，そのための基本契約を締結した（甲20の1）。原告は，N有限公司に対し，400万から500万円程度の設備投資を行った。

2 Aの投資経験
　Aは，個人として，平成12年1月26日，野村證券株式会社から，「ノムラ戦略ファンド」と称する投資信託を200万円購入したが（甲32），同商品の価値は，翌年には半分程度に下落した。
　また，Aは，平成18年8月18日には，被告から，「ピムコハイ・インカム」と称する投資信託を970万7102円購入した（甲32）。この投資信託は，外国債券

第2　一審判決

を投資対象とするものである（乙６０）。

3　訴外契約１の締結

（１）A及び被告の経理担当者であるB（以下B」といい，Aと合わせて「Aら」という。）は，平成１６年５月頃，被告京都支店の支店長代理であったC（以下「C」という。）に対し，中国での事業提携先であるN有限公司から製品を輸入する取引を開始したこと等を話した（乙３６）。

（２）Cは，原告の事業には，為替相場の変動によって事業上の不利益が生じるため，一定の円安状態で利益が発生する金融商品の需要があるものと判断した。

　そこで，Cは，クーポンスワップ（訴外取引１）を提案した。この取引は，①行使価格を９７．８０円とし，②金利交換期間を平成１６年６月から平成２６年５月までの毎月とし，③原告受領のドル建金利と被告受領の円建金利を一定方法で交換するというものであり，円レートが行使価格より円安であれば原告に利益が発生する。この取引は，反面，逆に円高になれば原告に損失が発生してしまうというものであったが，Aは，Cの提案を受け入れることにした。

（３）原告は，平成１６年６月２日，被告との間で，デリバティブ取引に関する基本契約書及び追約書（乙２，乙３）を交わした上で訴外契約１を締結した（甲１３，乙６）。

　なお，訴外契約１では，被告は解約権を留保しているが，原告からの中途解約は原則としてできないとされている。

（４）Cは，訴外契約１の締結時，Aらに対し，取引説明書（乙５）を用いて，訴外契約１が実質的に円とドルを毎月交換する取引であること，行使価格（９７．８０円）より円高ドル安になれば原告は損失を被ること，契約期間は９年１１か月に及ぶこと，原告からの中途解約は原則としてできないこと等を説明した。同説明書には，「５．シミュレーション」として，金利交換日の円レートとそれに対応した原告の毎月の損益が表で示されている。

（５）Cは，訴外契約１の締結後，上記の説明が記載されたリスク確認書（乙７）をAらに交付し，Aは，これに記名押印した。

（６）訴外契約１締結時の円レートは１０７円程度の円安水準であり，被告は，訴外取引１の開始当初から，毎月，原告に対し，利益金を支払っていた。当初５か月（平成１６年６月から１０月）に原告が被告から支払を受けた利益金は１００万円を超えていた（乙８）。

（７）しかしながら，金融工学上の計算方法を用いて原告の権利（ドル受領）と被告の権利（円受領）を比較すると原告の権利の時価は被告のそれを約２３００万円も下回っていた（乙２９）。

4 第1契約の締結
（1）Cは,平成16年12月,今度は,通貨オプションを提案した。このオプション取引も,一定の円安状態で利益が発生し,円高になると損失が発生するというものであった。
（2）被告が当初提案した行使価格は90.40円であったが,Bは,損益分岐点となる行使価格が90円代では原告のリスクが大きいと判断した。そこで,原告側は,行使価格を87.8円まで引き上げるのにすることを求め,最終的には,行使価格を88.80円とすることで合意がされ,原告と被告は,平成16年12月24日第1契約を締結した（乙37の1ないし5）。
（3）Cは,第1契約の締結時,Aらに対し,取引説明書（乙10）を用いて,訴外契約1のときと同様,第1契約の仕組み,為替損失の可能性,契約期間,中途解約の制限等について説明した。
　同説明書には,「4．経済効果」として,各行使期日における円レートと,それに応じて原被告間で実際に受渡しがされる損益がグラフ及び表で示されている。
（4）Cは,第1契約の締結後,上記の説明を理解した旨が記載されたリスク確認書（乙12）をAらに交付し,Aは,これに記名押印した。
（5）第1契約の締結時における円レートは,102.71円であり,当面,毎月,被告から原告に利益金の支払がされる見込みであったし,実際にも,第1契約締結後に円安傾向が続いたことから,長期間にわたり,被告から原告に利益金の支払がされた。
（6）しかしながら,金融工学上の計算方法を用いて第1契約におけるオプション①及び②の時価を算出すると別表「権利の時価」欄記載のとおりとなり,原告の権利の時価は被告のそれを約1440万円も下回っていた。
　原告被告それぞれが取得したオプションの時価には大きな開きがあったが,被告は,双方のオプションの代金額（すなわちプレミアム）をいずれも490万8000円として条件提示をしていた。

5 第2契約及び訴外契約2の締結
（1）Cは,平成17年4月から5月にかけて,新たに,通貨オプションである第2契約とクーポンスワップである訴外契約2を提案した。
　原告側は,行使価格をなるべく円高方向に設定したかったので,行使価格について被告と交渉を重ね（乙44の1ないし7）,平成17年6月8日,第2契約及び訴外契約2を締結した（甲14,乙17）。訴外契約2でも,被告は解約権を留保しているが,原告からの中途解約は原則としてできないとされている。
（2）訴外契約2は,訴外契約1と同様,金利交換期間を10年間とし,毎月,原告受領

第2　一審判決

のドル建金利と被告受領の円建金利を一定方法で交換するというものであって、円安なら原告が利益を得る（円高なら原告が損失を被る）というクーポンスワップであるが、損益分岐点となる行使価格が８９．９０円という円高水準で合意された。

（３）Ｃは、上記二つの契約の締結時、それぞれの取引説明書（第２契約については乙１３、訴外契約２については乙１６）を用いて、訴外契約１及び第１契約のときと同様に、各契約の仕組み、為替損失の可能性、契約期間、中途解約の制限等について説明した。乙第１３号証の説明書には、「３．経済効果」として、各行使期日における円レートとそれに応じて原被告間で実際に受渡しがされる損益が図入りで説明されているほか、「４．スキーム図」として、同じ内容がグラフで示されている。また、乙第１６号証の説明書には、「５．シミュレーション」として、各判定日における円レートとそれに応じた原告の毎月の為替損益が表で示されている。

（４）Ｃは、上記二つの契約の締結後、上記の各説明を理解した旨が記載されたそれぞれのリスク確認書（第２契約については乙１５、訴外契約２については乙１８）をＡらに交付し、Ａは、これらに記名押印した。

（５）第２契約及び訴外契約２の締結時における円レートは、１１０．０３円であったから、被告は、訴外取引２の開始当初から、毎月、原告に対し、利益金を支払っていた。当初５か月（平成１７年６月から１０月）に原告が被告から支払を受けた利益金は２００万円を超えていた（乙１９）。

（６）しかしながら、金融工学上の計算方法を用いて第２契約におけるオプション③ないし⑤の時価を算出すると別表「権利の時価」欄記載のとおりとなり、原告の権利の時価は被告のそれを約２８７０万円も下回っていた。

　　原告被告それぞれが取得したオプションの時価には大きな開きがあったが、被告は、双方のオプションの代金額（すなわちプレミアム）をいずれも６９３万２０００円として条件提示をしていた。

（７）また、訴外契約２においても、原告の権利の時価は被告のそれを約１９００円も下回っていた（乙３０）。

6　第３契約の締結

（１）Ｃは、その後も被告を訪問して、さらに通貨オプション取引を提案した。原告は、これに対し、行使価格はなるべく円高方向に設定すること、ノックアウト条項による消滅条件は厳し目に設定し、なるべく決済が消滅しないようにするよう求めた。両者は、行使価格や消滅条件について交渉の上、平成１８年９月２０日、第３契約の約定に至った。

（２）Ｃは、第３契約の締結時、Ａらに対し、取引説明書（乙２２）を用い、従前と同様、

第3契約の仕組み，為替損失の可能性，契約期間，中途解約の制限等について説明した。同説明書には，「3．経済効果」として，各行使期日における円レートと，それに応じて原被告間で実際に受渡しがされる損益が図入りで説明されているほか，「4．スキーム図」として，同じ内容がグラフで示されている。
(3) 同説明書には，第3契約の「商品内容，リスク及び他の記載事項」について被告から説明を受けて理解した旨のリスク承知文言が印字されていたが，Aは，同日，その下に記名押印した。
(4) 為替相場の状況は，訴外契約（平成16年6月）から第3契約（平成18年9月）までの2年余りにわたって，概ね，少しずつ円安が進んでおり，第3契約の締結時における円レートは117.50円であった（平成16年6月当時の107円という水準から10円も円安となっていた。）。すなわち，原告は，訴外取引1，第1取引，訴外取引2及び第2取引の四つの取引により，毎月，被告から何十万円かの利益金の支払を受ける状況が続いていた。
(5) 金融工学上の計算方法を用いて第3契約におけるオプション⑥ないし⑨の時価を算出すると別表「権利の時価」欄記載のとおりとなり，原告の権利の時価は被告のそれを約4740万円も下回っていた。

原告被告それぞれが取得したオプションの時価には大きな開きがあったが，被告は，双方のオプションの代金額（すなわちプレミアム）をいずれも916万1203円として条件提示をしていた。

7　第4契約の締結
(1) 被告の人事異動により，平成19年1月から，原告と対応する被告担当者が，Cの後任者のD（以下「D」という。）となった。
(2) 被告は，平成19年2月28日，損失（原告にとっては利益）を出し続けていた訴外契約について，留保解約権を行使し，10年の契約期間の途中で取引を終了させた。原告が訴外取引において被告から支払を受けた利益金は合計2068万1750円であった。

また，平成19年2月28日時点で，第1契約ないし第3契約についても円安による原告の利益状況は続いていた。
(3) 解約権行使により原告・被告間にクーポンスワップが消滅したので，Dは，その消滅直後ころ，新たな金融派生商品の取引を勧誘するため，被告調査役のNと共に原告を訪問した。

Dは，Aから，原告としては行使価格がどれだけ原告に有利に設定されているかを重視している旨を聴取したので、行使価格を原告に有利に設定（より円高に設定）

第2　一審判決

する代わり，行使価格より円高になった場合により不利なドル買いが発生する特約（レート逆ステップ）付きのオプションを提案した。原告はいったんこの取引に合意しようとしたが，契約締結直前になってBがDに連絡し，やはりリスクが高すぎるため別の商品を提案するよう求めた。

(4) そこで，Dは新たなクーポンスワップを提案した。Aは，交換レートが１００円以下の水準で、あればレバレッジ特約（円高時に原告の損失が増幅する特約）があっても契約する意向がある旨をDに伝え，結局，原告と被告は，平成１９年３月２７日，行使価格を９９．９０円とする第４契約を締結した。

(5) Dは，第４契約の締結時，Aらに対し，取引説明書（乙２４）を用いて，第１契約ないし第３契約や訴外契約と同様，第４契約の仕組み，為替損失の可能性，契約期間，中途解約の制限等について説明した。同説明書には，「３．スキーム図」として，各判定日における円レートと，それに応じて原被告間で実際に受渡しがされる損益が図入りで説明されているほか，「４．シミュレーション」として，同じ内容がグラフで示されている。

(6) 同説明書には，第４契約の「商品内容，リスク及び他の記載事項」について被告から説明を受けて理解した旨のリスク承知文言が印字されていたが，Aは，同日，その下に記名押印した。

(7) 第４契約の締結時における円レートは，１１８．６９円であった。

(8) 金融工学上の計算方法を用いて第４契約における原被告それぞれの権利の時価を算出すると別表「権利の時価Ｊ欄記載のとおりとなり，原告の権利の時価は被告のそれを約２４３０万円も下回っていた。

8　A及びBの理解

A及びBは，CやDの説明により，本件契約の基本的な仕組み，行使価格より円安の場合にどれだけの利益が発生し，行使価格より円高の場合にどれだけ損失が発生するのかを理解していた。しかし，原告と被告のそれぞれが契約で取得する権利の時価については，CやDから何の説明もなかったので何も理解していなかった。

なお，本件契約及び訴外契約の説明に用いられた取引説明書には，いずれも，オプション等の時価は記載されていないが「留意点」として，契約に係る取引が時価会計処理（取引で実際に生じた損益を会計処理するのではなく，ある基準日での取引の時価で会計処理すること）が必要になる場合がある旨及び契約後であれば時価の照会を行えばこれに応じる旨の記載がある。

9　原告の損益の推移

本件取引によって原告及び被告が得る利益額（相手方の損失額）は，別表の「資金受渡日に得る利益額」欄に記載のとおりであり，原告から見た損益の概要は，「原告から見た損益の概要」欄に記載のとおりである。

　本件取引は，いずれも，締結からしばらくの期間，毎月，原告に利益をもたらしていた。平成１９年の後半には，米国で「サブプライムローン」の問題が表面化し，為替相場の様相が一転して円高傾向が強まったが，それでも，円レートが１００円を下回るような円高にはならず，本件取引が原告に損失をもたらすことはなかった。

　ところが，平成２０年９月のリーマンショックの後，円高が急激に進んだことから，円レートが本件契約の行使価格より円高水準となった。

　そして，行使価格が１００円前後であった第３契約及び第４契約にあっては，平成２０年１０月以降，行使価格が８０円台の第１契約及び第２契約にあっては，前者が平成２２年７月分以降，後者が同年８月以降，それぞれ損失を出し続けた。平成２３年６月分までに原告に生じた損益は，本件契約を通算すれば，４０３２万９６５０円の損失となった（甲１２の１ないし４）。

第２　Ａ及びＢの証言について

１　前記のとおりの事実が認められるが，Ａ及びＢは，これと異なる証言をしている。すなわち，Ａ及びＢは，大要「本件契約の締結に当たって，ＣないしＤから，取引の仕組みや，為替相場の動向によっては損失を被るリスクがあることを説明されたことはなく，理解もしていなかった。取引説明書を使って説明を受けたこともない」旨を証言するのである。しかし，両名の上記証言は採用できない。その理由は次のとおりである。

２　まず，ＣないしＤによる本件契約の提案や交渉過程は，逐一「情報ノート」ないし「活動情報」（乙３６，３７，４３ないし４７。以下「情報ノート等」という。）に記載されている。情報ノート等は，銀行内部の営業記録であり，被告内部で回覧され決済もされている。情報ノート等には，ＣやＤが本件契約の基本的な仕組みや為替損失のリスクについて繰り返し説明し，これに対しＡやＢが，行使価格の設定について被告と交渉をしていることが記録されている。

　情報ノート等での原告の輸入取引量に関する記載はＣの推測にすぎず（Ｃ自身がそのように証言する。），正確なものとはいえないように思われるが，被告側から本件契約を提案するに至った経緯やＡやＢとの遣り取りに関する記載が虚偽ではないかと窺わせる事情は見あたらない。

　また，Ａは，ＣやＤと面談する際，原告の経理実務担当者のＢを同席させており，

第2　一審判決

そのような面談を経た上で，リスク説明書に記名押印を行っているのである。そのような事実があるにもかかわらず，AやBが，取引の仕組みや為替相場の動向次第で損が出ることすら説明を受けず，損など出ない取引だと誤解したまま本件契約を締結するに至ったとは到底考えられない。

さらに，上記証言が本当だとすれば，AやBは，取引開始後，被告から毎月振り込まれる金銭が何であると思っていたのかという疑問も生じる。

銀行である被告が，何の代償もなしに，ただ単に顧客に金銭を分け与える取引を行うことなどありえない。そのようなことはAもBも当然承知しているであろうから，本件取引が銀行に利益（原告の損失）をもたらす場合があることも当然理解していたはずと思われる。

3　以上に説示のとおりであって，A及びBは，C又はDから本件取引の基本的な仕組みの説明を受け，為替相場の動向次第で原告に利益も損失も生じることを理解していたものと認めるのが相当であり，A及びBの上記証言は採用できない。

第3　本件契約の複雑さの程度について（最高裁判決の事例との比較）

1　本件取引は，いずれも，行使期日の円レートと行使価格を比較し，前者が後者より円安であれば原告に利益が発生し，逆に円高であれば原告に損失が発生するというものであり，顧客の損益の発生の仕組みそれ自体は単純なものである。

また，本件取引では，円高時に被告が得る利益（原告に生じる損失）は，ペイオフ特約による上限が設定されていない上レシオ特約やレバレッジ特約により増幅されているため，円高時に原告が被告に対して負う債務は非常に多額なものとなる可能性がある。そのことは，損益発生の仕組みほど単純なものではないが，理解が困難というほどのものではない。

2　ところで，最高裁判所平成25年3月7日第一小法廷判決（裁判集民事篇243巻51号。以下「平成25年最高裁判決」という。）は，契約締結から1年後に固定金利と変動金利を交換する取引（金利スワップ）について「将来の金利変動の予測が当たるか否かのみによって結果の有利不利が左右されるものであって，その基本的な構造ないし原理自体は単純であり，少なくとも企業経営者であれば，その理解は一般に困難なものではなく，当該企業に対して契約締結のリスクを負わせることに何らの問題もない」と説示している。

本件取引と平成25年最高裁判決が取り上げた取引とを比較した場合，損益発生の仕組みの単純さは同程度であって，前者の方が後者よりも仕組みが複雑であるとか

難解であるというわけではなく，外国為替取引（輸出入取引）を行う企業の経営者や経理担当者であれば，前記認定のような勧誘時の説明を受け，本件取引の損益発生の仕組みや円高時の損失の危険を理解することに，さほどの困難はないものと考えられる。

第4　契約締結の意図について
1　原告と被告は，いずれも，「為替リスクのヘッジ」に資する契約であるとして，あるいは「為替リスクのヘッジ」を目的として，本件契約の締結がされたことを前提とする主張を展開しているようにみえる。しかし，本件契約は投機目的で締結されたと認めるのが相当である。その理由は，次のとおりである。

2　まず，原告の平成12年頃以降の中国からの製品輸入は商社を介してのものであったし，平成16年頃以降のN有限公司との提携に伴う中国への設備投資も400万円から500万円程度に過ぎなかったのである。本件契約当時，原告には，金融派生商品で埋め合わせる必要があるほどの為替リスク（円安による事業損失）の発生が見込まれていたとは考えにくい。

3　次に，ドル建で，商品を輸入している企業が，金融派生商品により，一定期間にわたり，一定以上の円安になった場合の事業損失を埋め合わせる（為替リスクをヘッジする）場合，資金に余裕のあるときに，予め，一定の対価（プレミアム）を金融機関に支払った上で，金融機関から，ドルのコールオプションを購入しておき，円安時に金融派生商品から利益が生まれるようにしておくことが合理的である。この場合，顧客は，契約時に対価相当の金銭を失うが，将来に向けては，円安局面で金融派生商品が生み出す利益を受け取るだけで，失うものがなく，事業経営を安定させることができる。
　　これに対し，本件契約は，対価の支払をしないで，顧客と金融機関のそれぞれが相対するオプション等を取得するため，顧客は，契約時に金銭を失わないで済む代わり，将来に向けては，本業で儲かるはずの円高時に金融機関に対する債務を負担することになる。しかも，その場合の債務額は，上限の合意（一定金額で頭打ちとする合意）がないどころか，かえって増幅されることが合意されている。本件契約は，円高で得る事業利益を大きく上回る損失をもたらすおそれが大きいのである。したがって，本件契約は，円安時に顧客に利益をもたらすかもしれないが，全体としてはむしろ為替リスクをもたらし得る契約であるといえる。
　　このような本件契約の性質は本件契約がもたらす経済効果を知れば容易に理解し

第2　一審判決

うることであり，本件契約が，原告の事業経営を安定させる意図で締結されたというのは，実態とは異なるものと考えざるをえない。

4　結局，前記認定事実及び本件取引の損益の仕組みを総合すれば，原告は，円レートを指標とした投機取引で利益を得る目的で本件契約を締結したものと推認するのが相当である。

第5　時価差額が意味することについて

1　前記認定のとおり，本件契約では，原告が取得する権利の時価と被告が取得する権利の時価との間に，総額1億1000万円以上の開きがある。オプション等の時価は当該オプション等のリスク（義務者に生じる損失）の大きさを統計的，確率的に計算した理論値である。「時価＝リスク」であり，相対取引におけるオプション等の売主は，計算によって得られた時価（リスク）に「利ざや」を上乗せしてオプション等の代金（プレミアム）の額を決め，その代金を支払ってくれる相手方と契約を締結して，リスクを引き受けることになる。

2　時価は，いわば「原価」のようなものであるから，他の商取引と同様，オプション等の取引で時価が開示されることはない。例えば，金融商品取引業者が顧客にコールオプションを売る場合，代金（プレミアム）額が提示されるものの，時価が開示されることはない。顧客は（複数の金融商品取引業者に提案書を出させるなどして），提示された代金（プレミアム）が当該コールオプションの価値に見合っているかどうかを自己責任で判断すべきことになる。

3　本件契約の代金（プレミアム），時価，被告が得る利ざやを整理すると次のとおりとなる（時価差額の総額は1億1490万6000円）。

	被告提示の対価（プレミアム）の額	時　価	被告が獲得する利ざや	時価差額＝被告の利ざや合計
第1契約：原告が得たコールオプション	¥4,908,000	¥3,383,000	¥1,525,000	¥14,398,000
第1契約：被告が得たプットオプション	¥4,908,000	¥17,781,000	¥12,873,000	
第2契約：原告が得たコールオプション	¥6,932,000	¥4,908,000	¥2,024,000	¥28,703,000
第2契約：被告が得たプットオプション	¥6,932,000	¥33,611,000	¥26,679,000	
第3契約：原告が得たコールオプション	¥9,161,203	¥1,780,000	¥7,381,203	¥47,441,000
第3契約：被告が得たオプション	¥9,161,203	¥49,221,000	¥40,059,797	
第4契約：原告が得た権利		¥30,082,000		¥24,364,000
第4契約：被告が得た権利		¥54,446,000		

4　被告が，コールオプションを取得させる場面で利ざやを得ることは，リスクを引き受ける者として当然のことであり，約338万円のコールオプションに約490万円の代金を提示すること（第1契約），約490万円のコールオプションに約693万円の代金を提示すること（第2契約），約178万円のコールオプションに約916万円の代金を提示すること（第3契約），そして代金提示の際に時価を開示しないことに問題があるようには見えない。

5　これに対し，被告が，オプションを取得する場面（いわば原告にオプションを売らせる場面）でも利ざやを得ることは，当然のことではない。被告は，自分ではリスクを引き受けないからである。
　ところが，本件契約では，原告が，約1700万円のリスクを約500万円の対価で引き受け（第1契約），約3300万円のリスクを約700万円で引き受け（第2契約），約5000万円のリスクを約900万円で引き受けており（第3契約），被告の方が利ざやを得ている。

6　契約当事者それぞれのリスクに利ざやを加え代金（プレミアム）を遣り取りするという方法であれば，本件契約では，被告が原告に時価差額に相応する代金差額を支払うことになったはずである。
　ところが，原告が金融派生商品に通じている企業ではなかったため，被告は，時価差額に相応する代金差額の支払を要求されることがないまま本件契約を締結することができたのである。売買になぞらえていうと，被告は，4000万円を出すだけで1億5000万円の品を買って売買差益を得たということになる（実際に，被告は，時価差額を，契約時に生じた差益として会計処理している。このことは弁論の全趣旨から明らかである。）。

7　時価差額は，金融工学上の計算手法を用いて統計的，確率的に計算される理論値である。理論値であるとはいえ，それは，大局的に見れば実際の損益と相関しているはずである。その相関性に信頼が置かれているからこそ，現在，銀行や証券会社は，盛んに相対での金融派生商品の取引を行っているものと考えられるからである。
　ただし，個々の取引についてみると，当然のことながら，時価の計算結果と実際の損益とが合致しない場合もある。訴外取引では，「オプションの義務者としての原告に10年間で生じ得る損失」は，統計的，確率的には3000万円以上と計算されていたが，実際には，原告に2000万円以上の利益が生じた状態で訴外契約が解消されている。このように，時価差額は，直ちに個々の取引の損益とは一致するわ

173

第2　一審判決

けではない。

8　なお，被告は，金融派生商品の時価は，現実の損益と関係がなし，から取引の重要部分ではない（だから金融商品取引業者において説明義務を負わない）というようであるが，その立論は相当ではない。時価は，金融派生商品取引の基礎となる極めて重要な事項であるが、いわば「原価」であるが故に説明義務を負わないというべきである。

第6　適合性原則違反について
1　金融商品取引法40条は，金融商品取引業者に対し，「金融商品取引行為について，顧客の知識，経験，財産の状況及び金融商品取引契約を締結する目的に照らして不適当と認められる勧誘を行って投資者の保護に欠けることとなっており，又は欠けることとなるおそれ」がないよう業務を行わなければならない旨を義務付けている。
　　この規定は，金融商品の勧誘が適合性原則（当該商品に適合しない顧客への勧誘が制限されるとの原則）に沿って行われるべき旨を定めた行政的取締規定であるが，その不遵守が投資家の財産喪失に直結することに照らせば，この規定に違反する勧誘は，私法上も適法性原則に違反する違法なものと評価されると解するのが相当である（最高裁判所平成17年7月14日第一小法廷判決・民集59巻6号1323頁参照）。
2　前記のとおり，本件契約の損益発生の仕組みはさほど複雑ではなく，外国為替取引（輸出入取引）を行う原告の経営者（A）やその経理担当者（B）であれば，理解することに何ら困難はないと考えられる。
　　実際にも，前記第1の事実認定及び第2の説示のとおり，Aは，本件契約の基本的な仕組みや為替相場の動向によっては損失を被る危険があることを理解した上で本件契約を締結したものとみられるのである。
　　また，原告は，本件契約締結当時，借金が全くなく，多額の純資産を計上していたのであり，見込みが外れた場合の損失の危険にも耐えられる資産状態にあったとみられる。すなわち，見込みが外れて損が出た場合に倒産の危機が現実化するという顧客ではなかったということができる。
　　したがって，本件契約の勧誘は「顧客の知識，経験，財産の状況」に照らして不適当なものとはいえない。
3　本件契約では，原告が取得する権利と被告が取得する権利との間に1億1000万円もの時価差額がある。これを秘匿したまま中小企業である原告に本件取引を勧誘することが適合性原則に違反しないかどうかは一つの問題であろう。

しかし，中小企業とはいえ，売上や純資産額の規模からみて，原告には，顧問税理士や顧問会計士に相談を持ちかけたり，それらの者から金融商品取引に通じている者の紹介を受けるなどして，本件取引の利害得失や本件契約締結の可否を判断する力はあったと思われる。したがって，時価差額を開示しない勧誘を行うことが，原告との関係で適合性原則に違反するということも困難である。

4　以上のとおり，本件取引を原告に勧誘することが適合性原則に違反しているために勧誘それ自体が違法ということはできないから，以下の第7において，本件取引の勧誘に際し説明義務違反があったかどうかについて検討する。

第7　説明義務違反について
1　金融派生商品は，対価の相当性や取引による利害得失が目で見て分かるとか，常識的に分かるというような商品ではないし，予測困難な将来の事実によって損益を発生させるとする投機取引であってこれを取得しでも相応の確率で損失を被る危険を伴うものである。このような商品の特殊性からすれば，これを販売しようとする金融商品取引業者から公正妥当な説明がされて初めて，取引の相手方に生じた損失をその者の自己責任に帰することができるというべきである。
　　したがって，金融商品取引業者は，金融派生商品の取引契約を締結する場合，当該金融派生商品がどういった仕組みで，どのような損益を発生させるのか，契約によってどのような権利義務が生じるのかを具体的に説明すべき義務を負うのである。
　　もし，その説明が不十分であったため，相手方が当該金融派生商品の仕組みや経済効果を誤解して損失を被ったという場合，その損失は説明義務の懈怠に由来することになるから，金融商品取引業者は，民法709条に基づき，相手方に生じた損害を賠償すべき責任を負うのである。
　　しかし，本件の場合，前記第1に認定の事実経過及び前記第2に説示のところから明らかなとおり，被告は，本件契約において，どのような仕組みで，どのような損益が原告に発生するのかを説明しており，説明義務の懈怠があったとは認められない。
　　原告は，時価差額を説明していないことが違法であると主張するので，以下，この点について説示する。

2　原告は，時価差額が「手数料」であるため説明義務の対象となると主張するが，時価差額は「利ざや」「売買差益」と同様のものであり，手数料でないことが明らかである。したがって，時価差額が「手数料」であると理解した上で，そこから時価差額の説明

第2　一審判決

　　義務を導き出すことは困難である。

3　前記第5に説示のとおり時価差額は結局のところ，取引によって被告が得る「利ざや」なのである。ごく一般的にいえば金融商品取引業者には，自らが得る「利ざや」の大きさを相手方に説明する義務はないものと解される。
　　ただ，オプション等の時価は，通常専門家の力を借りなければ知ることができない。そうすると一般の顧客がオプション等の義務者となる契約（契約により顧客をオプションの売主又はそれと同様の地位に置く契約である。本件契約もそれに該当する。）を締結しようとする金融商品取引業者には，当該顧客に対する時価の説明義務が課せられるという考え方（甲25）も傾聴に値する。
　　確かに，クーポンスワップやゼロコストオプションにおける時価差額の存在は，これが大きいほど，投機取引における損益の確率を「5分5分」から乖離させ，損益の確率は顧客にとって不利なことになる。しかし，本件契約締結後の平成19年9月30日に施行された改正金融商品販売法の規定をみても，同法3条1項が金融商品販売業者に説明義務を課している「取引の仕組みのうちの重要な部分」とは顧客が取引開始時に保証金を支払う必要があることや，当該取引の対象となっている原資産等に係る相場の変動により，追加保証金を支払う必要が生じうること，当該取引の終了時には，原資産等に係る相場の変動により，当初支払った保証金から減額された金額が返還される可能性があること等の事項を指すのであり，時価の説明はこれに含まれないものと解されている（乙33の319頁，320頁）。
　　また，平成25年最高裁判決は，金融商品取引業者が，パチンコ店経営業者との間で，変動金利と固定金利を交換するクーポンスワップ契約をした場合について「本件取引は，将来の金利変動の予測が当たるか否かのみによって結果の有利不利が左右されるものであって，その基本的な構造ないし原理自体は単純で，少なくとも企業経営者であれば，その理解は一般に困難なものではなく，当該企業に対して契約締結のリスクを負わせることに何ら問題のないものである。上告人は，被上告人に対し，本件取引の基本的な仕組みや，契約上設定された変動金利及び固定金利について説明するとともに変動金利が一定の利率を上回らなければ，融資における金利の支払よりも多額の金利を支払うリスクがある旨を説明したのであり，基本的に説明義務を尽くしたものということができる」とし，それ以上の説明義務を金融商品取引業者が負わないと述べている。
　　平成25年最高裁判決の上記判示がどのようなクーポンスワップやゼロコストオプションにも常に妥当すると考えると，時価差額が著しい取引によって，金融派生商品に通じていない企業が予想外の多額の損失を被って倒産する事態を招く可能性

もあると思われ，その射程は慎重に検討する必要があるが，少なくとも，本件契約の場合，平成25年最高裁判決の説明義務に関する判断と異なる判断を行うことが相当であるとの事情までは肯定できなかった。

4　以上のとおり，被告による本件契約の勧誘に説明義務違反があったとまでは認められない。

第8　錯誤無効について
1　原告は，①本件契約が事業上の目的に合致していないのにそのことを知らなかったこと，②本件契約の原告被告の権利の対価的不均衡（原告が対価を受け取る必要）を知らなかったことを錯誤無効の原因として主張するが，上記①の点は，本件契約が円安による事業損失を埋め合わせる目的で締結された事実を前提としている。しかしながら，原告は，投機目的で本件契約を締結したと推認されるから，上記①の点に関する錯誤の主張は前提を欠き失当である。

　そこで，以下，対価的不均衡を知らなかったことが錯誤無効を招来するかどうかについて検討する。

2　前記第5に説示のとおり，オプション等の時価とは，統計的，確率的に計算される，当該オプション等の義務者に生じ得る損失の理論値である。代金（プレミアム）の授受をしないクーポンスワップやゼロコストオプションであっても，時価差額を知ることにより，儲かりやすさ（損しやすさ）が分かることになる。

　甲第6号証ないし第9号証には，本件契約における原告の損益に関する次のとおりの確率及び理論値の記載があるが，その記載は，金融工学上の計算方法に基づく正しい計算であろうと思われ，本件取引は，10年間継続した場合，原告が儲かる確率が3分の1程度だったし，利益額に比して，損をした場合の損失が大きいことも予想されていたのである。

3　さて，被告は，本件取引に関し，時価や時価差額の説明をしていない上，第1ないし第3契約では代金（プレミアム）が同額であることが前提にされているから，Aは，10年の契約期間を通じて本件取引を見た場合，これによって生じる損益の確率が「5分5分」ではないこと，原告に損失が生じる危険の方が遙かに大きいことに気付かないまま本件契約を締結した可能性が高いと思われる。

4　しかし，第5及び第7において説示のところから明らかなとおり，時価差額は「利

第2 一審判決

ざや」であって説明義務の対象ではない。また，時価差額が物語るところは，要するに，取引の確率的な儲かりやすさ（損しやすさ）なのである。

適合性原則に沿った勧誘の相手方に対し，説明義務に従った説明がされて金融派生商品の取引が開始された場合，取引によって相手方に生じた損失は自己責任に帰すると解されるから，その結果を錯誤無効の法理によって覆すことは相当ではない。平成25年最高裁判決も同様の考え方の下に契約の無効の主張を排斥したものと解される。

そうすると，時価差額の説明がされなかったため対価的不均衡を知らなかったこと，儲かりやすさを勘違いしたことは，相対する権利の代金が同額であるとされていたとしても契約の要素に関する錯誤ということはできないものと解されるのであり，結局，原告の錯誤無効に関する主張は理由がないことになる。

したがって，本件契約に係る原告の意思表示に錯誤があり，これが無効であるとする原告の主張は理由がない。

第9 結論

1 以上の次第で，本件契約の勧誘に関する適合性原則違反及び説明義務違反を原因とする原告の主位的請求は失当として棄却すべきである。

2 本件契約の無効については，予備的請求の給付請求（不当利得返還請求）の前提問題で判断するだけでは足りず，独立して判決主文で確定する利益があるとは認められないから，予備的請求に係る訴えのうち無効確認請求の部分は，訴えの利益を欠く不適法なものとして却下すべきである。

3 原告の予備的請求のうち不当利得返還請求陪，その前提（本件契約に関する原告の意思表示の無効原因）が認められないから，失当として棄却すべきである。

よって，主文のとおり判決する。
京都地方裁判所第2民事部
裁判長裁判官　橋詰　均
裁判官　　　　川淵　健司
裁判官　　　　合田　顕宏

第3 控訴審
1 控訴理由書（平成26年5月29日付）

第1 控訴理由の前提となる事実
 1 原判決についてのコメント

　原判決は、端的に言えば、両当事者の主張を的確に整理し、時価について正確に理解し、本件契約の商品特性についての事実認定を正確にしているにもかかわらず、おかしな理由付けで結論のみ棄却にしており、まるで結論のみ被控訴人に書き換えられたかのような、言いようのない違和感を感じる判決となっている。

　原判決は、最大手都市銀行である被控訴人が、不良債権処理のために中小企業相手に執拗に販売したこの為替デリバティブを断罪することについて、諸要素を考慮して躊躇ったのかもしれない。しかし、金融庁は、為替デリバティブについて、総論的に金融商品取引業者に販売を許しているものの、保険商品などとは異なり、事前に販売する金融商品を逐一チェックするようなことはせず、建前としては各別に事後規制をするということになっている。

　そうであれば、まさに事後規制の一環として、本件の為替デリバティブのごとき異常な内容の金融商品は司法の場で断罪され、事後規制の対象とされなければならないものである。金融商品取引業者は、投資と名が付けば、どのような金融商品であっても売って構わないのか。かたや、顧客は、投資と名が付けば、無知に付け込まれどのような金融商品を買わされても何も言えないのか。

　しかし、そのような考えはおよそ法治国家において是認されるべきものではなく、いわば金融商品取引業者に無知な顧客を騙す権利を認めるに等しい結論を招くことなど許されて良いはずがない。

 2 原判決の時価の理解は概ね正しいこと
（1）原判決は、オプション等（金融派生商品取引の取引契約上の地位）の時価について、「一定の方法で算出される金融派生商品の理論価格」（2頁第1の4「略語・用語」）であり、「当該オプション等のリスク（義務者に生じる損失）の大きさを統計的、確率的に計算した理論値」（28頁第5の1）である、「時価＝リスク」であると認定している。

　原判決は、金融工学上の時価の意味を的確に理解して認定している。原判決の言う通り、オプション等の契約締結時点での「時価」は、オプション等の契約締結時点での「リスク」そのものである（以下、文中でも時価をリスクと言い換える）。

　つまり、オプション等において、時価とは、それを取引する時点において、将来のリスクを合理的に示す唯一の尺度であり、いわばオプション等の価値そのものであ

第3　控訴審

る（後に触れるが、原判決が時価を原価のようなものだと表現しているのもこのような意味であろう）。

（2）原判決は、そのうえで、時価について「金融派生商品取引の基礎となる極めて重要な事項」であると評価している（31頁の第5の8）。これは、「時価＝リスク」であるという理解からすると、正当な評価であることは明らかである。

　以上のように、原判決は、金融工学を正しく理解したうえで、時価について正確に認定し、時価に対して正しい評価を下している。

（3）なお、原判決は、控訴人の時価についての理解として、「控訴人と被控訴人のそれぞれが契約で取得する権利の時価については、CやDから何の説明もなかったので何も理解していなかった」と認定している（24頁の第1の8）。

　つまり、原判決は、
　　①時価が「金融派生商品取引の基礎となる極めて重要な事項」であると評価し、
　　②控訴人が時価について何も理解していなかった
とそれぞれ認定している。

　また、原判決は、時価について「オプション等の時価は、通常、専門家の力を借りなければ知ることができない」とも認定している（33頁の第7の3）。

（4）原判決は、結論として、控訴人が時価という「金融派生商品取引の基礎となる極めて重要な事項」を理解しないまま本件契約を締結したと認定している。

　本件は、上記認定が出発点である。

3　原判決の商品の理解は正しいこと

　原判決は、上記2で述べた時価の理解を前提に、本件契約の各時価について、控訴人側の専門家の分析結果を採用し以下のとおり認定しており、これは正当である。

（1）第1契約の時価およびプレミアム

　原判決は、20頁「第1の4（6）」において、金融工学上の計算方法を用いて第1契約におけるオプション①及び②の時価を算出すると別表「権利の時価」欄記載の通りとなるとし、控訴人提出のデリバティブ商品価値評価報告書（甲6）に沿った認定している。

　原判決の認定によると、オプション①（控訴人保有のコールオプション）の時価合計は338万3000円であり、他方、オプション②（被控訴人保有のプットオプション）の時価合計は1778万1000円であった。

　原判決は、このオプション①とオプション②との時価には大きな開きがあった（約1440万円控訴人のほうが低い）が、被控訴人が、双方のオプション代金額（すなわちプレミアム）を490万8000円として条件提示したことを認定している。

（２）第２契約の時価およびプレミアム

　　原判決は、２１頁「第１の５（６）」において、金融工学上の計算方法を用いて第２契約におけるオプション③ないし⑤の時価を算出すると別表「権利の時価」欄記載の通りとなるとし、控訴人提出のデリバティブ商品価値評価報告書（甲７）に沿った認定している。

　　原判決の認定によると、オプション③と⑤（控訴人保有のコールオプション）の時価合計は４９０万８０００円であり、他方、オプション④（被控訴人保有のプットオプション）の時価合計は３３６１万１０００円であった。

　　原判決は、このオプション③⑤とオプション④との時価には大きな開きがあった（約２８７０万円控訴人のほうが低い）が、被控訴人が、双方のオプション代金額（すなわちプレミアム）を６９３万２０００円として条件提示したことを認定している。

（３）第３契約の時価およびプレミアム

　　原判決は、２２頁「第１の６（５）」において、金融工学上の計算方法を用いて第３契約におけるオプション⑥ないし⑨の時価を算出すると別表「権利の時価」欄記載の通りとなるとし、控訴人提出のデリバティブ商品価値評価報告書（甲８）に沿った認定している。

　　原判決の認定によると、オプション⑥⑧（控訴人保有のコールオプション）の時価合計は１７８万３０００円であり、他方、オプション⑦⑨（被控訴人保有のプットオプション）の時価合計は４９２２万１０００円であった。

　　原判決は、このオプション⑥⑧とオプション⑦⑨との時価には大きな開きがあった（約４７４０万円控訴人のほうが低い）が、被控訴人が、双方のオプション代金額（すなわちプレミアム）を９１６万１２０３円として条件提示したことを認定している。

（４）第４契約の時価

　　原判決は、２４頁「第１の７（８）」において、金融工学上の計算方法を用いて第４契約における控訴人の権利および被控訴人の権利の時価を算出すると別表「権利の時価」欄記載の通りとなるとし、控訴人提出のデリバティブ商品価値評価報告書（甲９）に沿った認定している。

　　原判決の認定によると、控訴人の権利の時価合計は３００８万２０００円であり、他方、被控訴人の権利の時価合計は５４４４万６０００円であった。

　　原判決は、この控訴人の権利と被控訴人の権利との時価には大きな開きがあった（約２４３０万円控訴人のほうが低い）ことを認定している。

（５）本件契約の時価の示す意味

（ア）上記（１）ないし（４）で述べた通り、原判決は、本件契約における控訴人保有のオプション等と被控訴人保有のオプション等との時価、すなわちリスクに大きな開き

第3 控訴審

があることを認定している。

すなわち、第1契約は、被控訴人が引き受けるリスクより、控訴人が引き受けるリスクの方が、契約時点で約1440万円分高いということである。

同様に、第2契約は、被控訴人が引き受けるリスクより、控訴人が引き受けるリスクの方が、契約時点で約2870万円分高いということである。

同様に、第3契約は、被控訴人が引き受けるリスクより、控訴人が引き受けるリスクの方が、契約時点で約4740万円分高いということである。

同様に、第4契約は、被控訴人が引き受けるリスクより、控訴人が引き受けるリスクの方が、契約時点で約2430万円分高いということである。

つまり、本件契約は、いずれも控訴人が被控訴人に対して（被控訴人が控訴人に対して負うリスクよりも）多くのリスクを契約締結時点で引き受けさせられる契約であったのである。

(イ) 原判決の上記で認定した本件契約の理解は正しいものとして是認することができる。

為替デリバティブにおいて、「契約締結時点」では将来の為替相場はどうなるかわからないから、そのことを前提に、ブラック・ショールズ式などの金融工学上の計算方法により時価を算出することで、そのリスクを「契約締結時点」で合理的かつ具体的に把握する。

「契約締結時点」でリスクを合理的かつ具体的に把握できれば、その契約をする、もしくはしない、という判断を「契約締結時点で」合理的になすことができる。

とすれば、本件において顧客が時価を理解していた場合、このように「契約締結時点」で自らがより多くのリスクを引き受けさせられる契約など望むはずがない。

では、なぜ本件ではこのような契約が締結されてしまったのか。

それは、相対取引の一方当事者たる控訴人にはリスクの尺度たる時価の理解がなく、かたや他方当事者の被控訴人にはリスクの尺度たる時価の理解があったという背景事情を前提に、被控訴人が、控訴人の無知に付け込み、リスクを押し付けたからである。

4 原判決のいう時価差額がマイナス●円ということの意味

(1) 原判決の認定では、本件契約では、契約締結時点で、控訴人が被控訴人よりも高いリスクを引き受けたことになるが、これを時価でいうと、顧客である控訴人には本件契約の契約締結時点で多額の時価のマイナス（第1契約では約1440万円のマイナス、第2契約では約2870万円のマイナス、第3契約では約4740万円のマイナス、第4契約では約2430万円のマイナス）が発生するということである。

(2) 原判決は、「時価差額（時価のマイナス）を知ることにより、儲かりやすさ（損しや

すさ）が分かることになる。」と認定している（３５頁第８の２）。

　つまり、原判決によると、控訴人は、時価を知っていれば、それぞれの契約締結時点で、第１契約ではトータルで約１４４０万円ほど損をしやすいと分かり、第２契約ではトータルで約２８７０万円ほど損をしやすいと分かり、第３契約ではトータルで約４７４０万円ほど損をしやすいと分かり、第４契約ではトータルで約２４３０万円ほど損をしやすいということが分かるということである。

　しかし、控訴人は時価を知らなかったため、本件契約について、契約締結時点で、このように統計的・確率的に莫大な損をしやすいものであるという認識など全くなかった。

（３）原判決は、本件契約が、契約締結時点で、統計的・確率的にみて具体的にどの程度損をしやすいものであったのかということについて、控訴人側の専門家のモンテカルロシミュレーションによる分析結果を採用し、以下のとおり認定しており、これは正当である（３５頁第８の２中の表）。

　　第１契約原告に利益が出る可能性３０．５％、この場合の利益平均額５２９万５０００円、原告に損失が出る可能性６９．５％、この場合の損失平均額２４９６万７０００円

　　第２契約原告に利益が出る可能性３７．９％、この場合の利益平均額７４５万５０００円、原告に損失が出る可能性６２．１％、この場合の損失平均額５５８２万２０００円

　　第３契約原告に利益が出る可能性４８．４６％、この場合の利益平均額１４７万１０００円、原告に損失が出る可能性５１．５４％、この場合の損失平均額１億０６２８万３０００円

　　第４契約原告に利益が出る可能性３６．４％、この場合の利益平均額４７５１万１０００円、原告に損失が出る可能性６３．６％、この場合の損失平均額７７３３万９０００円

　一見して明らかな通り、控訴人側に極めて不利な損益結果であり、本件契約によって生じる損益の確率がイーブンではないなどというレベルの話ではない異常な歪さである。

　原判決も、上記分析結果を踏まえ、「これによって生じる損益の確率が『５分５分』ではないこと、原告に損失が生じる危険の方が遥かに大きいことに気付かないまま本件契約を締結した可能性が高いと思われる」と認定している。

　まさに、控訴人は、時価の理解がなかったことから、本件契約によって生じる損益の確率が『５分５分』ではないこと、控訴人に損失が生じる危険の方が遥かに大き

第3　控訴審

いことに気付かないまま契約締結したのである。

5　原判決の認定事実を前提とした整理
（1）原判決の認定事実に基づき本件をあらためて整理すると以下のようになる。
　①オプション等の時価について、「一定の方法で算出される金融派生商品の理論価格」であり、「当該オプション等のリスク（義務者に生じる損失）の大きさを統計的、確率的に計算した理論値」であり、「時価＝リスク」である。
　②本件契約は、控訴人が被控訴人よりも高いリスクを引き受ける契約であり、その高さの程度は時価差額で表される（第1契約では約1440万円、第2契約では約2870万円、第3契約では約4740万円、第4契約では約2430万円）。
　　これは言い換えると、控訴人は、契約締結時点で、確率的・統計的にみて、第1契約では約1440万円、第2契約では約2870万円、第3契約では約4740万円、第4契約では約2430万円ほど損をしやすい商品であった。
　③控訴人は時価について知らず、被控訴人は時価について知ったうえで、本件契約が締結された。時価について被控訴人からの説明はなかった。
　④控訴人は、本件契約によって生じる損益の確率が『5分5分』ではないこと、原告に損失が生じる危険の方が遥かに大きいことに気付かないまま本件契約を締結した可能性が高いと思われる。
ということである。

しかも、原判決は、27頁以降第4の2において、「本件契約当時、原告には、金融派生商品で埋め合わせる必要があるほどの為替リスク（円安による事業損失）の発生が見込まれていたとは考えにくい」と認定している。

つまり、控訴人には、本件契約を締結することで、被控訴人より高いリスクを引き受ける特段の動機（被控訴人主張の為替リスクヘッジ目的）は全くなかったのである。

（2）上記事実認定を前提にした場合、原判決のいう結論になることはあり得ない。

念のため確認しておくと、控訴人は、為替相場の変動によって損失を被ったこと自体を問題にしているわけではない。

控訴人は、実態として、控訴人が投資判断に必要な重要な事項の理解（時価の理解）を欠いていたこと、その結果、統計的・確率的にみて控訴人のほうが異常に大きな損をしやすい本件契約を締結させられた（異常な損のしやすさについては本書面7〜8頁に具体的に記載）を問題としているのである。

控訴人は、合理的に見積もれば理論値としての時価のマイナス相当の損失を被ることが見込まれていた本件契約を、そのことを知らずに締結させられたことが控訴人

の自由意思による投資判断の機会を侵害され、不利な地位に陥らされたことが問題であることを指摘しているのである。

（3）以下、本書面第2（本書面11頁以下）で本件契約の商品特性を整理し、第3（本書面13頁以下）で時価の説明義務違反についての控訴理由、第4（本書面21頁以下）で錯誤無効についての控訴理由をそれぞれ述べる。

次に、第5（本書面22頁以下）で、第1および第2で述べた本件契約の内容を踏まえ、被控訴人が、本件契約を、時価を知らない控訴人に勧誘販売することが詐欺に当たり、不法行為を構成するという主張を、金融商品取引法第157条の解釈と絡めて論ずる。第6（本書面25頁以下）で原審結審後に出された被控訴人市場営業部の書籍の時価について記載した部分を紹介し、第7（本書面29頁以下）で、原判決が当然あるであろうと認定した（この認定は正しい）時価と実現為替差損益の相関性についての意見書に基づき補足主張し、第8（本書面30頁以下）で本件契約を分析した飯坂彰啓氏が、別事件で証人として証言した調書の中身に基づき補足主張をなす。

第2 本件契約の商品特性

1 本件契約は、控訴人にとって権利である部分の時価（被控訴人にとって義務である部分の時価＝リスク）と、被控訴人にとって権利である部分の時価（控訴人にとって義務である部分の時価＝リスク）とが、以下に述べるようにいびつに組み合わせられた商品である。

将来の為替相場がどうなるかわからない以上、契約締結時点で統計的・確率的に算出した時価がこのように一方当事者である控訴人に著しく不利であるというのは異常である（しかも控訴人はこのことを知らない）。契約締結時点では時価をもとにリスクを把握する以外に合理的にリスクを把握するすべはないからである。

2 第1契約（原判決認定）

第1契約のコールオプション119本の時価合計は338万3000円であるところ、プットオプション119本の時価合計はマイナス1778万1000円であった（甲6）。

つまり、第1契約で、被控訴人が引き受けるリスクより、控訴人が引き受けるリスクのほうがおよそ5.26倍であった。

その結果、第1契約を最終回まで決済した場合、控訴人に利益が出る可能性は30.5％（この場合の利益平均額529万5000円）であるのに対し、控訴人に損失が出る可能性は69.5％（この場合の損失平均額2496万7000円）であ

第3　控訴審

った。

3　第2契約（原判決認定）

　　第2契約のコールオプション240本の時価合計は490万8000円であるところ、プットオプション120本の時価合計はマイナス3361万1000円であった（甲7）。

　　つまり、第2契約で、被控訴人が引き受けるリスクより、控訴人が引き受けるリスクのほうがおよそ6.85倍であった。

　　その結果、第2契約を最終回まで決済した場合、控訴人に利益が出る可能性は37.9％（この場合の利益平均額745万5000円）であるのに対し、控訴人に損失が出る可能性は62.1％（この場合の損失平均額5582万2000円）であった。

4　第3契約（原判決認定）

　　第3契約のコールオプション120本の時価合計は178万0000円であるところ、プットオプション120本の時価合計はマイナス4922万1000円であった（甲8）。

　　つまり、第3契約で、被控訴人が引き受けるリスクより、控訴人が引き受けるリスクのほうがおよそ27.7倍であった（これが本件契約のうち1番開きが大きい）。

　　その結果、第3契約を最終回まで決済した場合、控訴人に利益が出る可能性は48.46％（この場合の利益平均額147万1000円）であるのに対し、控訴人に損失が出る可能性は51.54％（この場合の損失平均額1億0628万3000円）であった。

5　第4契約（原判決認定）

　　第4契約のコールオプション120本の時価合計は3008万2000円であるところ、プットオプション120本の時価合計はマイナス5444万6000円であった（甲9）。

　　つまり、第4契約で、被控訴人が引き受けるリスクより、控訴人が引き受けるリスクのほうがおよそ1.80倍であった。

　　その結果、第4契約を最終回まで決済した場合、控訴人に利益が出る可能性は36.4％（この場合の利益平均額4751万1000円）であるのに対し、控訴人に損失が出る可能性は63.6％（この場合の損失平均額7733万9000円）であった。

6　本件契約のようにいびつな店頭デリバティブ取引の場合には、時価を知り得たかどうかは、投資をするに際し、投資判断において極めて重要であり、控訴人は本件契約への投資を思いとどまることができた。

　控訴人は、時価を知っていれば本件契約の具体的な必要性（為替リスクがなく、本件契約は単なる投機をすることになるのである）から、不利な条件の投機をすることを思いとどまる機会があったのである。もちろん、どのように不利な投機でも、投機する者の自由であるから、それでもなお控訴人が本件契約をするというのであればそれはそれでよいのである。しかし、カジノでの賭け勝負よりも不利な投機をすることは、単なる投機である以上考えがたく、控訴人は時価を知っていればこのような期待損益が極めて不利な投機をしないという選択ができたのである。

第3　控訴理由その1（時価の説明義務違反について）
　1　時価の説明義務違反を認めなかった原判決が理由として掲げたもの
　　原判決が、時価を説明する必要がない理由として掲げたものは、
　①時価が原価であるから（時価差額は「利ざや」「売買差益」と同様のものであるから）説明義務を負わない
　②金融商品販売法第3条1項の「取引の仕組みのうちの重要な部分」の具体例としても挙げられていない
　③平成25年最高裁判決の射程は慎重に検討する必要があるものの、本件契約の場合、平成25年最高裁判決の説明義務に関する判断と異なる判断を行うことが相当であるとの事情までは肯定できない
　という3点であり、このうち実質的な理由としては①のみである。しかし、これは店頭取引である為替デリバティブ取引において、およそ理由とはなり得ないものである。

　2　時価は原価であるから知らせる必要がないなどという評価は誤りである
（1）原判決は、「時価は、いわば『原価』のようなものであるから、他の商取引と同様、オプション等の取引で時価が開示されることはない。」としているが（29頁第5の2）、この点は誤りである。
　　同様に、時価がいわば「原価」であるが故に説明義務を負わないというべきであるとしている点（31頁の第5の8）も同様に誤りである。
（2）原判決の述べるように、「相対取引におけるオプション等の売主は計算によって得られた時価（リスク）に『利ざや』を上乗せしてオプション等の代金（プレミアム）の

第3　控訴審

額を決め、その代金を支払ってくれる相手方と契約を締結してリスクを引き受ける」（28頁〜29頁第5の1）ことは、（本件以外の）通常のオプション等の取引ではその通りであり、この意味で、「原価」という言葉が適切かどうかはさておき、時価は原価のようなものであるという原判決の理解自体は概ね正しい。

(3)　しかし、オプション等の契約締結時点での時価は、それを取引する時点において、将来のリスクを合理的に示す唯一の尺度であり、いわばオプション等の価値そのものである。

　原判決は、控訴人が、オプション等の価値を知らないまま被控訴人の言い値で売らされ、逆に、オプション等の価値を知らないまま被控訴人の言い値で買わされ、その言い値同士が等しいとして受け払いなしとされた（ゼロコスト）ことを、結論として是認してしまっている。

(4)　ここで、一般に、原価を知らずにものを買うことは世の中では広く行われている。それは、買主が、たとえ原価を知らずともそのものの価値を購入時点で把握できるからである。鉛筆しかり、自動車しかり、買主は原価を知らずとも、購入時点でのそのものの価値を（主観的価値も含めて）容易に把握することができるから原価を知る必要はないのである。

　しかし、将来の権利義務であるオプション等はそうではない。

　オプション等の取引において、「契約締結時点」では将来の為替相場はどうなるかわからないから、その価値を取引時点で把握することは困難である。しかし、金融工学の発展により、将来の為替相場がどうなるかわからないことを前提に、ブラック・ショールズ式などの金融工学上の計算方法により時価を算出することで、そのリスクを「契約締結時点」で合理的かつ具体的に把握する手法が編み出されたのである。

　つまり、オプション等の価値は、将来どうなるかわからないが、少なくとも取引時点での価値は「時価」以外にないのである。

　原判決は、このようなオプション等の売買と自動車などの売買とを混同したうえで「原価だから知らせなくてよい」などという理由で時価の説明義務を排斥しており、この点は明らかに失当である。

(5)　そもそも、相対取引両当事者でオプション等の代金を決定し、リスクを引き受けあう取引を公正になすためには、あくまで相対取引両当事者が時価についてそれぞれ独自に計算できることが大前提である。時価を独自に算定できなければ、自らが売却するオプション等のリスクを把握できず、その売却代金の妥当性（そのリスクを引き受ける対価として十分かどうか）を判断しえないからである。

　しかし、控訴人は、判決別表記載の権利（オプション②、オプション④、オプション⑦⑨）を被控訴人に売却するに際し、それらの時価を独自に計算することはでき

なかった。時価の概念についての理解すらなかったからである。控訴人に時価の理解がないということは、控訴人は自分が売るオプション等の価値を知らなかったということである。

　本件のように、オプション等の価値を知る被控訴人が、オプション等の価値を知らない控訴人に対し、控訴人がオプション等の価値を知らないということを知りつつ、その価値を控訴人に知らせないまま値段を提示し、価値よりも低い対価でオプション等を売却させるという行為が、容易に価値を知り得る一般的な売買と同列に扱われるべきではないことは論を待たない。

（６）法文上も、金融商品取引における情報格差是正の重要性に鑑み、金融商品販売法における説明義務違反に相当する行為を行為規制の１つとして位置付け、業者の違反行為に対して直接的に監督上の処分を発動できることとするため金融商品取引法第３７条の３が制定された。

　金商法第３７条の３第１項第４号、金商業等府令第８１条の手数料開示義務について、金融庁の考え方は、「基本的には取引の対象となるものそれ自体の対価は『手数料等』に当たらないものと考えられます。ただし、手数料等を取引価格に織り込むことにより一律に手数料等の開示が不要となるとはいえず、実質的に手数料等に相当する部分が存在する場合には、当該手数料等の表示が必要になると考えられます。」としている（甲１１「コメント概要及びコメントに対する金融庁の考え方」の３枚目、２５６頁１８６項ないし１８８項の右側参照）。

　本件契約の時価差額は、まさに、「実質的に手数料等に相当する部分」に該当するのであり、パブリックコメントからすると開示が必要となるべきものである。原判決も述べるように、時価は「金融派生商品取引の基礎となる極めて重要な事項」なのであるから、ある意味当然の帰結である。

　少なくとも、金商法は、原判決が理由として挙げるような時価差額は「利ざや」「売買差益」と同様のものであるから（時価が原価であるから）説明義務を負わないなどという考え方は採っていないことは明らかである。

（７）従って、時価は原価であるから知らせる必要がないなどという認定は誤りである。

　３　原判決は金融商品販売法の理解を誤っている

　　原判決は、時価を説明しなくてよい理由として、乙３３を引用して、平成１９年９月３０日に施行された改正金融商品販売法の第３条１項において、金融商品販売業者に説明義務を課している「取引の仕組みのうちの重要な部分」に時価が含まれていないと解されているなどとする。

　　しかし、原判決は、法令の解釈について誤っている。

第3　控訴審

　　乙３３は３２０頁において、デリバティブ取引について「取引の仕組みのうちの重要な部分」について列挙しているが、その最後で（注）として、「<u>なお、以上の内容は説明すべき内容の例示であって、これを説明すれば足るというものではない</u>」と明記している（下線は控訴人代理人）。

　　つまり、金販法は、デリバティブ取引の「取引の仕組みのうちの重要な部分」について、デリバティブ取引の商品内容、例えば店頭取引か取引所取引か、扱う対象は株式、金利、為替なのかなどによって、説明すべき内容が変わることを当然に予定しているというべきである。

　　原判決は、為替デリバティブ取引について、時価について「金融派生商品取引の基礎となる極めて重要な事項」であると自ら評価しているにもかかわらず（３１頁の第５の８）、それが被控訴人の提出した一文献の具体例に挙げられていないという形式的な理由のみでもって、金販法が定める「取引の仕組みのうちの重要な部分」にあたらないなどという矛盾した解釈をしているのである。

4　最高裁平成２５年判決の射程は本件には及ばない

（１）原判決も「平成２５年最高裁判決の射程は慎重に検討する必要がある」と述べている通り、最高裁判所平成２５年３月７日第一小法廷判決の事案と本件各契約を同様に扱うことはできない。

（２）以下の３点が大きな違いである。

　　まず、専門家によると、金利スワップでは、顧客が金融の非専門家の一般企業であっても、ある程度の知識があれば、契約締結時点で、銀行に支払う固定金利と銀行から受け取る変動金利のそれぞれの価値を算定することが困難ではあるが可能であるとのことである（甲３３）。

　　しかし、為替デリバティブの場合、最高裁の金利スワップと異なり、日本国内だけでなく日米２国間の金利の複合計算となるうえ、ボラティリティ等の数値を代入し、ブラック・ショールズ・モデルを用いて時価を算定する必要があるが、ボラティリティは年間何百万という対価を支払ってブルームバーグなどの情報ベンダーと契約しなければ手に入らない情報であり、一般企業ではこのような計算をすること（ないしこのような計算をしてくれる専門家を見つけること）はできない。

（３）また、最高裁で問題となった金利スワップの事案では、そもそも顧客は変動金利での借入れをしており、変動金利を固定金利へ変更したいというニーズ、すなわち「変動金利の変動を固定化するリスクヘッジニーズ」がある事案であった。

　　つまり、顧客側に、金融派生商品で埋め合わせる必要自体はあったのである（当然、いかなる金融派生商品によるかという問題は別途の問題であるが）。

他方、本件は、原判決も認定の通り、「本件契約当時、原告には、金融派生商品で埋め合わせる必要があるほどの為替リスク（円安による事業損失）の発生が見込まれていたとは考えにくい」（２７頁以降第４の２）事案であった。

　　すなわち、控訴人には、本件契約を締結することで、被控訴人より高いリスクを引き受ける特段の動機（被控訴人主張の為替リスクヘッジ目的）は全くなかったのである。

（４）さらにいうと、最高裁の顧客側代理人は、金利スワップの顧客側価値が具体的にいくらであるかを明示して訴訟を提起したわけではなく、抽象的な主張に終始したのであって、訴訟戦略上、争点の設定方法に問題がある事案であった。

（５）以上の点を考慮すると、平成２５年最高裁判決の判示の射程は、本件事案には及ばないことは明らかである。

５　時価を説明すべき根拠となる両当事者の信任関係

　　被控訴人が、控訴人に対し、本件契約締結に際し時価を説明しなければならない特殊事情として、控訴人・被控訴人間には、信任関係があることも理由の一つである（金商法第３６条も顧客に対する誠実義務を課す）。

　　為替デリバティブ取引は、本来理論値としての時価を自ら算定できる者でないかぎり、専門家である銀行の助言なしで取引することは困難である。というのは、本件のような相対の為替デリバティブ取引は、値決めから会計・税務まですべて、理論値としての時価に依存しているからである。

　　したがって、時価の理解のない控訴人は、被控訴人と店頭デリバティブ取引をするうえで、被控訴人を信任することが不可避となる。このような関係にある場合、被控訴人は、行使人と相対取引する場合、もっぱら相手の利益を考え、最高度の信義誠実を尽くして行動しなければならないとまではいえないが、少なくとも信任を受ける者として、自分の利益のことも考えてよいが、相手の利益を念頭に置いて行動しなければならない。そうでなければ、利益相反となる自らの立場を利用し、相手の犠牲のもとに自らの利益を獲得することが容易であるからである。

６　小括

　　以上述べた通り、原判決が時価の説明義務を否定した理由はいずれも理由になっていないことは明らかである。

　　原判決事実認定の通り、時価は「金融派生商品取引の基礎となる極めて重要な事項」なのであるから、被控訴人は、それを理解しない控訴人に対し、少なくとも上記５で述べた状況下の取引では、時価について説明すべきであった。

第3 控訴審

　　しかるに、被控訴人は、その説明をしなかったため、控訴人は、本件契約の仕組み（価値の著しく異なるオプション等が組み合わされていること）や経済効果（確率的統計的にみて大きく損をする可能性が高いこと）を理解できないまま本件契約を締結して損失を被ったのであるから、その損失は説明義務の懈怠に由来するものである以上、民法７０９条に基づき、控訴人に生じた損害を賠償すべき責任を負うことは明らかである。

　　被控訴人は、控訴人と本件契約という取引を行い、時価（のプラス）を取得することは専門的な知識によるもので、認められる、営利企業であるから当然であるというのだろう。それは結局、専門的な知識を利用し、専門的知識のない者を出し抜く権利があるということである。確かに市場経済は才覚のある者が、才覚のない者を出し抜くことを認めている。

　　しかし、店頭為替デリバティブ取引は、金融商品取引業者に、本来的には賭博罪の構成要件に該当する賭博行為を、正当業務行為として認めるものであり、業務の公共性のある銀行も登録金融機関として同様に扱っている。金融商品取引業者や登録金融機関でない者同士が、店頭為替デリバティブ取引を行えば賭博罪なり、差金決済を行えば金商法違反（２０２条）になるのである。一方で金商法は、何人に対しても重要な事項を開示せず投資勧誘し財産上の利得を得ることを禁じている（１５７条２号、１９７条１項５号）。その金商法は、専門的知識のある者に、専門的知識のない者を相手に、出し抜くことを、もっと端的にいえばだますことを認める法律ではない。

　　専門家に顧客をだます権利を認めるのでない限り、時価を把握しないで適切な取引をすることは不可能であるから、時価の概念を含むデリバティブの基礎的な事項についての理解のない顧客と相対で取引する場合には、金融商品取引業者という専門家との間に、専門家は、相対取引する一方当事者であっても、自分の利益だけでなく、相手方の利益をも念頭に置いて行動すべきであるという信任関係が認められなければならならず、その具体的義務の内容は、具体的な商品特性によっては、顧客に対して理論値としての時価の概念を説明し理解させた上で、時価の具体的数値の説明をする義務がある

第4　控訴理由その２（錯誤無効について）
1　控訴人の錯誤無効の主張の整理
（１）本件契約はいずれも契約締結時点での時価が控訴人にとって大きなマイナス（第１契約では約１４４０万円のマイナス、第２契約では約２８７０万円のマイナス、第３契約では約４７４０万円のマイナス、第４契約では約２４３０万円のマイナス）であ

ったのに、そのことを知らなかった。

　すなわち、本件契約を締結することにより、大きなマイナス（第１契約では約１４４０万円のマイナス、第２契約では約２８７０万円のマイナス、第３契約では約４７４０万円のマイナス、第４契約では約２４３０万円のマイナス）を負担する不利な地位に立たされることを知らなかったと主張しているのである。

　これは、本件契約という店頭デリバティブ取引である金融商品の価値についての錯誤である（取引対象の価値に関する錯誤であり、通常は性状の錯誤といわれる）。

(2) 控訴人は、金融商品では、その価値が決定的に重要であるから、本件契約の具体的特性に鑑みて、性状は契約の要素に当たるから要素の錯誤であること主張しているのである。

　また、仮に契約の要素でないとしても、控訴人は、本件契約により被控訴人との間で公平公正な取引をするという動機を明示ないし黙示に表示しているから、モンテカルロシミュレーションの分析結果のとおり控訴人にとって賭け勝負として著しく不利である不公平・不公正な勝負であること（異常な損のしやすさについては本書面７～８頁に具体的に記載）を知らずに本件契約したことは、当該契約締結の動機に錯誤があり、その錯誤は重要であるから民法９５条の錯誤になると主張しているのである。

２　原判決の錯誤無効の主張の排斥理由は失当である

(1) 原判決は、適合性原則に沿った勧誘の相手方に対し、説明義務に従った説明がされて金融派生商品の取引が開始された場合、取引によって相手方に生じた損失は自己責任に帰すると解されるから、その結果を錯誤無効の法理によって覆すのは相当ではないなどと述べ、控訴人の錯誤の主張を排斥するが、これは錯誤無効の法理についての理解を誤っており失当である。

(2) そもそも、原判決は、「控訴人が、本件契約によって生じる損益の確率が『５分５分』ではないこと、原告に損失が生じる危険の方が遥かに大きいことに気付かないまま本件契約を締結した可能性が高いと思われる」とまで認定しているのである。

　このような控訴人は、仮に本件契約について時価を理解し、確率的・統計的な損しやすさについて理解していたならば、契約など絶対にしていないのであるから、金融商品の価値について錯誤に陥っていることは明白である。

　しかも、原判決は、控訴人が契約締結時に知らなかった時価について「金融派生商品取引の基礎となる極めて重要な事項」であると認定しているのであるから、これが要素の錯誤にあたることも明白である。

第3　控訴審

第5　法律構成の整理および追加（詐欺による不法行為）
1　控訴人は、上記第3で述べた時価の説明義務違反および上記第4で述べた錯誤無効に追加して、金商法157条の趣旨を踏まえ、詐欺を理由とする不法行為請求を行う。
　　詐欺を理由とする不法行為請求の主張は以下のとおりである。

2　被控訴人が、歪な組み合わせであるということを知らない控訴人に対し、このようないびつな組み合わせの金融商品（本件契約）を販売し、控訴人に損害を与えることは、詐欺行為であり、民法709条の不法行為に該当する。その民法709条の違法性について、金融商品との兼ね合いで解釈するうえで、金商法第157条が基準となる。

3（1）本件契約は、控訴人被控訴人間の店頭相対取引であり、取引所取引とは異なるのだから、どれほどいびつな組み合わせであるかということは、顧客である控訴人が自発的に専門家に相談しない限り（被控訴人は教えてくれないのだから）気づきようがない。
　　このようないびつな金融商品の販売については、そもそもそのような商品を金融商品販売業者が販売するということ自体を想定していないため、販売の際のルールとして直接的に規定したものはないようである。
　　しかし、金融商品に関する投資勧誘（特に店頭相対取引）には、想定されてないようなことが起こる。本件で現実に起こっているのは、想定されていなかったことである。
　　そのような想定外のことに対処するために、金融商品取引法は、市場を守るために逸脱行為を刑罰をもって規制している。それが上場市場に限らず、不正行為（不実表示など）を、何人によらず禁じた金商法157条である。
（2）金商法157条2号は、「有価証券の売買その他の取引又はデリバティブ取引等について、重要な事項について虚偽の表示があり、又は誤解を生じさせないために必要な重要な事実の表示が欠けている文書その他の表示を使用して金銭その他の財産を取得すること」を刑罰をもって禁止している。
　　従って、本件契約のようないびつな金融商品は、金商法157条の定める要件に該当すれば、民事の不法行為を構成するのである（実質的違法性、違法の相対性）。
　　その意味で、157条は、刑事法の構成要件であると同時に、民事法の構成要件（不法行為の要件）でもある。
（3）金商法157条は、業法であり、不法行為の要件を規定する民事法であり、刑事法

でもある、金融商品取引法で最重要の規定である。その重要性は、母法である米国の証券取引所規則のＲｕｌｅ１０－ｂ５（ルールテンビーファイブ）の重要性からも裏付けられる。

その観点でたとえば１５７条２号をみると、この規定の趣旨は、東京地判平成２４年１１月２７日が「証券会社が顧客に取引を勧誘するに当たっては、顧客が自己責任をもって取引を行うことができるようにするため、取引の内容や顧客の知識経験等に応じて、顧客が、取引に伴うリスクの内容及び程度について的確な認識を形成するに足る情報を提供して説明すべき義務があるというべきであり」と述べるような義務が、顧客に対して誠実義務を負う（金融商品取引法３６条）金融商品取引業者（証券会社や登録金融機関である銀行）に限らず、「何人」に対しても拡張されていることがわかる。

しかも、店頭デリバティブ取引は、取引当事者の双方が金融商品取引業者でない場合は、それだけで金融商品取引法違反（２０２条）になったり、刑法の賭博罪になるのであるから（金融商品取引法は、賭博罪の構成要件に該当する行為を正当な業務行為として違法性を阻却する）、デリバティブ取引についての１５７条２号などは金融商品取引業者が店頭デリバティブ取引を勧誘・販売するに当たっての不法行為の要件なのである。

（４）そうすると、金商法１５７条２号が定める、虚偽表示が問題となる「重要な」事項、あるいは誤解を生じさせないために必要な「重要な」事実に当たるかどうかは、合理的な投資者がどのように投資判断すべきかを決定するにあたり、重要であると考えるかどうかという基準で判断される。

規制対象となる「事項」ないし「事実」には、合理的な投資者の投資判断に影響を及ぼすものである限り、あらゆる事項・事実が含まれる、とされる（注釈金融商品取引法第３巻６－７頁）のであるから、そのような意味での重要な事実、事項に、当該投資対象が店頭デリバティブ取引である場合に、「時価」が該当しないとはおよそ考え難い。

つまり、本件でいうと、本件契約について、契約締結時点で時価の説明はなされていないことから、
オプション等の組合せが等価な商品（組み合わせられた各オプション等の価値に差がない商品）であるという虚偽の表示もしくはオプション等の組合せがいびつである商品（組み合わせられたオプション等の価値に差がある商品）であるということについて、誤解を生じさせないために必要な重要な事実の表示が欠けている文書を用いて販売した場合に該当し、詐欺による不法行為に該当する。

第3 控訴審

第6　時価についての文献
1　デリバティブ取引の理論価格は、裁定機会が永続的には存在しないという無裁定条件のもとで、「理論的」かつ「客観的」に算定されるデリバティブ取引の「価値」である。

2　デリバティブ取引の理論価格がいかに理論的で、客観的なものであるかは、最近出版された『デリバティブ取引のすべて』（被告市場企画部・金融市場部著きんざい平成26年2月19日甲34）に詳しい。
　同書は、デリバティブ取引について日本を代表する銀行の専門部署が著したテキストブックであり、その存在自体が、デリバティブの理論価格がデリバティブ取引による受払いの損益と相当程度相関関係があることを証するともいえる。
　もし、相当程度の関連性、相関性がないのであれば、何のためにデリバティブ取引の理論価格を算定するのかまったく理由がつかないからである。
　被控訴人は時価会計のためであるかのごとく誤導しようとしているが、それではなぜ、時価会計で、理論価格が時価として認められるのかということである（会計は実態の報告であるから、実態の報告として合理的でないなら、理論価格が実態の報告として認められることはないだろう）。また、理論価格は、日本で時価会計が導入される西暦2000年4月よりずっと以前から存在し、投資の指標として取引に利用されていた。

3　『デリバティブ取引のすべて』（甲34）の具体的な内容をみる。
　同書で、被告市場企画部・金融市場部は、「第3章デリバティブの価格付け」の1節「デリバティブ評価の基本」の1項「基本となる考え方」の「aデリバティブの理論価格」（64－66頁）において、次のように説明している。
　「デリバティブ価格を、原資産をはじめとした市場で取引可能な金融資産の価格からどのように求めるかという問題は古くから存在しており、現在においても、デリバティブの数理的理論における主要なテーマの一つとして学術家および実務家の手により価格付けの研究が日々進められている。オプションに関するこの問題に一定の理論的回答を与えた経済学者としてフィッシャー・ブラック、マイロン・ショールズおよびロバート・マートンが知られており、デリバティブの価格付けというテーマで1997年にノーベル賞を受賞している。（註：ブラックは1995年に死去しており受賞していない）。彼らの理論は、市場が無裁定であるという仮定を認めれば理論的帰結としてデリバティブ価格が得られるというものであり、経済学的根拠に基づき価格を一意に定める具体的な方法を提示している。今日では、この結果はブラック・ショールズ・マートンの公式として知られており、金融機関において広

く利用されている。」(64頁)

そして、その理論価格の客観性について

「デリバティブ価格には理論的な裏付けがあり、高い客観性を有しているため、それを対外的に通知すれば実経済における資金移動を生じさせるための根拠となる。」(64-65頁)

としている。

次いで、

「デリバティブ価格は、原資産価格の変動を表す確率モデルを定め、評価時点における市場の状態をインプットしたうえで、以下で述べるように市場が無裁定であるという原理に従って算出される。これは、ある種の経済学的均衡状態を表現するものであり、理論的、演繹的に定まる値である。原資産価格の変動を表す確率モデルの決め方には自由度があり、モデル選択のうえでは評価主体にある程度の裁量が存在することも事実であるが、

　①市場状態を適切に表現できているか否かが最も優先される採用判断基準となる
　②いずれのモデルが採用されてもその時点の市場状態を再現するようにモデルのパラメータが設定される

ということをふまえれば、大部分は客観的要因によって決定されるものであるということができる。」

としている。(65頁)

さらに、

「各金融機関は、こうしてデリバティブ価格を算出するための計算手続を構築しているが、一連の手続は各金融機関内部のミドル・セクションおよび外部の会計監査人によってその妥当性がチェックされる。日本の会計規則においては、デリバティブの評価額は原則時価評価することとされており、彼らの承認を得ることができれば、モデルから導かれたデリバティブの理論価格は財務会計上も反映される公正な時価として扱われることになる。」

としている。そして、

「たとえば、ある企業のデフォルトによりその企業の債務整理が行われる場合、その企業が保有するデリバティブに関しても債権債務額を確定させる必要が生じるが、その額の根拠の一つとして時価評価額が参照される。」

ことを一例として挙げ、したがって、

「デリバティブの理論価格は評価主体だけでなく第三者に対しても実経済的な影響を与える指標となりうるものであるといえる。・・・」

と述べている。

第3　控訴審

そこから、
「このように、デリバティブ価格は、評価主体がデリバティブを管理するための指標として扱うことだけを目的として計算されるのではなく、実経済的な利害関係の決定を促す客観的指標としての役割も担っている」
と結論づけている（66頁）。

4　被告の市場企画部・金融市場部が、デリバティブ価格（理論価格）が「実経済的な利害関係の決定を促す客観的指標としての役割も担っている」というのは、評価主体が行う「実経済的な利害関係の決定」には、「投資判断の意思決定」を当然に含むから（銀行の場合であれば商品を組成して顧客に勧誘し契約販売するということもその1つの類型である）、その際の「客観的指標としての役割も担っている」ということである。

つまり、勧誘者（銀行）側では、デリバティブ取引を行うときには投資判断（投資をするかしないか、することによって利害関係が決定される）を促す客観的指標になるというのである。

それは、控えめに解しても、銀行という合理的な投資者が、デリバティブを管理するための指標として扱うということだけを目的としているのではなく、理論価格がデリバティブ取引を行うかどうかという実経済的な利害関係の決定（取引するかどうかの判断）を促す客観的指標としての役割も担っているということであり、銀行が一般に合理的な投資判断をしている以上、合理的な判断に必要な重要な事実、重要な事項となりうるということである。

そのような理論価格が、控訴人には契約締結に際し（投資判断に際し）まったく必要ないなどということはあり得ない。

第7　時価と実現為替差損益の相関性についての意見

1　甲第35号証は、実際に、多数の為替デリバティブの分析を行っているデリバティブリサーチ株式会社が、契約時の時価と実現した為替差損益に関係性が存在するのかどうかを相関分析という統計学的手法により検証したものである。

今般検証に使用したデータ群は、同社が契約時の時価を算定した2001年4月から2010年3月に契約された為替デリバティブ取引のうち、既に契約書上の満期が到来して契約終了し、為替差損益が確定した通貨オプション取引が対象となっており、そのサンプル数は4049件（契約数としては90件）である。

2　計算の結果、契約時の時価と実現した為替差損益の相関係数は0.78と算定されたとのことであり、統計学的な見地から、「2つのデータ群には、実務上十分に高い

相関がある。」といえる水準であることがわかった。

　契約時の時価評価と実現した為替差損益には高い相関があるという分析結果は、契約時の時価評価のマイナスが大きければ、実現した為替差損益も大きくなるということを意味し、契約時の時価が、実現した為替差損益についての有意義な情報を有していることになる。

　だからこそ、被控訴人を含む金融機関も、デリバティブのリスクについては時価を把握したうえでリスク管理、判断しているのである。

3　時価に、期待値としての客観的な合理性があり、時価がオプションのいわば「価値」として取り扱われていること（だからこそ被控訴人を含む金融機関も、デリバティブのリスクについては時価を把握したうえで判断していること）は、上記で述べた契約時の時価と実現した為替差損益の相関係数が０.７８と高い数値が算定されたこと（甲３５）からも合理的に説明できるものである。

　本件は端的に言うと、そのような時価を知らない（当然独自に算定もできない）無知な控訴人が、時価を熟知する被控訴人に、多額の時価のマイナスが発生するオプション組み合わせ商品を知らないうちに押し付けられたということなのである。

第8　専門家証人による証言

　本件契約を分析した飯坂氏の別事件における証言では、時価について「契約時点、時価評価の時点において、市場で取引される他の金融商品から整合的に導き出されるある種の均衡価格」であるとする（甲３６の４頁中段）。

　また、時価が会社にとってどういう意味のある数字であるかという問いについては「金融商品自体の価値であるということにもなる」と明言する（甲３６の５頁下段）。

　飯坂氏の上記証言は、原判決の第１でなした事実認定に沿うものである。

　そのうえで、本件契約と同種の通貨オプションについて、評価報告書の中身についての説明をしており（甲３６の９頁以下）、同種商品について、時価が分かるものであればこのような契約はしないであろうと明言する（甲３６の１２頁）。

　また、顧客が時価会計を導入しているかどうかで、時価を知る必要性が変わることはないことも明言している（甲３６の１５頁）。

　本件において、控訴人は本件契約締結時点で時価を知らなかったことは明らかなのであるから（原判決も認定する）、結局金融商品の「価値」を知らないまま契約したということなのである。その「価値」が契約時点で多額のマイナスであり、合理的な見積もりとして損をしやすい商品であったところ、実際にその通りになったというのが本件である。

第3　控訴審

　このうち、「金融商品の『価値』が契約時点で多額のマイナスであり、合理的な見積もりとして損をしやすい商品であった」という点について、控訴人は知らず、かたや被控訴人は知っていたというのが本件である。

2　控訴答弁書（平成２６年６月２４日付）

第１　控訴の趣旨に対する答弁
1　本件控訴を棄却する
2　控訴費用は控訴人の負担とする。
との判決を求める。

第２　被控訴人の主張
1　はじめに
（1）原判決は、「オプション等の時価は、当該オプション等のリスク（義務者に生じる損失）の大きさを統計的、確率的に計算した理論値である。『時価＝リスク』であ（る）」（原判決２８頁）、「時価差額は・・・理論値であるとはいえ、それは、大局的に見れば実際の損益と相関しているはずである」（３０頁）、「時価は、金融派生商品取引の基礎となる極めて重要な事項であるが、いわば『原価』であるが故に説明義務を負わないというべきである」（３１頁）、「一般の顧客がオプション等の義務者となる契約・・・を締結しようとする金融商品取引業者には、当該顧客に対する時価の説明義務が課せられるという考え方（甲２５）も傾聴に値する」（３３頁）、「時価差額を知ることにより、儲かりやすさ（損しやすさ）が分かることになる」（３５頁）等、その理由中の判断にはいくつかの誤りがあるものの、被控訴人には適合性原則違反及び説明義務違反はなく、また本件各契約の錯誤無効は認められないとの結論自体は妥当であるから、本件控訴には理由がない。

（2）時価評価（額）に関する点は別として、被控訴人は、控訴人に対し、本件各契約の商品内容、基本的な仕組み及びメリット・デメリットないしリスクについて説明を行っており、控訴人も理解している。具体的には、本件各契約の取引通貨、レバレッジ特約部分を含む取引金額、行使価格もしくは交換レート、取引期間及び取引回数、ペイオフ特約、ノックアウト特約等本件各契約の仕組み及び内容自体と、その結果本件各契約によってどのような損益が控訴人に発生するのかについては、被控訴人が説明を行っており、控訴人も理解していたことは原判決が正しく認定しているとおりである（原判決２４頁、２６頁、３３頁）。控訴人も、この点に関する原判決の判断についてはまったく争っていない。

（3）よって、控訴人の主張する控訴理由とは、上記のとおり本件各契約の商品内容、

基本的な仕組み及びメリット・デメリットないしリスクについては被控訴人は説明しており控訴人も正しく理解していることを前提としたうえで、その場合であっても、被控訴人には、さらに、控訴人が主張するような時価評価に関する説明義務があったというものであり、被控訴人にそのような時価評価についての説明義務があるか否かが本件の実質的な唯一の争点である。

　そして、控訴人が被控訴人には時価評価についての説明義務があると主張する根拠は、要するに、為替デリバティブ取引においては、契約締結時点での時価評価額が契約締結後の将来の受払いの結果生じる現実の損益と密接な関係があり、時価評価額がわからなければ、自己責任の下で契約を締結すべきか否かの適切な判断が不可能であるという点に尽きる。しかし、この点に関する控訴人の主張は誤りであり、被控訴人には、時価評価ないし時価評価額についての説明義務はない。

(4) なお、控訴人は、「金融商品取引業者は、投資と名が付けば、どのような金融商品であっても売って構わないのか。かたや、顧客は、投資と名が付けば、無知に付け込まれどのような金融商品を買わされても何も言えないのか。しかし、そのような考えはおよそ法治国家において是認されるべきものではなく、いわば金融商品取引業者に無知な顧客を騙す権利を認めるに等しい結論を招くことなど許されて良いはずがない」(控訴理由書2頁)と、いささか情緒的に原判決を非難する。

　しかし、「法治国家」とは、「法治主義による国家。法治国ともいう。とりわけ、国政が、原則として、議会により又は議会の参与によって制定された法、すなわち法律によって行われなければならないとするのが、伝統的な法治国家の要請である（以下、省略）」という意味であり、「法治主義」とは「国政が法によって行われなければならないとする主義」という意味であり（いずれも「新法律学辞典第三版」有斐閣）、もっぱら国家権力や国政に関する概念であって、本件のような私企業間での経済的取引行為とはまったく無関係の概念である。「法治国家」のような基本的な法律概念を弁護士である控訴人代理人が理解していないとは思えず、それにもかかわらず、このような意図的とも思える誤用をしてまで、情緒的に原判決を非難することは、いかがなものかと思料する。

2　最高裁判所第一小法廷平成25年3月7日判決について

(1) 銀行がデリバティブ取引を勧誘・販売する場合の説明義務に関する初めての最高裁判所判決である最高裁判所第一小法廷平成25年3月7日判決（乙第39号証）は、金利スワップに関する事案ではあるが、金利スワップの勧誘・販売に際して銀行に時価評価（額）について説明する義務があるとは一切述べていないことはもとより、同事件における最高裁での弁論の内容に照らして、最高裁は、時価評価（額）について

第3 控訴審

の銀行の説明義務を否定する趣旨であることが明らかである。

けだし、以下のとおり、上記最高裁判決の事件では最高裁で弁論が行われ、その際に、被上告人（顧客）側は、「契約時の時価評価額」が顧客企業にとって大きなマイナスであったからそれについて銀行は説明すべき義務があったと主張していたからである。

(2) 答弁書における被上告人（顧客）の主張

上記最高裁判決の上告審において、被上告人（顧客）の提出した答弁書（乙49号証の1）には、下記の記載がされ、吉本佳生氏の「現代社会と会計　第7号（2013年3月）」163頁以下に掲載の論文（乙49号証の2）が添付されていた。

記

「問題は、申立人が、顧客である相手方に提示した『金利交換の際に顧客企業が銀行に支払う固定金利の水準（本件金利スワップ取引の価格に相当）』が、他の銀行の販売事例に比較しても際立って高レートであるため、そもそも相手方への勧誘に当たって、申立人が金利スワップ取引の機能として強調している『リスクヘッジ』、つまり『金利が上昇したときに金利の支払い負担を減らす』という機能が申立人が提示した具体的『固定金利』額の負担によって、直接的に低下し、よほどの金利上昇がない限り、『リスクヘッジ機能』を全く果たさない内容になっているということである。」

そして、この際立って高いスワップレート（水準固定金利）は、顧客が相手方だからもたらされたものではなく、申立人が約18、000社に販売した本件商品の中枢をなす特性からもたらされる必然なのであるから。『結果として機能しなかった』のではなく、金利水準が高いという商品構造自体の性質からそもそも機能するはずがないのである。しかも、悪質なことに、申立人は、専門家として、リスクヘッジ機能がおよそ働かない内容であることを契約誘引の段階から知悉していたはずであり、相手方はこれを知らなかった」（3頁～4頁）

「このような商品の跛行性（設定された固定金利水準が余りに高レートであるため、固定金利以上に金利が上昇することは皆無であることから、販売者である申立人だけがすべての取引で多額の利益を獲得し、反対に顧客は常に損（不必要な出損）を強いられる）、構造そのものが問題の本質である」（7頁）

「すなわち、『販売方法』に問題があっただけで、『商品性』には問題もないとする申立人主張がすでに破綻していることは、以上により自明である」（7頁）

「以上のように、『金利変動リスクヘッジを目的とした』本件金利スワップ商品がリスクヘッジに対する実際上の効果が全く出ない『偽装商品』であり、公的使命と責任を有するメガバンクである申立人が取り扱う商品としては、本質的に反社会的、反倫理的性質を有すること、逆に、顧客にとっては明らかに過大な危険を伴う取引である

にもかかわらず、申立人が積極的に勧誘して取引を行わせたことは明らかで、前掲御庁平成１７年判決の判断基準に照らしても優に不法行為法上も違法となる（尚、相手方は諸外国においても金利スワップや為替デリバティブを巡る紛争が頻発し、多数の裁判例が出ている情報を得た。いずれも銀行の説明義務違反を厳しく問う内容になっている。とりあえず、ドイツ連邦裁判所及びソウル中央地方法院判決を参考資料として追而提出する」（１５頁）

「尚、別添吉本佳生意見書（『デリバティブ商品を巡る裁判の判決・和解についての解説』）は、本答弁書と一体のものとして提出するものである」（１６頁）

（３）答弁書（追記）における被上告人（顧客）の主張

次に、上記最高裁判決の上告審において、被上告人（顧客）の提出した答弁書（追記）（乙５０号証の１）には、下記の記載がされ、ドイツ連邦裁判所２０１１年３月２２日判決及びその訳文（乙５０号証の２）並びにソウル中央地方法院２０１２年８月２３日判決及びその訳文（乙５０号証の３）が添付されていた。上記ドイツ連邦裁判所判決とは、本件で控訴人が提出する川地教授の論文（甲２５号証）２１頁以下で引用されている判決のことである。

記

「特にドイツ連邦裁判所判決は、本件と同じ金利スワップの一例であり、『ネガティブな市場価値』、即ち、本件でいうところの申立人の受け取っていた利鞘（手数料）について、説明義務違反を認め、損害賠償義務を認めている」

（４）弁論要旨における被上告人（顧客）の主張

さらに、上記最高裁判決の上告審において、被上告人（顧客）の提出した弁論要旨（乙５２号証）には、下記の記載がされていた。

記

「ドイツ連邦最高裁判決の事案は、本件と同じく、金利スワップ契約の事例ですが、注目すべきことに、契約時点での元本の４％（約８万ユーロ）の『ネガティブな市場価値』があったとし、銀行はこのような『ネガティブな市場価値』を自らの利益を図る為に故意に設定し、他方、顧客企業は、その事実を知らされていなかったとして、銀行はこの『ネガティブな市場価値』について、説明しなければならないとの判断を示し、同額の損害賠償を認めています。『ネガティブな市場価値』とは、すなわち『契約時の時価評価額』であり、契約の時点で銀行が上げる利益つまり、『銀行利鞘』であり、『銀行手数料』です。周知のとおり、時価評価はデリバティブ取引の本質を現すものであり、申立人はこの時価会計を活用して、契約時に高額の当初利益を計上しています（吉本意見書参照）。

反対に、契約時点での時価評価額は顧客企業にとっては、大きなマイナスになるは

第3 控訴審

ずである」(1頁～2頁)

「まさに、本件における3億円の想定元本と一方的に設定された2.445％のスワップレートはリスクヘッジ目的とは全く関係がない、申立人が自己の利益を獲得するためのいわば利息の二重取りであることは明らかです」(2頁～3頁)

「本件は説明責任の対象の中核となる商品の特性そのものが『金利変動に対するリスクヘッジ機能がある商品』として、顧客に勧誘しながら、そこに『与信リスク』に対応するための『与信コスト』の名のもとに『高い利鞘』、『手数料』を忍び込ませた結果、反比例的に申立人が設定したスワップレートが高くなり、その結果、リスクヘッジ機能は全く果たさなくなっているにも拘らず、この点の説明もなく勧誘した点に重大な説明義務違反があります。・・・申立人が主張する『固定金利を設定したこと自体でリスクヘッジの効果があり、説明責任を果たした』などという理屈が通るはずはありません」(3頁)

(5) 以上のとおり、上記最高裁判決の上告審において、被上告人(顧客)は、吉本佳生氏の「現代社会と会計 第7号(2013年3月)」163頁以下に掲載の論文、ドイツ連邦裁判所2011年3月22日判決及びその訳文並びにソウル中央地方法院2012年8月23日判決及びその訳文を援用した上で、「契約時の時価評価」が顧客にとって大きなマイナスであったのであり、これは「ネガティブな市場価値」であり「銀行手数料」であって、銀行はそれについて説明すべき義務があったにもかかわらず説明しなかった義務違反があると主張していたものである。

(6) しかし、最高裁は、被上告人(顧客)の主張を採用せず、「契約時の時価評価額」に触れることなく、あっさりと「本件契約における固定金利の水準が妥当な範囲にあるか否かというような事柄は、被上告人の自己責任に属すべきものであり、上告人が被上告人に対してこれを説明すべき義務があったものとはいえない」と銀行の説明義務自体を否定した(乙39号証)。よって、最高裁が「契約時の時価評価の説明義務」自体を否定していることは明らかであり、上記最高裁判決の射程は本件にも及ぶ。

(7) 以上に対し、控訴人は、上記最高裁判決の事案と本件とは、①金利スワップでは、金融の非専門家の一般企業であっても、ある程度の知識があれば、締約締結時点で、銀行に支払う固定金利と銀行から受け取る変動金利のそれぞれの価値を算定することが可能であるが、為替デリバティブの場合、日米二国間の金利の複合計算となるうえ、ボラティリティ等の数値を代入してブラック・ショールズ・モデルを用いて時価を算定する必要があるが、一般企業ではそれは不可能である、②最高裁判決の事案では、顧客には変動金利での借入の金利を固定化するというリスクヘッジニーズがあったが、本件は、控訴人には為替リスクヘッジ目的はまったくなかった、③最高裁判決の事案の顧客側代理人は、金利スワップの「顧客側価値」(控訴人のいう「時価評価額」

と同義であろう）が具体的にいくらであるかを明示して訴訟を提起したわけではなく、抽象的な主張に終始した、という３点の大きな違いがあるから、上記最高裁判決の射程は本件には及ばないと主張する（控訴理由書１７頁〜１９ページ）。

しかし、上記①については、金利スワップの場合は一般企業であっても契約締結時点で銀行に支払う固定金利と銀行から受け取る変動金利のそれぞれの価値を算定することが可能であるとの点についてそもそも大いに疑問があり、むしろ、金利スワップと為替デリバティブとで、時価評価額の算定の難易度に質的な差があるとは思われない。その点は措くとしても、そもそも、最高裁判決の事案では、顧客側は金利スワップの時価評価額を算定していないし、最高裁判決も、時価評価額の算定は顧客自身でも可能であったとの指摘をまったく行っておらず、時価評価額の算定の難易度を銀行の説明義務の有無の判断にあたってまったく考慮していない。

上記②については、そもそも、控訴人は、原審において、「原告は、本件各契約を為替リスクのヘッジをする目的で導入した」と主張し（平成２５年５月２７日付へ第６準備書面２頁４行目〜５行目）、本件各契約は為替リスクヘッジ目的で締結したものであることを明確に認めていたのであるから、今になって、これを否定することは矛盾している。また、その点を措くとしても、もし時価評価額が将来のリスクないし損益の尺度であって契約締結の判断に必要不可欠な重要事項であるとの控訴人の主張が正しいのであれば、そのことは、契約締結目的がリスクヘッジであるのかそれ以外の目的（たとえば投機目的）であるのかの違いによっては何ら変わるわけではないはずである。よって、契約締結目的がリスクヘッジであるのかそれ以外の目的であるのかの違いは、時価評価額が契約締結の判断に必要な重要事項であるか否かの結論とは無関係である。

さらに、上記③については、もし最高裁が、時価評価（額）の説明義務に関する顧客側代理人の抽象的な主張に理由があり具体的な時価評価額次第では時価評価（額）についての銀行の説明義務を肯定する余地があると考えたのであれば、最高裁は、原審判決を破棄したうえで、当該金利スワップの具体的な時価評価額を確定するよう求めて、原審に差し戻したはずである。しかし、最高裁は、原審判決を破棄したうえで、原審に差し戻すことなく、顧客側の請求を棄却した一審判決に対する顧客側の控訴を棄却する自判を行ったのである。こてはすなわち、最高裁は、具体的な時価評価額の如何にかかわらず、時価評価についての説明義務に関する顧客側代理人の主張を否定する趣旨であることを意味している。

以上のとおり、控訴人が、最高裁判決の射程が本件に及ばない理由として挙げる３点の相違点はまったく理由がなく、むしろ、最高裁判決の射程が十分に本件にも及ぶことは明らかであるといえる。

第3　控訴審

3　下級審裁判例について
（1）大阪地方裁判所平成25年7月29日決定（乙65号証）は、顧客会社（原告）の代理人が本件での控訴人代理人と同様の主張・立証を展開している事案において、文書提出命令申立に対する却下決定ではあるが、以下のように述べ、時価評価が将来の決済額やリスクに影響を及ぼすこと等を否定している。

　①「本件各契約のリスクは、オプションの行使価格や仕組みそのもの、将来の為替相場の変動によって定まるものであって、時価評価はあくまで計算上の仮定であり、将来の決済額やリスクに影響を及ぼすものではない。そうすると、少なくとも、本件各契約の時価評価がいかなるものであるかは、本件各契約が申立人にとって適合性を有するか否かの判断を左右するものではない」（8頁）

　②「相手方としては、申立人に対し、本件各契約の基本的な仕組みや、契約上設定された行使価格・条件及び実際の為替相場より高い価格で米ドルを購入しなければならなくなるリスク等について説明義務を負うが、これを超えて、本件各契約の時価評価がマイナスであったこと、リスクヘッジとして妥当な範囲内であったこと等についてまで説明する義務を負わないと解するのが相当である」（8頁～9頁）

　③「本件各契約の時価評価がマイナスであったとしても、単なる評価損に過ぎず、申立人の損害と評価することはできない。また、相手方が本件各契約を収益に計上したとしても、それはあくまで会計上の処理であって、これを相手方の利得と評価することはできない」（10頁）

　なお、この大阪地裁平成25年7月29日決定の事件は、平成26年6月10日の期日を持って口頭弁論が終結され、判決言渡期日が同年7月29日と指定されている。

（2）大阪地方裁判所平成25年10月24日判決（乙57号証）は、本件の控訴人代理人と同じ弁護士が原告代理人となって、本件各契約と同種の通貨オプション契約について、時価評価額に関する適合性原則違反、説明義務違反、信任義務違反等で本件での主張・立証と同趣旨・同内容の主張・立証を行った事案において、以下のように述べ、時価評価が将来の決済額やリスクに影響を及ぼすこと等を否定している。

　①「時価評価額は、あくまでも計算上の仮定であり、実際に決済される際の額や為替相場に影響を及ぼすものではない。そうすると、本件各契約の時価評価額がいかなるものであるかは、本件各契約が原告にとって適合性を有するか否かの判断を左右するものではない」（13頁）

　②「時価評価額は、将来の決済額やリスクを一定の仮定の下で成立する数学的モデルにしたがって計算したものにすぎず、会計処理を行うための手段としての概念として用いられることはあっても、当該商品の客観的価値と必ずしも一致するものではな

い上、将来の決済額やリスク自体に影響を及ぼすものではなく、原告に損失が生じるかどうかとは何ら関係がない」「したがって、時価評価額の点について説明義務違反があったとする原告の主張は採用できない」（１３～１４頁）

（３）上記大阪地裁平成２５年１０月２４日判決に対しては顧客企業側が控訴を提起し、控訴審事件は大阪高等裁判所第３民事部に係属した（乙６６号証）。顧客企業側（代理人は本件の控訴人代理人と同じ弁護士である）は、本件での控訴理由と同趣旨の控訴理由を主張したが、判決言渡期日の１週間前になって控訴を取り下げている（乙６７号証）。これは、顧客企業側（の代理人弁護士）が、控訴審でも敗訴判決が確実であると予測し、これを避けるためであったと考えられる。

（４）以上のとおり、複数の下級審の裁判例では、時価評価額は単なる理論上・計算上の数値であって実際の受払いの金額やリスクとは無関係であるから契約締結にあたっての重要事項ではないとの判断がされているのであり、これと異なる趣旨を述べる原審判決は異例な判断である。

４　時価評価額は契約に基づく決済損益の予想値ではないこと

（１）原審でも主張したとおり（被告の原審での平成２４年１１月２１日付け準備書面（１）２頁～４頁、平成２５年３月７日付け準備書面（２）１頁～６頁）、時価評価額は、フォワードレートやその他の金融指標をもとに、金融工学上の計算式（ブラック・ショールズ・モデルやモンテカルロ・シミュレーション）を用いて算出される理論上の数値である。

　　なお、フォワードレートとは、現時点の「スポット為替レート」「円と米ドルとの金利差」及び「受渡しまでの期間」の要素のみから、金融工学の理論上機械的・自動的に算定される理論上の数値（レート）であって、将来の為替レートは必ずフォワードレートどおりにになるわけでないのはもちろん、フォワードレートどおりになる可能性が大きいというわけでもない。

（２）時価評価は、契約に基づく決済損益の予想値ではなく、契約締結後の為替相場の動向によっては、契約締結時における時価評価額がマイナスであっても実際の決済による損益がプラスとなることがあるし、契約締結時における時価評価額がプラスであっても実際の決済による損益がマイナスとなることがある。また、時価評価額がマイナスの場合に実際の決済による損益がマイナスとなることがあっても、実際の損失額の大きさと時価評価額の大きさとは比例するものではない。

　　つまり、実際の決済から生ずる損益は、もっぱら契約締結後の為替相場の変動に左右されるものであり、契約締結時における時価評価額により決まるものではない。

（３）この点について、金融工学の専門家であり、かつデリバティブ取引の実務に精通

第3　控訴審

している福島良治氏は、以下のとおり、仕組債を例に挙げ、金融工学の理論上の時価評価額が、将来の為替レートや決済損益を予想したものではなく、将来の決済損益と関係がないことを指摘している（乙５６号証）。

　①ちなみに『ノックイン確率ないし確率的に予想される元本毀損の程度』がわかっても、それはプライシング時点での評価に用いるものであって、将来そのとおりになるとは限らないものである。その確率に基づいて金融商品の価格が変化し、損得が予測できるのであれば、金融工学に従事するものはみな富豪になれるのだが、そんなことはない。金融工学の著名なブラック＝ショールズモデルの開発者のマイロン・ショールズと、これを発展させたロバート・マートンは、ノーベル経済学賞を授与されているが、彼らの参加したヘッジファンドＬＴＣＭ・・・が１９９８年に破綻したことは有名である。２００７年から２００８年にわたる金融危機時でも多くの金融機関が損失を出し、金融工学を駆使していたいくつもの米国証券会社が倒産している。金融工学は、計算時点での評価額を決めるのには有効であるが、将来の価格を当てることはできない」（７２頁）

　②複雑な仕組みの金融商品であっても投資にあたっては、金融工学の評価手法を理解しようがしまいが、株式等の単純な商品と同様に、投資家は契約条件に示されている市場指標の変化により生ずる損得を判断するしかないのである。例えば、ある条件の仕組債券を例に挙げよう。額面１００円でクーポンが同年限の国債よりも２％高いが、３年満期までに円ドル為替レート（発行時１００円）が８０円よりも１度でも円高になったら元本が７０円で償還される条件が付いているとする。満期までに８０円よりも円高になる確率が３０％だと金融工学で計算されても、それは購入時点において市場で観測される諸指標および金融商品のリスク・リターンと整合的になるように<u>一定の金融工学上のモデルで計算するために措定された材料でしかなく、実世界で発生する確率というものではない</u>。したがって、当該債券の商品性に魅力を感じたプロの投資家は、この確率を参考にすることはなく・・・」（７２頁。アンダーラインは被控訴人代理人による）

（４）以上に反し、原判決は、金融工学上の理論によって算定された確率が実世界で発生する確率であると理解しているように見受けられる。

　しかし、福島良治氏も「金融工学でのデリバティブの評価には、このようにリスク中立確率を使い、実確率は使わない」と述べている（乙５６号証７２頁の脚注６）とおり、金融工学上の理論によって算定された確率は実世界で発生する確率とは異なる。「リスク中立確率測度」とは、すべての危険資産の価格の期待上昇率を安全資産の上昇率に一致させる確率測度のことであり（甲３４号証７９頁）、あくまでも金融工学上のモデルが仮定した数学的な理論上のものにすぎない。

もし金融工学上の理論によって算定された確率が実世界で発生する確率であるならば、つまり、金融工学上の理論によって算定された確率どおりに現実の為替相場や株式相場が推移し損益が発生するのであれば、福島良治氏も言っているように、金融工学上の知識のある金融機関や機関投資家、経済学者等の専門家は金融商品の取引によって確実に利益を得ることが可能であるはずである。少なくとも、損失発生の確率の高い取引は回避していれば、損失の発生を確実に回避できるはずである。しかし、現実にはそのようなことはなく、金融工学の知識のある専門家であっても、時たま大きな損失を発生させることがあることは公知の事実である。

　このことからしても、金融工学上の理論によって算定された確率が実世界で発生する確率とは異なることが理解できる。

（5）なお、控訴人は、被控訴人の市場企画部・金融市場部の著作（甲34号証）を断片的に引用して、デリバティブ取引の理論価格は「理論的」かつ「客観的に算定されるものであると強調する（控訴理由書25頁～29頁）。

　しかし、デリバティブ取引の理論価格が「理論的」に算定されるとは、数学上・経済学上のいくつかの仮定を前提としたうえで（この点は、控訴人も認めるはずである）、ある一定の理論に従って算定されるという意味であり、「客観的」に算定されるとは、算定に使用されるデータは客観的なものであり算定過程に算定者の主観的・恣意的な判断は入り込まないという意味であって、「理論的」かつ「客観的」に算定されることは、算定結果が実世界で発生する確率と一致することを当然に意味するものではない。なお、前提とされる数学上・経済学上の仮定が、実世界で生じる現象を常にまたは完全に体現するとは限らないことは、いうまでもない。

5　時価と実際の損益とは高い相関関係にあるとの主張について

（1）以上に対し、控訴人は、多数の為替デリバティブの分析を行っているデリバティブリサーチ株式会社が、契約時の時価と実現した為替差損益についての相関分析を行ったところ、契約時の時価と実現した為替差損益の相関係数は0.78という高い数値が算定されており、この分析結果は、契約時の時価評価のマイナスが大きければ実現した為替差損も大きくなるということを意味し、契約時の時価が実現した（実現する？）為替差損益についての有意義な情報を有していることになると主張する（控訴理由書29頁）。

（2）しかし、仮にデリバティブリサーチ社の分析結果（0.78という相関係数）自体が正しいとしても、そもそも、デリバティブリサーチ社が行ったデータ群にはかなり偏りがあると思われ、その分析結果を単純に鵜呑みにすることはできないと考えられる。

第3　控訴審

　　　この点、控訴人の説明によれば、デリバティブリサーチ社が契約時の時価を算定した２００１年４月から２０１０年３月に契約された為替デリバティブ取引のうち、すでに契約上の満期が到来して契約が終了し、為替差損益が確定した通貨オプション取引４０４９件とのことである。
（３）したがって、まず、分析の対象には、ノックアウト条件の成就や解約権の行使によって契約期間の途中で終了した契約は含まれていないことになる。
　　　しかし、実際には、ノックアウト条件の成就や解約権の行使によって契約期間の途中で終了した契約も多数あり、かつそのような契約は、本件での訴外契約１及び２がまさにそうであるように、総体としては顧客にとって利益が生じて終了しているケースが多い。しかし、そのような契約は、一切分析の対象には含まれていないことになる。
（４）次に、そもそも、デリバティブリサーチ社は、為替デリバティブ取引に批判的な『為替デリバティブ取引のトリック』（甲１号証）の著者である佐藤哲寛氏が代表者を務める会社であり、かつ佐藤哲寛氏は、顧客側代理人として為替デリバティブ取引に関する訴訟やＡＤＲを多数手掛ける控訴人代理人とも親密な関係にある。
　　　したがって、デリバティブリサーチ社に対し為替デリバティブ取引の時価評価額の算定を依頼する者（控訴人代理人を介して依頼する者も多いと推測される）は、ほとんどが、為替デリバティブ取引によって損失を受けた者であると考えられる。誰も、利益が出て契約が終了したのに、わざわざ費用を支払って契約の時価評価額の算定を依頼しないであろう（さらに、あえていえば、利益が出て契約が終了した者は、為替デリバティブ取引に批判的なデリバティブリサーチ社（佐藤哲寛氏）や控訴人代理人には依頼しないであろう）。
　　　つまり、分析対象の大部分は、もともと損失を出して終了した契約であって、利益を出して終了した契約（それらも契約時の時価評価額はマイナスであったはずである）の分析が不足していると考えられる。
（５）さらに、分析対象となった契約の大多数は、その契約期間が、リーマンショックを端緒とする世界的な金融危機（しばしば「１００年に一度の危機」と言われたものである）を主な原因とする２００８年（平成２０年）９月頃以降の歴史的な円高米ドル安の時期と重なっていると考えられる。
　　　つまり、これらの契約の多くが損失を発生させて終了した主な理由は、たまたま、契約期間がリーマンショック後の歴史的な円高米ドル安の時期に重なってしまったためであると考えられるのであり、そのような契約ばかりを対象に分析して、契約時の時価評価のマイナスと実現した為替差損とは相関関係が高いと言ってみても、説得力に乏しい。
　　　実際には、リーマンショックの発生前に終了した為替デリバティブ契約も多く、そ

れらの契約（契約時の時価評価額はマイナスであったと思われるが）の多くは、利益を出して終了している。また、アベノミクス後は為替相場が円安で推移したことにより、利益を回復している契約もあるのであるから、控訴人の主張とは異なり、フォワードレートから算出される時価評価額と実際の損益とは因果関係がないと言える。

(6) 現に、訴外契約１及び２も、本件各契約同様契約時の時価評価額はマイナスであったはずであるが、原判決も認定するとおり（原判決１９頁、２１頁、２３頁、３０頁）、控訴人に利益を発生させて（しかも、１回目の受払から契約終了時まで、常に利益が発生し続けている）終了している（乙８号証、乙１９号証）。

　本件各契約についても、本件契約１は、契約期間が本年（平成２６年）１１月までであるところ、被控訴人の一定の前提のもとでの試算によれば、現時点（同年５月分）までの通算の損益は６４万６４００円の控訴人の損失である（乙６８号証）。しかし、現在の相場状況からすれば、今後本年１１月までの６か月間で毎月６万円、合計３６万円の利益が発生することが見込まれるから（本件契約１は、８８．８１円／ドル以上の円安であれば、毎月６万円の受取りが控訴人に発生する）、そうすると最終的には、１０年間の通算で損失は２８万６４００円とかなりの少額にとどまることになる。なお、１０年間の通算での損失が２８万６４００円ということは、もしリーマンショックによる歴史的な円高が発生するのがもう数ヶ月遅ければ、あるいはアベノミクスによって歴史的な円高が終わるのがもう数か月早ければ、通算の損益はマイナスではなくプラスになっていたということである。

(7) このように、いずれも契約締結時の時価評価額はマイナスであったにもかかわらず、本件各契約及び訴外契約の計６契約の契約のうち２件が控訴人に利益をもたらして終了し（訴外契約１、２）１件は結果的に損失を出して終わるもののその金額はかなりの少額にとどまる（本件契約１）のである。このことは、契約時の時価評価額のマイナスは将来の損失と高い相関関係があるとの控訴人の主張が失当であることの何よりの証拠であろう。

６　時価評価額がわからなくともリスク判断は可能であることについて

(1) 仮に、契約時の時価評価額と将来の為替差損益との間にある程度の相関関係があるとしても、本件各契約の基本的な仕組みと為替相場に関する一般的な知識があれば、契約締結の可否を判断するために必要なリスク判断は可能であり、時価評価額がわからないとリスク判断が不可能であるというわけではない。控訴人は、時価評価額が為替デリバティブ取引におけるリスク判断のための唯一の合理的な尺度であると主張するが、失当である。

(2) すなわち、レバレッジ特約部分を含む取引金額、行使価格もしくは交換レート、

第3 控訴審

　　取引期間及び取引回数、ペイオフ特約、ノックアウト特約等本件各契約の仕組み及び内容自体について理解していれば（この点について控訴人が正しく理解していたことは、前述のとおりである）、将来為替相場がどのように変動すればどのような損益が発生するかは控訴人自身で試算（シミュレーション）可能であるから、あとは、自己の将来の為替相場動向の予測や相場観に照らしてリスク判断を行うべきであるし、それは可能である。

（3）その場合、時価評価額がわからなくとも、行使価格または交換レートがわかれば、リスクの大きさも判断できる。

　　たとえば、契約締結時点のスポット相場が１１０.００円／ドルの場合、行使価格が１００.００円／ドルの通貨オプションと行使価格が９９.００円／ドルの通貨オプションとでは（取引金額や契約期間等その他の契約内容は同じとする）、前者の方が後者よりもリスクが大きいことは容易に理解できる。また、契約締結時点でのスポット相場が１１０.００円／ドルの場合において、どちらも行使価格は１００.００円／ドルであるが、行使価格を超えた円高時にも取引金額が変わらない非レバレッジ型通貨オプションとでは、前者の方がリスクが大きいことも容易に理解可能である。

（4）控訴人は、「相対取引両当事者間でオプション等の代金を決定し、リスクを引き受けあう取引を公正になすためには、あくまで相対取引両当事者が時価についてそれぞれ独自に計算できることが大前提である。時価を独自に算定できなければ、自らが売却するオプション等のリスクを把握できず、その売却代金の妥当性（そのリスクを引き受ける対価として十分かどうか）を判断しえないからである」と主張する（控訴理由書１５頁）。

　　しかし、少なくとも、本件契約１ないし３のようないわゆるゼロコストオプションでは、取引確認書上には個々のオプションのプレミアム（オプション料）が具体的な金額で記載されているものの、実際には、取引当事者は、その具体的なプレミアムの金額を判断材料として契約締結意思を決定するわけではない（このことは、控訴人も争いがないものと思われる）。本件契約１ないし３は、実質的には、プットオプションによって円高進行時には実勢為替相場よりも不利なレートで米ドルを購入しなければならないというリスクを負うことを対価として、コールオプションによって円安時に（正確には、円安進行時だけでなく、為替相場が契約締結時点のスポット相場のまま変動しなくても、さらには円高が進行しても行使価格までであれば）実勢為替相場よりも有利なレートで米ドルを購入できるというメリットを獲得するものである。

　　したがって、取引当事者は、このメリットとその対価たるリスクのそれぞれの大きさについて、自己の将来の為替相場動向の予測や相場観に照らして比較・対照を行い、リスク判断ないし投資判断を行うのであり、その際に、メリットやリスクの大きさを

時価評価額という具体的な金額（数字）で表示されないと上記の比較・対照ができないわけではない。その結果、円安時に得られるメリットに比べ円高時のリスク（対価）が大きすぎると判断するのであれば、契約を締結しないことになり、円安時に得られるメリットに比べて円高時のリスクは許容できると判断するのであれば、契約を締結することになる。

（5）同様のリスク判断ないし投資判断は、たとえば、ＦＸ取引（外国為替証拠金取引）等では一般の個人投資家がごく普通に行っているものである。

　　ＦＸ取引は、為替デリバティブ取引と同様に、将来の為替動向についての予測が当たるか否かのみによって損得が変わりうるものであり、外国から「ミセスワタナベ」とネーミングされるほどに主婦層を始めとした個人一般投資家が広く参加していることは公知の事実である。そのような個人一般投資家は、自己の将来の為替相場動向の予測や相場観に照らして投資判断を行っているのであり、自己のポジションの時価評価額や将来の為替相場についての金融工学上の確率に基づいて投資判断ないしリスク判断を行っているわけではない。

　　したがって、為替デリバティブ取引の場合も、時価評価額がわからなければリスク判断ができないわけではない。

（6）さらに、ブラック・ショールズ・モデルは、もともとは株式オプションの時価評価額の算定モデルとして考案されたものであるところ（甲１号証１２６頁）、株式オプションの市場価格は、その株式オプションの理論上の時価評価額とは無関係に（少なくとも、時価評価額に大きく依拠することなしに）形成されている。

　　株式オプションの市場に参加する投資家は、時価評価額の算定ができない一般投資家はもちろん能力的に算定が可能な投資家も、株式オプション価格の相場の過去の推移、需給の状況、一般的な経済状況、現物株式の市況、さらには単なる思惑等の諸要素に基づいて、投資判断を決定し取引を行っているのであり、時価評価額や、時価評価額算定の前提となる金融工学上の確率を考慮して投資判断を決定しているわけではない（最近の株式オプションの市場の状況の報道として、乙６９号証）。

７　時価評価について説明を行わなかったことについて被控訴人には過失がないこと

（１）仮に、為替デリバティブ取引を勧誘・販売する金融商品取引（販売）業者には時価評価についても説明すべき法的義務があったとしても、被控訴人が控訴人に対し時価評価について説明しなかったことは、本件各契約当時の状況の下ではやむをえなかったものであり、被控訴人には、その説明義務違反についての故意はもちろん過失がない。

（２）すなわち、金融商品取引法、金融商品販売法その他の諸法令上、為替デリバティ

第3 控訴審

ブ取引を勧誘・販売する際に金融商品取引（販売）業者が説明すべき事項として時価評価ないし時価評価額を明文で定める規定は存在せず、「主要行向けの総合的な監督指針」等の金融庁の公式見解及び非公式見解（乙33号証等）でも、金融商品取引（販売）業者は時価評価ないし時価評価額について説明する義務がある旨を述べるものは存在しなかった。なお、被控訴人代理人の知る限り、現時点でも、金融庁が金融商品取引（販売）業者は時価評価ないし時価評価額について説明する義務がある旨の見解を表明したことはない。

（3）また、少なくとも本件各契約当時、金融商品取引（販売）業者は為替デリバティブ取引を勧誘・販売する際に時価評価ないし時価評価額について説明義務を負う旨を判示した最高裁の判例はもちろん、下級審の裁判例もまったく存在しなかった。学説上も、時価評価ないし時価評価額についての説明義務を主張する見解は皆無であった。

（4）さらに、我が国の銀行や証券会社の実務においても、被控訴人に限らず、為替デリバティブ取引を勧誘・販売する際には時価評価ないし時価評価額について説明を行っていないのが通例であった。なお、仮に、一部の銀行や証券会社では時価評価ないし時価評価額について説明を行っている例があったとしても、それは法的義務の履行として説明を行っているとの理解ではなく、念のためのいわば親切として説明を行っているとの理解の下で行っていたものと考えられる。

（5）以上のような本件各契約当時の状況の下では、被控訴人が、時価評価ないし時価評価額について説明義務があるとの認識を持たなかったことも誠にやむをえないというべきであり、時価評価ないし時価評価額についての説明を行うことの期待可能性はなかったといえる。

よって、被控訴人には、時価評価ないし時価評価額についての説明義務違反についての故意はもちろん過失もなく、不法行為は成立しない。

（6）なお、故意の説明義務違反がない以上、詐欺による不法行為（控訴理由書22頁～25頁）が成立しないのも当然である。

8 その他の原判決の誤りについて
（1）なお、以上のほかに、結論には直接影響しないと思われるが、原判決の理由中の判断には誤りがあるので、指摘しておく。

まず、原判決は、「被告が、オプションを取得する場面（いわば原告にオプションを売らせる場面）でも利ざやを得ることは、当然のことではない。被告は、自分ではリスクを引き受けないからである」と述べる（原判決30頁）。

しかし、銀行が相手方からオプションを買った場合、実勢相場と比較して行使価格が有利な状況であれば権利行使を行うことになるが、取引期間中に相手方が倒産して

しまうと、取得したオプションが無価値となり、得べかりし利益を失ってしまうことになるから、銀行は、相手方の信用リスクを負うことになる。したがって、銀行がオプションを購入する場合に（も）、リスクの対価として「利ざや」を得ることは当然であり、原判決の判示は失当である。

（2）次に、原判決は、ドル建てで商品を輸入している企業が円安の為替リスクをヘッジする場合は、資金に余裕のあるときに、予め一定の対価（プレミアム）を支払ったうえで、ドルのコールオプションを購入しておくことが合理的であるが、本件各契約は、契約時に金銭を失わないで済む代わりに、円高時の為替リスクをもたらしうる（から合理的でない）と述べる（27頁、28頁）。

しかし、本件各契約の場合、原判決も認めるとおり、契約締結時にプレミアムを支払うことなく（つまり、金銭の持ち出しなしで）円安時及び円高進行時であっても行使価格までであれば有利な価格でドルを購入することができるというメリットを獲得できるうえに、もし契約期間中に為替相場が行使価格を超えて円高ドル安にならなければ、最後まで金銭の持ち出しがないこともありうる。したがって、契約期間中に為替相場が行使価格を超えて円高ドル安になってもその期間は短いとの相場観を有する者にとっては、本件各契約は十分に合理的な選択である。

他方、単純なドルコールオプションの購入の場合、契約時に確実にプレミアムの支払（金銭の持ち出し）が必要であるうえに、為替相場が円安にならなければ、購入したコールオプションを行使する機会がなく、プレミアムの支払いが結果的に無駄になってしまうという恐れもある。なお、たとえ資金に余裕があっても、金銭の持ち出しはできるだけ避けたいと思うのが企業経営者の一般的な心情である。

このように、本件各契約と単純なドルコールオプションの購入とは、それぞれメリット・デメリットがあるのであり、どちらを選択するかは個々の企業経営者の経営判断事項であって、一概に、単純なドルコールオプションの購入が合理的であって本件各契約は合理的でないと決めつけることはできない。

9　結論

以上のとおり、時価評価ないし時価評価額は本件各契約の締結意思の判断のために必要不可欠なわけではなく、被控訴人にはこれについての説明義務はないし、時価評価ないし時価評価額について説明しなかったことが適合性原則違反となるわけではない。また、同様の理由により、控訴人が時価評価ないし時価評価額について知らなかったことが「要素の錯誤」として本件各契約の無効原因となるわけではない。

よって、原判決は、判決理由中の判断はともかくとして、被控訴人には適合性原則違反及び説明義務違反はなく、また本件各契約の錯誤無効は認められないとの結論自

第3 控訴審

体は正当であり、本件控訴には理由がない。

3 控訴人控訴準備書面（1）（平成26年7月18日付）
　契約時点の時価（理論価格）は、当該金融商品の客観的な価値であるから、合理的な投資者にとって、少なくともその程度によっては、リスクとリターンを評価して投資判断を行うにあたっての重要な事項となる場合がある。
　本件各契約は、原審の認定によれば、その時価（理論価格）は投資判断をするについて重要な事項となる（リスクとリターンのいびつさが看過できない程度に至っている）場合にあたるのに、被控訴人は控訴人にそれを知らせずに、投資判断させたのであるから、被控訴人の投資勧誘は、重要な事項の不表示とする説明書面でおこなっており違法であり（金融表品取引法197条1項5号、157条2号、民法709条で、不法行為となる。詐欺の不法行為）、控訴人には投資の意思決定に瑕疵がある（民法95条の錯誤）ということである。要するに、控訴人は被控訴人にだまされて違法な価格付けのデリパティブ取引組合せ金融商品を買わされた、リスクとリターンを正しく評価できないような状態で投資判断をさせられたということである。（その結果、価格0円ではリスクとリターンが見合わない投資商品を価格0円で購入させられて、リスクとリターンの見合っていない分だけ不利な経済的地位に陥った。）
　乙65の決定も、乙57の判決も、控訴人と同じく誤導されたのであるが、その原因は、次の主張に象徴されるレトリックによるトリックにある。原審は誤導されなかったが、念のため指摘しておく。
　被控訴人の「契約の時価評価という問題と現実の為替レートとは関わりがなく、逆に契約時の時価評価は、その後の為替変動の影響を受けないという点についての原審での被告の準備書面（1）の3頁以下のくだりである（乙57の判決の事件でも書証番号が違うだけで同文の主張がある。また、記録を閲覧したところ、乙65の決定の基本事件でも、同じ文献の同じ箇所を引用し、ほぼ同じ主張をしている）。
　「この点について、山下章太公認会計士の著書『金融マンのための実践デリパティブ講座』（中央経済社）では、金利スワップを例に、『金利スワップは、契約条件に応じて、決済時点の金利を交換しますが、決済時点における決済額と時価評価額には、何の関係もありません』『・・－受取額と支払額を計算するために、現在の金利水準を基に将来金利を計算し、時価評価を行なっていましたが、これはあくまで計算上の仮定であり、将来の金利水準を予想しているわけでも、将来の決済額を予想しているわけでもありません』『たまに大きな誤解があるようなのですが、時価評価で用いる前提は、金融工学における前提（裁定取引ができないという大前提）を利用し

て計算しているだけで、将来の金利とも決済額とも何の関係もないのです」との説明がされ（乙第1号証の125頁～127頁。アンダーラインも原文のまま）、デリバティブ契約に基づく決済額と時価評価との間には関連性がないとされている。この論述は、直接的には金利デリバティブについて述べているが、為替デリバティブについても等しく妥当する。」（引用終わり）

　乙57の判決の裁判所も乙65の決定の裁判所も（ちなみに両裁判例は同じ24部で裁判長は同じである）この部分のトリックに引っかかったものと思われる。この箇所で、被控訴人が、「逆に契約時の時価評価は、その後の為替変動の影響を受けないものなのである。」というのは改めて論じるまでもない当たり前の正しい命題であり（将来のことの因果が過去に及ぶなどありえない）、「契約の時価評価という問題と現実の為替レートとは関わりがなく」というのが、将来の現実の為替レートが契約の時価評価（理論価格としての時価）と直接の因果関係がないというだけの意味であれば、これまた正しい命題である（控訴人もそれに反するような、時価と将来の為替レートが直接因果関係があるなどという主張をしていない）。

　しかし、被控訴人が引用する山下公認会計士が述べているのは、「決済時点における」決済額、「決済時点の」時価評価額についてである（契約時点での時価と受払の各決済時点での損益ではない）。これは、決済時点でも、時価（理論価格）は、決済時点より将来の損益の期待値の現在価値であり、そもそも決済時点の損益と何の関係もないのは、むしろ当然である（この点は、むしろ、店頭為替デリバティブ取引の契約時点の時価が、投資判断にとって重要な事項になる場合がある、ということの根拠ですらある）。つまり、山下会計士がいっているのは、金利スワップ取引のある決済時点での受払いがプラスになっていても、その時点での当該金利スワップ取引自体の時価がマイナスになる場合もあるし、逆に決済時点での受払いがマイナスになっていても当該商品の時価がプラスになっている場合もあるというだけなのである。そしてそのこと自体は、控訴人も、もちろん争うつもりもない当たり前のことである。

　ところが、被控訴人は、このアンダーライン部分をつなぎ合わせて、「決済額と時価評価額には、何の関係もありません」「あくまで計算上の仮定」と読ませ、為替デリバティブについても等しく妥当し「決済額と時価評価額には、何の関係もありません、時価はあくまで計算上の仮定だから」とミスリードするのである（なぜか、文献自体も「決済時点における決済額と時価評価額には、何の関係もありません。」となっており、「決済時点における」という点に下線が引かれていないから、目をすってしまうのである）。鮮やかなトリックである（山下氏の述べているのは、「決済時の」決済額と「決済時の」時価という特定の同じ決済の時点の話であるが、およ

第3　控訴審

そ決済額と時価とにまったく何の相関性もないというように読めてしまうのである。しかし、そのように誤解した読み方をすると、オプションのプレミアムとオプション行使時点での利益の額が何の関係もないということ、ブラック・ショールズ・モデルによるオプション評価は意味がないということになってしまうのである）。

　山下会計士は、新著「図解為替デリバティブのしくみ」（中央経済社２０１３年４月）のなかで、為替デリバティブの「決済額と時価評価額の違いについて次のように述べている（同書４２―４３頁を奥付とともに本準備書面に別紙１－１、２として添付する）。

　「毎月５００万円入ってくるのに、時価評価がマイナス２億円になっているけど、どうして？」というような質問を受けます。<u>結論からいうと決済額と時価評価とは、何の関連もないのです。</u>と結論を述べた後、例を挙げて説明し、「現在の決済額がいくらプラスだったとしても、１０年間のフォワードレートの下落を加味すると、時価評価はマイナスになり、大きな損失を抱えることになります。」と例えを締めくくる。続けて、「為替デリバティブが怖いのは、このように算定される評価損が決済額と連動しない点です。毎回入金があると儲かっているように錯覚してしまうのですが、実際にはマイナスになっていることもあるのです。損しているという意識がないのが、為替デリバティブの危険な点です。」

と述べている。下線は、控訴人代理人によるものであり、誤解を招きそうな表現であるが、これも「決済時点の」決済額と「決済時点の」時価評価額についての言及である。

　この記述は、①決済時点の決済額と決済時点の時価評価は何の関連もないこと、②時価評価のマイナスは損失であること、③（損をしていても）損しているという意識がないのが、為替デリバティブの危険な点であること、を述べており、被控訴人の意図とは正反対に、為替デリバティブ取引の投資判断を行う際における時価（理論価格）を知ることの重要性（リスクとリターンがどの程度契約時点で、見合っているかを知ることのできる指標であるから、程度問題であるが、少なくとも時価のマイナスの値によっては投資判断を行うに際して、重要な事項となりうること）を物語っているのである。

　①は当たり前で、時価（理論価格）は、その時点の金融指標を織り込んで合理的に見積もったその時点より将来の損益の期待値の現在価値であるから、その時点（決済時点）の決済額とはそもそも直接の関連がないというだけのことである。だから、逆にある決済時点で、組合せ金融商品として損をしているのか（不利な経済的地位に陥っているのか）どうかを認識するには、その時点の決済による受払の損益（行使価格とスポットレートの比較でわかる）ではなく、その時点の時価（理論価格）

が必要になる（行使価格だけではわからないから）ということなのである。（答弁書6項への反論でもある）

　この論理を契約時点に置き換えて考察すれば、契約時点での行使価格と為替相場で差益を計算して判断することは、損をしているか（不利な経済的地位に陥っているか）どうかの判断を錯覚してしまうから、契約時点のスポットレートと行使価格を比較することは間違っており、契約時点の時価（理論価格）を見なければならないということなのである。（このことは、スポットレートと将来の決済時点での為替レートでいくらの損益が出るかというような比較－銀行が推奨するリスク判断の仕方が、それ以上に意味がないということである。ちなみに、山下の新著４３頁では、フォワードレートとの比較を載せている）

　②は、あまりにも当然のことであるが、会計の何たるかを知っている山下会計士は、特に会計上の損だというような留保をつけていない。

　③は評価損が決済額と連動しないから、ということであるが、契約時点のことで考えれば、むしろ、意思決定（投資判断）に時価（理論価格）が必要である場合があることを根拠づけるものである（これは一般化していえば、物を買うときは、その物の価値を考えないといけないという常識は、金融商品でも同じであること、不動産や自動車と違って、絶対的な価値がないという金融商品の特性に照らせば、指標としての時価が必要な場合がある－上場している場合はいらないだろうし、程度問題ではあるが、ということである）。

　以上、著者の意図をまったく逆方向に利用する、巧妙なレトリックであり、誠に巧妙なトリックである。（乙５７、乙６５と違って、原審がこの誤導に引っかからずに商品特性を正しく認定していることは幸いである。現に被控訴人も原審の事実認定を争っていない。）

以　上

4　控訴人控訴準備書面（２）（平成２６年７月１８日付）

被控訴人の答弁書に対して

1 「1　はじめに」で述べていることについて（以下控訴答弁書の頁を【】で指摘する）

　被控訴人は、「時価評価（額）に関する点は別として、被控訴人は、控訴人に対し、本件各契約の商品内容、基本的な仕組み及びメリット・デメリットないしリスクについて説明を行っており、控訴人も理解している」【２頁】という。しかし、時価（理論価格）に関する点を何ら説明しなければ、本件各契約のデメリットないしリスクについて理解することは困難である。それが可能なのは、時価（理論価格）の意味について理解し、それを自ら算定できる金融機関のような者だけである。

第3 控訴審

したがって、被控訴人が、「よって、控訴人の主張する控訴理由とは、上記のとおり本件各契約の商品内容、基本的な仕組みおよびメリット・デメリットないしリスクについては被控訴人は説明しており控訴人も正しく理解していることを前提としたうえで、その場合であっても、被控訴人には、さらに、控訴人が主張するような時価評価に関する説明義務があったというものであり、被控訴人にそのような時価評価についての説明義務があるか否かが本件の実質的な唯一の争点である。」【2－3頁】というのも明らかな誤導である。

時価（理論価格）に関する点を何ら説明せず、時価の意味を理解していなければ、本件各契約のデメリットないしリスクを理解することが困難であり、被控訴人のいう「本件各契約の商品内容、基本的な仕組みおよびメリット・デメリットないしリスクについては被控訴人は説明しており控訴人も正しく理解していることを前提としたうえで」というのはまったくのでたらめである。被控訴人が控訴人に対して説明したというのは、行使価格との関係で、為替相場がいくらになれば、受払でいくらの損益が出るか、という程度である。それでは本件各契約のメリット・デメリットないしリスクを説明したことにはならないし、本件各契約のリスク（契約時の客観的価値としてリスクとリターンが見合っていないこと）を理解することはできない。

被控訴人は、控訴人の主張の根拠は、「要するに、為替デリバティブ取引においては、契約締結時点での時価評価額が契約締結後の将来の受払の結果生じる現実の損益と密接な関係があり、時価評価額がわからなければ、自己責任の下で契約を締結すべきか否かの適切な判断が不可能であるという点に尽きる。」【3頁】と断定したうえで、（この断定した点が誤りであるから、）「被控訴人には、時価評価ないし時価評価額についての説明義務はない。」というのである。

断定した点が誤りであるということは、被控訴人は、控訴人の主張を、意図的に歪めているということである。

2 「2 最高裁判所第一小法廷平成25年3月7日判決について」について【4頁以下】
　事案が違うことを控訴理由書で指摘した。

3 「3 下級審裁判例について」（11頁）について
　誤解の原因は、準備書面（控訴1）で指摘した。

4 「4 時価評価は契約に基づく決済損益の予想値ではないこと」（13頁以下）
　この項の被控訴人の主張はまったく意味がない。控訴人は、時価（理論価格）が契約に基づく決済損益の予想値であるなどというような誤った主張をそもそもしてい

ない。被控訴人は、主張するまでもない当たり前のことを縷々述べていながら、デリバティブ取引は投資であり、デリバティブ取引をするかどうかというのは、投資判断であることを明確にしておらず、それが不確実性下の意思決定であることをことさら無視している。

投資判断は、自らの意思決定の効果（便益）とその費用（コスト）との間にいかによいトレードオフを成立させるかが重要であるが、その際、投資にともなうリスクは費用（コスト）に含めて考えられる。

もちろん、被控訴人がいうように、時価は金融指標をもとに、ブラック＝ショールズモデル公式などを用いて算出される時価（理論価格）である。また将来の為替レートが必ずフォワードレートどおりになるわけではない。また将来の為替レートがフォワードレート通りになるわけでもない。時価が、契約に基づく決済損益の予想値ではなく、契約締結後の為替相場によっては、契約時における時価がマイナスであっても実際の決済による損益がプラスとなることがあるし、契約時における時価がプラスであっても実際の決済による損益がマイナスになることもある。

これら被控訴人が述べる点は誤りではない。

しかし、だからといって、不確実性の下での意思決定である為替デリバティブ取引への投資を店頭取引で行う場合に、契約時の時価が、投資判断にとって重要であることはいささかもゆるがない（それは、契約時の客観的価値であり、それがなければ、リスクとリターンがどの程度見合っているかは、原資産の変動とデリバティブ取引の変動が線形でないからわからないからである。なお、ここで線形関係とは、原資産の価格変化による損失額がわかれば、同じリスク要因が、２倍、４倍、あるいは２分の１倍に変化するとき、損失も同じように、２倍、４倍、あるいは２分の１倍になることがわかることを意味する。）。故意の不表示の説明書面での投資勧誘は詐欺ないし、金融商品取引法違反という刑事犯罪になりうるし、少なくとも民法の不法行為を構成する（時価のマイナスの程度の問題であるが、本件第３契約のようなものは突き抜けている）。

ここで、被控訴人は、「実際の決済から生ずる損益は、もっぱら契約締結後の為替相場の動向に左右されるものであり、契約締結時における時価評価額により決まるものではない」という面妖な主張を行っている。

しかし、ある投資への投資判断の議論に、当該投資を選択している前提で議論するのであれば、トートロジーであり、反論たり得ない。

時系列的にも、当該投資の投資判断は、契約締結後の為替相場の変動に左右されるという不確実性の下での意思決定である。その際に時価が投資判断にとって重要かどうかが問題なのであるのに、その時系列を無視しているのであるから、意味のあ

第3　控訴審

る主張ではない。

5　「5　時価と実際の損益とは高い相関関係があるとの主張について」について（１７頁以下）

　　この項の被控訴人の主張も理解に苦しむものである。甲３５の分析者や分析対象に対して縷々けちをつけているが、よく読めば、契約時点の時価と、受払の実際の損益との間の高い相関性を否定しているわけではない。否定すれば嘘になることを被控訴人は、金融の専門家として十分すぎるくらいわかっているからだ。

　　もし、それが、否定できて、契約時点の時価と、受払の実際の損益との間に正の相関性がなかったり、相関性があってもそれが低い（たとえば相関係数で±０に近い）ということなら、被控訴人は容易にそのことを証明できるはずである。被控訴人にはサンプルだって十分すぎるだけあるからだ。そもそも、契約時点の時価受払の実際の損益に、高い正の相関性があるから、デリバティブ取引に関する時価会計が成り立つのであり、また、税務で損益に取り込んで課税できるのである。それを利用した、被控訴人の為替デリバティブ取引を組合せたゼロコスト型という高コスト、高リスク商品の詐欺的商法（現時点では「詐欺的」とだけ形容しておくが、被控訴人の行った金融商品の販売は、本来刑法の詐欺罪に該当するだろうし、金融商品取引法施行後なら、金融商品取引法違反の犯罪である。少なくとも本件第３契約は、契約時点で２０倍以上価値に開きがあるコールオプションとプットオプションを等価として交換させるのである。このような場合に、時価のマイナスの金額を説明しないで行う投資勧誘は詐欺ないし金融商品取引法違反である。原審がこれをとがめず、このような価値判断を原審が是認してしまったという意味で、「法治国家なのか」という情緒的な言葉となったのである）が成り立ったのである。

　　控訴人は契約時の「時価」（理論価格）と受払の「実際の損益」との間には「高い正の相関性がある」と主張している。これを主張する理由は、被控訴人が、契約時の「時価評価額は単なる理論上・計算上の数値であって実際の受払いの金額やリスクとは無関係である」というおよそ金融の専門家とは思えないようなおかしな主張を平然としているから（明確ではなく、下級審の裁判例が複数といっても、裁判体の裁判長は同じ裁判官である－を引いているから同様の主張をしているのであろうと推測するのである）、それが誤っていることを指摘するために、その点を理由付で否認しており、その理由部分として主張しているだけである。甲３５は控訴人としてできる限りの立証を行ったのである。被控訴人は、みずから把握しているサンプルについて、もし高い正の相関性がないのであれば、容易に証明できるのである（しかし、現実には、その高い相関性があることは否定しがたいゆえにしないのである）。

それは、ある意味当然である。ブラック・ショールズ・モデル公式による時価（理論価格）の算定が理論的に正しい（その時点の客観的価値としては観測可能な金融指標と整合的で、合理性がある）からである（だから、その業績がノーベル経済学賞という評価につながったのである）。
　もちろん、将来のことはわからないから、契約時の時価（理論価格）と現実の受払の損益という実現値が違うのは当然である。
　被控訴人は、予測値でもない、時価（理論価格）と実現損益（実現値）が一致しないことをもって、契約時の時価（理論価格）を知ることの重要性を否定するが、時価を知る必要があるのは、予測値であるからではない（予測値であるとも主張していない）、それがデリバティブ取引金融商品の客観的な価値だからである。

6　「6　時価評価額がわからなくともリスク判断は可能であることについて」について【21頁以下】
　商品の価値の客観的指標を持たないでリスクを判断することは困難である。ここでの論点は合理的な投資者にとって重要な事項かどうかである。（準備書面控訴1の5－6頁にも述べた。）
　「実際には、取引当事者は、その具体的なプレミアムの金額を判断材料として契約意思を決定するわけではない」（このことは、控訴人も争いがないものと思われる）【22頁】という被控訴人の主張は笑止である。ヤマ勘でも突っ込んでいけるということなのだろう。それをしてよいのは、被控訴人が、投資者のことも考えて信任義務を負担するような場合だけである。20倍の客観的価値の差を等価として、わからない顧客に販売するのであれば（本件第3契約）、やはり、プレミアムの金額を判断材料として投資判断するしかないだろう。したがって、プレミアムが計算できる程度の属性がなければ、店頭デリバティブ取引は適合性がないということになろう。「控訴人も争いがない」とは、被控訴人がだまして販売しているという意味では争いがないということである。
　ＦＸ取引は、のみ行為であるが、直物で取引するだけフェアな賭けなのではないか。それが、許されているからといって（賭博であるからどうかとは思料する）、少なくとも契約時点での時価のマイナスの程度が、勝ち負けの程度を顧客に不利に銀行を有利にする為替デリバティブ取引（詐欺的賭博）がどうして同列に論じられるのか、理解できない。
　また、「株式オプションの市場価格は、その株式オプションの理論価格とは無関係に（略）形成されている」【24頁】というが、上場商品の取引と店頭取引とは同一に論じることはできない。

第3　控訴審

7　「7　時価評価について説明を行わなかったことについて被控訴人には過失がないこと」について【24頁】

　　　原審の事実認定、被控訴人の答弁書での主張、弁論の全趣旨からも明白なように、
　　①契約時点の時価（理論価格）のマイナスの値と実現損益は相関性がある。
　　②被告は契約時点の時価（理論価格）のマイナスの値を把握していた。
　　③原告は契約時点の時価（理論価格）のマイナスの値を知らなかった。
　　④被告は契約時点の時価（理論価格）のマイナスの程度（概算）を原告に説明していない。
　　⑤原告は契約時点で時価（理論価格）のマイナスがどの程度になるかを知らなかった。
　　⑥原告は契約時点で時価（理論価格）（理論値としての時価）ということの意味や算出方法を理解していなかった。
　　⑦原告には契約時点で、為替リスクとなる為替の持高はなかった。
　　以上は争いがない。そしてマイナスの値も控訴人主張の程度であることを原審は認定しており（判決書別表）、被控訴人もこれを争っていない。
　　これを単に非良心的だが是（違法ではない）とするのか、非であるとするのかというまさに価値判断の問題なのかもしれない（法律的には、マイナスの具体的な数値によっては不利な地位であることが、金融商品取引法157条2号の合理的な投資者が投資判断を行うに際して「重要な事項」に該当するという問題である）。
　　しかし、程度問題であり、ここまで開いていれば（マイナスの程度が大きければ）もはや、価値判断の問題ともいえない。
　　被控訴人は、契約時点での時価のマイナスの程度を把握していたのであるから、マイナスの程度からして、説明しなかったことに過失がないなどというような主張は滑稽である。
　　デリバティブ取引の理論価格のマイナスの値は、契約時点の経済的な地位の不利さ加減を表す指標だから、あまりに大きなマイナスの値はそれ自体で詐欺になるようなこともある（リスクとリターンが見合っていない詐欺的賭博ケースといえよう）。これとは別に、リスクとリターンは見合っており公平な勝負だけれどもいびつである（詐欺にならない程度の時価マイナスとともに－この場合は民事上の不法行為）ということもある（上告されている東京高判平成26年3月20日平成24年（ネ）第6375号等は、リスクとリターンが見合っているが、射幸性が高い賭博ケースといえる事案である）。これは程度によっては、公序良俗違反となり（金融商品とし

ての経済的合理性がない)、通常は適合性の問題と考えられる(マイナスの値によっては、たとえばそれが僅少であれば、それ自体で適合性の問題にもならない)。

　なお、金融商品販売法で、時価説明義務が規定されてないのは、金融当局に、立法事実の認識がない(把握してない)からであり、銀行がゼロコストとして販売している商品が、20倍の客観的価値のものを等価としてもよいとし、だます権利を認めているわけではない。金融当局までも欺いているということである。

8 「8　その他の原判決の誤りについて」【26頁以下】について
(1) 利ざやを取るのは当然ではあろうが、それを知らない顧客からとるときは、程度問題だということである。控訴人には、原審認定のとおり、為替リスクはなかったのであるから、被控訴人は、いずれにせよ投機(為替の賭け勝負)を店頭デリバティブ取引としてわかりにくく利益を取りやすくして、勧誘したのだということを忘れているような主張であるが、何のことはない、被控訴人は、信用リスクという名目で、賭けを自らに有利にいびつにし、大きな利益を得たかっただけなのである。
(2) 被控訴人は、単純なコールオプションの購入よりも本件各契約の合理性があったといわんばかりの主張をして原審を非難するが、被控訴人が、単純なドルコールオプションの購入について説明し、選択しとして示していていうのであればともかく、いかがなものか。為替リスクがなかったことを原審で、見破られたのであるから、ここまでいうのはいかがかと思料する。

9　まとめ
　投資勧誘の違法を理解するには、投資判断をする場合と同様に、その投資がどのような投資であるのかということの理解が決定的に重要である。ところが、銀行はそのことを否定するのである(平成25年3月7日最判は金利スワップで、ヘッジ対象の借入があった事案であり、ヘッジ対象のない為替デリバティブ取引とは商品が全く違う)。そして、契約を締結した場合の効果を見ればよいのだと主張している。しかし、価格付けの妥当性を検証せずに(要するにその客観的価値との差がリスクに含まれるからである)投資判断をどうしてできるのか。幸い原審は結論はともかくとして、正しい事実認定を行い、被控訴人も、時価の値など原審の事実認定を争っていない。本件各契約は、為替デリバティブ取引は、為替を買うのではなく、オプションを売買するのである(第4契約はクーポンスワップであるが、プレーンなものではないので、経済的効果が同様のオプションに分解して分析してもらっている)。金融商品としての本件各契約の対象は、為替ではない。オプション(コールオプション)という金融商品を買うのであり、オプション(プットオプション)とい

う金融商品を売るのである。各オプションが店頭デリバティブ取引でありそれぞれが金融商品である。だから、それぞれに価値がある。それが時価である。（オプションには行使日以前にも価値があるのである。）各契約の時価はその各オプションの時価の総計である。

だから、行使価格が、いくらであるかがわかれば、為替相場がいくらになれば、いくらの損益がでるかは、計算できる。しかし、それはオプションの売買の価格が高いのか、安いのか、当該為替デリバティブ取引組合せ金融商品の価格付けが、高いのか、安いのか、妥当なのかとは、関係のないことであり、行使価格がわかっても、どのような価値のオプションをどのような価格で買うかは、わからないのである。

その合計がそれぞれの契約の時価である。

そして、時価という客観的価値がわかっていれば、契約には至らなかった、ということは重要である。一方、契約によって被控訴人は、控訴人のマイナスと同額の利益を得られているということである（信用リスクも利益になる）。

相場観というのが山勘であってもなくても、リスクについて予測しようとすることと（投資結果の見込みの予測）、現在の客観的価値を把握しようとすること（客観的価値を参照して価格付けをする）は別のことである。

時価は、為替デリバティブ取引が別の金融商品で複製できることから、別の金融商品の価格の組合せで出せる、その時点の客観的な価値（価格）である。

銀行は、契約を締結した場合の効果は説明しているが、契約条件（各オプションの価値の算定の仕方を前提とした価格）を説明しているわけではない。行使価格は、契約条件そのものではない。契約条件というのは、どのような権利（行使価格はその一部である）をいくらで取引するか（価格付け）である。

控訴人は、契約時点での理論価格を、投資判断をするに際して重要な事項として主張しているのは、それが、当該デリバティブ取引のその時点での客観的価値であり、価格付けについての基礎的な情報だからである。

時価（理論価格）が将来の見通し、予測だからではないし、控訴人は時価が将来の予測値であるなどとは主張していない（もちろん、フォワードレートのとおりに将来の為替レートになるわけでないが、金融機関ならその時点のフォワードレートの実勢値で取引できる現実の将来価格である）。将来の受払の損益の予測が投資判断の基礎的な情報という意味ではない。この点を被控訴人はミスリードしようとしているのである。

一般に財の現在の価格は将来の予測を織り込んでいる。同じ意味で理論価格も、将来の予測を織り込んでいる。しかし、理論価格それ自体は予測ではない。しかしブラック＝ショールズモデル公式にはスポットレートが入っているから、現在の価格

という将来の予測を織り込んだものに影響を受けるという意味で、時価（理論価格）もまた、将来の予測を織り込むのである（だからといって予測値だというわけではない）。

そもそも、時価（理論価格）は、他の金融商品の組合せにより同一の経済的効果のあるポートフォリオを構築するために必要な対価の合計額であり、その価格であるから、その時点の金融指標と整合的に、つまり一物一価の法則の下で裁定機会は永続しないという前提で、見積もられた現在の価格である。

時価（理論価格）の定性的な意味付け、それゆえその具体的な数値の重要性の主張説明から、何が投資判断をする際に重要な事項となるかということと、単純に客観的な価値を知らないことを奇貨として価値よりどれだけ高く買わされたかということを、混同してはならない。

価格付けの問題では、理論価格（時価）が、デリバティブ取引が他の金融商品の合成（組合せ）で複製できる、他の金融商品のポートフォリオであるから、そのポートフォリオを構成する各パーツの現実の客観的価値（販売価格）の合計になる。つまり、そのことは、複合デリバティブ（オプション）取引では、各パーツ（オプション）の価格の合計が０円という価格であるということ、を意味するのである。この価格０円を説明していない（ゼロコスト型というだけ）原価である、というだけで理論価格（価値）を不表示・不説明でよいのか、というのが正しく事実を認定してくれた原審への疑問である。最後に、原価であるというだけでは開示しないこと（不表示）を正当化できない理由をあげておく。

①まず、１５７条２号は、重要な事実（事項）の開示を、不表示も含めて、重い刑罰をもって担保しようとしている。

②一般人と違って、「何人も」の中でも、金融商品取引業者（登録金融機関）には顧客に対する誠実義務がある（３６条）。

③仮に理論価格が、原価であるとしても、当該数値は、実質的に秘密にする意味がない（秘密としての要保護性がない）。つまり、本来相対の勝負を行うには時価（理論価格）を自ら算定できる程度の理解が必要であるが（税務実務上もそのことを原則とし、前提としている）、自ら算定する能力がある顧客なら、仮に勧誘者側が、理論価格を秘密にしていても、自ら算定することができる（例えば三菱商事などのような顧客を想定すれば明らかである）。ここで勝ち負けの確率や勝つ場合負ける場合の平均値（期待値）の公平性（フェアゲーム性）に影響のある程度の時価の数値を、原価だから開示しなくてよいということになれば、原則的前提的に想定されている能力のない顧客だけが、投資判断を行う際に重要な事項、リスクを知らされずに投資判断することを余儀なくされ、リス

クとリターンを適切に評価して投資判断を行う機会を奪われることになる。

④商品特性としてオプション性のあるデリバティブ取引は、行使価格といったアバウトな契約条件だけではリスクを把握できないから、リスクとリターンを正しく評価して投資判断を行うためには本来理論価格が必須である。

⑤賭博にあたる金融商品取引を金融商品取引業者に特に許した意義は、賭博を適正に（ということは公平であることを当然に含む）行わせるという以外には考えがたい。

⑥金融庁の手数料等についてのパブリックコメントに対する意見は実質的な手数料等を含んで理解されているが、それは実質的手数料等が結局のところ顧客のコストであり、リスクであるからである。

以上

5　控訴人控訴準備書面（3）（平成26年7月18日付）

1　オプション代金額の提示は契約成立後である原判決の認定中次の点を指摘する。

原判決は前提事実として、被控訴人側から、第1契約ないし第3契約について、オプションの代金額を、判決書別表「被告提示の代金額」欄のとおり提示されているとするが、それは、電話での契約成立の後に提示されたものである。

提示されても自ら時価を計算できないから、等価でないと気付く縁がなかったことは争いないはずである。

しかも、第1契約は、490万8000円が等価とされる状況で、1440万円控訴人の取得した時価が低かったのである。時価が原価であるということであれば、0円で取引したということは、被控訴人側の粗利益が1440万円ということである。取引対象金額（等価として交換するもの）の3倍もの粗利益を上げていることは通常想定できない。

第2契約は、取引対象金額が693万2000円のもので、3361万1000円の粗利益とこれも、等価として交換するものの5倍近い粗利益である。

第3契約は、取引対象金額が916万1203円のもので、4922万1000円の粗利益とこれも、等価として交換するものの5倍以上の粗利益である。

（第4契約は、オプションではないが、控訴人の権利の時価合計3008万2000円に対し、被控訴人の権利の時価合計は5444万6000円である。この程度の取引で約2430万円の粗利益を得ている。）この程度の粗利は常識的に想定され得ない。

2　大コンメンタール刑法（第三版）第9巻（青林書院平成25年6月）は、「詐欺賭博と偶然性」について、「あらかじめ勝敗の結果を知っている者が行う詐欺賭博的行為については賭博罪ではなく詐欺罪が成立することとなるが、どのような場合に当事者が勝負の結果を知っていたといえるか、すなわち偶然性が否定されるのはどのような場合かは、具体的当てはめの問題であり、一律の基準を定立するのは困難であろう。」（同書125頁）とし、「勝敗の帰趨は明白であるとして詐欺罪の成立を認めたもの」として名古屋高金沢支部判昭34・11・10（判例総覧17巻576頁）をあげる。「勝率は約80％にすぎないとして詐欺罪の成立が争われた事例」である。同判決は「両者間には単に技両（ママ）上の巧拙が存するにすぎないとは謂え、相対的な技両（ママ）の巧拙と雄もその差異極めて懸隔し勝敗の決定に偶然性の支配する要素が殆ど認められない場合には客観的に勝敗の帰趨は明白と謂い得る」として詐欺罪の成立を認めた（「賭博と詐欺」の項目大コンメンタール刑法（第三版）第9巻126頁）。

3　最判平成17年7月14日は、上場デリバティブ取引の事案であるから、商品自体が不公平でない、まったく問題のない商品であることが前提である（証券取引等監視委員会は、相場操縦をしたとして、むさし証券の運用担当者に課徴金納付命令を出すよう、また同証券にも不公正な取引を放置していたとして行政処分を出すよう金融庁に勧告することが報道された。6月13日付日経新聞、デリバティブを巡る勧告は初めてという）。これに対して店頭デリバティブ取引であり、時価との関係で価格付が問題である本件は事案が違う。したがって、適合性原則の問題について、具体的な商品特性を踏まえるとは、本件事案では、時価（そもそもの商品のいびつさ、リスクとリターンが見合っていないこと）も考慮に入れる必要がある。

4　原審は、本件各契約は、主観的な意図はともかく、客観的には単なる為替の賭け（為替への投機）のために為替デリバティブ取引を行ったものである認定しているが、そのことは取りも直さず、被控訴人も投機として勧誘したということである。その際に、控訴人は、店頭デリバティブ取引を価格付で高く買わされたということである。被控訴人は、ＦＸのように直物為替（法律上は先物扱いであるが）を売っても儲けにはならないから、控訴人に為替リスクがないことを知りながら、投機だというのでは販売しづらいので、為替リスクヘッジに籍口して為替の賭け勝負を勧誘したのである。

5　元金融庁長官で仙台や名古屋の高検の検事長を務めた日野正春弁護士が「デリバティブ取引自体は、賭博罪（刑法第185条）若しくは常習賭博罪（刑法第186条）の構成要件に該当するが、法令による行為として違法性が阻却され、犯罪が成立しな

第3 控訴審

い場合がある」（日野正春著『詳解　金融商品取引法（第3版）』2011年9月中央経済社73頁）とだけ述べているのは、リスクとリターンが見合った公平な賭けであっても、その射幸性の程度によっては、賭け勝負自体が、金融商品取引法による法令による行為として賭博罪若しくは常習賭博罪の違法性阻却が認められない場合もありうる（賭博罪の成立する）ということである。

6　これは、控訴人のいう不公平な「賭けのいびつさ」とは別の射幸性の程度等の問題である（たとえば、99％の確率で100万円勝つが、負けるときは1％の確率だが1億円負けるような賭けのような場合は、契約時点の理論価格がゼロに近いマイナス100万円で、リスクとリターンがほぼ見合った公平な賭けでも、射幸性が高すぎて、さすがに金融商品取引法でも、金融商品としての経済合理性が認められず、賭博罪の違法性を阻却しないというような場合である）。

　デリパティブ取引の投資商品のいびつさには2つの観点がある。本件訴訟で、控訴人が主張するいびつさは、時価のマイナスの値が大きく、価格付が高すぎて、リスクとリターンが見合わない（勝負としての公正性を欠いており、詐欺である）という意味でのいびつさである。これに対して、リスクとリターンは見合っているが、射幸性が高すぎて投資としての経済合理性がないという意味でのいびつさを主張するのが東京地判平成21年（ワ）第44537号判例時報2170号62頁である（控訴審：平成24年（ネ）第6375号東京高判平成26年3月20日、上告審係属中）

以上

第4　控訴審判決

平成26年（ネ）第◆号　損害賠償請求控訴事件
口頭弁論終結の日　平成26年6月24日
判決
京都市某
控訴人　A株式会社
上記代表者代表取締役　　F
上記訴訟代理人弁護士　　稲田　龍示
同　　　　　　　　　　　木暮　直美
同　　　　　　　　　　　大矢　真義

東京都千代田区丸の内二丁目7番1号
被控訴人　株式会社三菱東京UFJ銀行
上記代表者代表取締役　　平野　信行
上記訴訟代理人弁護士　　近藤　基

主文
1　本件控訴を棄却する。
2　控訴費用は、控訴人の負担とする。

事実
第1　控訴の趣旨
　1　原判決を次の通り変更する。
　2　（主位的請求・予備的請求とも）
　　被控訴人は、控訴人に対し、4032万9650円及びこれに対する平成24年9月8日から完済まで年5分の割合による金員を支払え。

第2　事案の概要
　　本判決で用いる略語は、原則として原判決の例による。
　1　本件は、被控訴人との間で締結した通貨オプション取引契約及びクーポンスワップ取引契約（併せて本件契約）に基づき金融派生商品取引（為替デリバティブ取引）を行った控訴人が、被控訴人に対し、主位的に、本件契約の勧誘が不法行為に当たる旨主張して時価差額（当該各取引において控訴人が取得する権利の時価と被控訴人が取得する権利の時価との差額をいう。）合計1億1490万5000円、為替変動によ

第4　控訴審判決

る損害合計４０３２万９６５０円及び弁護士費用１５５２万３４６５円の総損害合計１億７０７５万８１１５円並びにこれに対する訴状送達の日の翌日である平成２４年９月８日から支払済みまで民法所定の年５分の割合による遅延損害金の支払を請求し、予備的に、本件契約の締結に関する控訴人の意思表示には要素の錯誤があり無効である旨主張して、本件契約の無効確認並びに不当利得返還請求権に基づき為替変動による損失４０３２万９６５０円の返還及びこれに対する同日から支払済みまで民法所定の年５分の割合による法定利息の支払を請求した事案である。

原審は、控訴人の主位的請求を棄却し、予備的請求のうち契約の無効確認を求める訴えを却下し、不当利得返還請求を棄却する旨の判決をした。

控訴人は、原判決を不服として上記第１のとおり控訴した。そこで、控訴人の主位的請求のうち上記第１の２を超える部分、予備的請求のうち本件契約の無効確認請求は当審における審理の対象ではない。

2　第２　前提事実
次の事実は、末尾に書証番号を付したものを含めて、当事者間に争いがないか、争うことが明らかにされない事実である。

1　当事者等

控訴人は、昭和３８年にＡが創業した西陣織ネクタイの製造卸売事業が、昭和４７年１２月２２日に法人成りした株式会社である。Ａは、長らく控訴人の代表取締役を務めていたが、平成２５年７月１９日をもって辞任し、以後、Ｆがその地位にある。

被控訴人は、前身の株式会社ＵＦＪ銀行（旧ＵＦＪ銀行）及びそのさらに前身の東海銀行時代から、控訴人の主な取引銀行であった（被控訴人は、平成１８年１月に株式会社東京三菱銀行が旧ＵＦＪ銀行を吸収合併して商号を改めたものである。本判決では、東海銀行、旧ＵＦＪ銀行及び現在の被控訴人を指していずれも「被控訴人と表記する。」

2　控訴人と被控訴人とのオプション契約
（１）控訴人は、被控訴人行員の勧誘を受け、被控訴人との間で、第１契約、第２契約及び第３契約の三つの通貨オプション契約を締結した。

これら契約は、一つの契約で、控訴人と被控訴人それぞれが相手方を義務者とするオプションを取得するが、プレミアムの遣り取りはしないという契約であり、「ゼロコストオプション（契約）」と呼ばれる。

控訴人が取得するオプションは、被控訴人が控訴人に売ったオプションということ

ができ、被控訴人が取得するオプションは、控訴人が被控訴人に売ったオプションということができるが、双方のプレミアムが同額であるとして契約が締結されたものである。

　被控訴人側から提示されたオプションの代金額は、別表「被控訴人提示の代金額」欄のとおりであった。

（２）上記三つのオプション契約は、いずれも、控訴人と被控訴人の相対取引であり、一方の利益はそのまま他方の損失となる。

　また、オプション行使の意思表示は省略するものとされ、行使期日に円レートに従って有利な権利行使がされたものとみなし、その２営業日後に損益金の受渡しを行う取り決めになっていた。

（３）第２取引においては、行使期日の東京時間午後３時時点の円レートが８９．９０円より円安となった場合、オプション③は消滅し（ノックアウト特約）、控訴人の権利はオプション⑤のみとなる。この場合、控訴人が受け取る利益は７万５０００円の定額となる（ペイオフ特約）。

（４）第３取引の後半部分おいては、行使期日の東京時間午後３時までに、日本又は海外の銀行間外為市場における取引相場が１１４．９０円より円安となった場合、その行使期日における決済は行われない（ノックアウト特約）。

（５）上記三つの通貨オプション取引にあっては、原則として控訴人からの中途解約はできないこととされている。

３　クーポンスワップ特約の締結

　控訴人は、被控訴人行員の勧誘を受け、被控訴人との間で、クーポンスワップ契約である第４契約を締結した。

　第４取引では、金利交換日の５東京銀行営業日前の東京時間午前１０時における為替相場（ロイター画面上の「ＪＰＮＵ」ページに提示されるドル円為替相場のＭＩＤレート）が９９．８５円より円高の場合（すなわち被控訴人に利益が生じている場合）、交換すべき金利を２倍にするものとされている（レバレッジ特約）。

４　本件取引における控訴人の損益状況

（１）本件契約締結時の円レートは別表の「契約時の円レート」欄のとおりであった。

（２）本件取引は、いずれも、円安であれば控訴人に利益（被控訴人に損失）を発生させ、円高となれば被控訴人に利益（控訴人に損失）を発生させる取引であるが、契約時の円レートよりも少し円高水準の行使価格が設定されているため、為替相場に変動がなければ、毎月、控訴人が利益を出し、被控訴人から利益金の支払を受けることになる。

第4　控訴審判決

　　　すなわち、本件取引は、取引開始からしばらくの間は、対価を支払わずに取引が開始されたのに、毎月、被控訴人から控訴人に利益金が支払われるという取引であった。
（3）本件取引では、次の期間にわたり控訴人に利益が発生していた。
　　第1取引　平成17年1月から平成22年6月まで
　　第2取引　平成17年6月から平成22年7月まで
　　第3取引　平成18年9月から平成20年9月まで
　　第4取引　平成19年4月から平成20年9月まで
（4）ところが、平成20年9月頃から進んだ円高により、本件取引において原告に損失が発生するようになった。平成23年6月末の資金受渡日における控訴人の取引損益は、別表の「実際の損益」欄のとおりであった。控訴人には4032万9650円もの多額の損失が発生したのである。

5　取引の中断
　　　控訴人は、控訴人訴訟代理人弁護士に相談し、被控訴人に対し、本件契約に基づく平成23年7月以降の資金受渡しの中断を求めるとともに、同年8月5日には、本件契約に関して紛争があるとして、金融商品あっせん相談センター（FINMAC）にあっせん手続を申し立てた（乙61）。しかし、同手続きによっても紛争は解決せず、本件契約に基づく資金の受渡しは、現在まで、事実上中断した状態にある。

6　本件取引以外の取引
（1）控訴人は、平成16年6月2日（第1契約の半年前）、被控訴人行員の勧誘を受け、被控訴人との間で、同年6月から10年間を契約期間とするクーポンスワップ契約を締結し、これに基づく金利交換取引を継続していた（甲13、乙5、6。以下「訴外契約1」「訴外取引1」という。）。
（2）さらに、控訴人は、被控訴人行員の勧誘を受け、平成17年6月8日（第2契約の締結日と同日）、同年6月から10年間を契約期間とするクーポンスワップ契約を締結し、これに基づく金利交換取引を継続していた（甲14、乙16、17。以下「訴外契約2」「訴外取引2」という。また、訴外契約1、訴外取引1と合わせて「訴外契約」「訴外取引」という。）。
（3）訴外取引も、本件取引と同様、円安であれば控訴人に利益（被控訴人に損失）を発生させる取引であり、円安傾向が続く限り、毎月、控訴人が被控訴人から利益金の支払を受けることになる取引であった。そのため、訴外契約では、円安が一定条件となれば被控訴人の解約権が留保されていた。そして契約後に円安が続いたため、訴外取引は、いずれも、平成19年2月28日（第4契約締結の前月）、被控訴人の留保解

約権行使により終了した。
（4）2年9か月継続した訴外取引1で控訴人が得た利益は700万円を超えており（乙8）、また、1年9か月継続した訴外取引2で控訴人が得た利益は1300万円を超えており（乙19）、訴外取引で控訴人は2000万円以上の多額の利益を得た。

7 時価の不告知
　金融派生商品は、金融工学において開発された計算方法により、当該商品（権利）の内容に従った時価を計算することができる。その計算の代表的なものは「ブラック・ショールズ・モデル」と呼ばれるものである。金融機関、証券会社等の業者は、計算によって金融派生商品の時価を知った上で、当該商品のプレミアムを決定し、あるいは、当該商品の取引の是非を判断するのであり、被控訴人も、何らかの計算方法を用い、本件契約で控訴人が取得する権利と被控訴人が取得する権利のそれぞれの時価を計算し、前者の時価が後者の時価よりも低いことを確認し、銀行としての損得を勘案した上で、本件取引を勧誘した。
　しかし、被控訴人行員は、訴外契約を勧誘する際も、本件契約の勧誘の際も、被告側で計算した時価を控訴人に告知していない。

第3 争点の摘示
1 主位的請求に関する争点は、本件契約の勧誘が説明義務違反（あるいは信任義務違反）、手数料開示義務違反又は適合性原則違反等を理由とする不法行為に該当するかどうかである（争点1）。
　仮に、本件契約の勧誘が不法行為に該当する場合、控訴人に生じた損害（争点2）及び消滅時効の成否（争点3）も争点となる。
2 予備的請求に関する争点は、本件契約が権利の等価性に関する控訴人の錯誤により無効となるかどうかである（争点4）。
3 また、当審における主位的請求に関する新たな争点として、本件契約の勧誘が詐欺に当たり不法行為を構成するかどうか（争点1－2）がある。

第4 争点1及び争点2（不法行為の成否及び損害）に関する当事者の主張
【控訴人の主張】
1 双方の手にする権利の経済的価値に著しい格差があったこと
（1）時価の著しい格差
　控訴人が取得するオプション等と被控訴人が取得するオプション等のそれぞれの時価をブラック・ショールズ・モデルを用いて時価を計算すれば、別表「時価（理論値）」

第4 控訴審判決

欄のとおり、合計で1億1490万5000円もの格差（時価差額）が生じている。
(2) 時価の差額相当分の得失

　上記時価の大きな開き（時価差額）にもかかわらず、本件契約において控訴人が取得する権利と被控訴人が取得する権利は等価であるとされ、代金の授受がされていない。

　したがって、本件契約を締結したことにより、被控訴人は時価差額の利益を得、反面、控訴人は同額の損失を被った。

(3) 本件契約の期待損益

　金融派生商品の取引では、契約締結時の権利の時価は、取引の期待損益と強い関連性がある。これを本件契約に即していえば、次のとおりとなる。

　第1契約では、控訴人に最終的に利益が出る可能性は30.5％、その場合の平均額は529万5000円に過ぎないのに対し、損失が出る可能性は69.5％、その場合の平均額は2496万7000円にのぼる（甲6・15頁）。

　第2契約では、控訴人に利益が出る可能性は37.9％、利益の平均額は745万5000円に対し、控訴人に損失が出る可能性は62.1％、損失の平均額は5582万2000円である（甲7・18頁）。

　第3契約では、控訴人に利益が出る可能性は48.46％、利益の平均額は147万1000円に対して、控訴人に損失が出る可能性は51.54％、損失の平均額は1億0628万3000円である（甲8・19頁）。

　第4契約では、控訴人に利益が出る可能性は36.4％、利益の平均額は4751万51000円に対し、控訴人に損失が出る可能性は63.6％、損失の平均額は7733万9000円である（甲9・16頁）。

2　説明義務違反の勧誘がされたこと
(1) 上記のとおり、本件契約において双方が手にする権利の時価に著しい差があり、これがそのまま控訴人の損失となることに鑑みれば、被控訴人は、本件契約の勧誘に当たって、時価の概念の説明をし、控訴人が取得する権利の時価、被告が取得する権利の時価を説明した上で、控訴人に対し、それでも契約を締結するのかどうかを検討する機会を与えるべき義務を負っていたというべきである。
(2) また、金融商品取引法は、金融商品取引業者等が金融商品取引契約を締結しようとするときは「手数料、報酬、その他の該当金融商品取引契約に関して顧客が支払うべき対価に関する事項であって内閣府令で定めるもの」（同法37条の3第1項4号）を記載した書面を交付しなければならないと規定し、これを受けた金融商品取引行等に関する内閣府令（平成19年内閣府令52号。以下「金商業等府令」という。）81条は、同書面について「手数料、報酬、費用その他いかなる名称によるかを問わず、

金融商品取引契約に関して顧客が支払うべき手数料等の種類ごとに金額若しくはその上限額又はこれらの計算方法…及び当該金額の合計額若しくはその上限額又はこれらの計算方法」の記載を求めている。契約締結時の時価差額は、実質的には手数料に該当するから、時価差額を記載した書面を交付しなければならなかったはずである。

(3) ところが、被控訴人行員は、そのような説明を怠り、その結果、控訴人は時価の格差を知らないまま本件契約を締結してしまい、時価の高い権利を時価の低い権利と交換させられたということができるのである。したがって、被控訴人行員の本件取引の勧誘は、説明義務に反する不法行為に当たるから、被控訴人は、後記4の損害を賠償すべき責任を負う。

(4) 詐欺による不法行為について(争点1-2に関する当審新主張)

　金融商品取引業者である被控訴人が、控訴人に対して時価の説明をせずに本件契約を締結したことは、オプション等の組み合わせが等価な商品(組み合わせられたオプション等の価値に差がない商品)であるという虚偽の表示をしたもの、又はオプション等の組み合わせがいびつである商品(組み合わせられたオプション等の価値に差がある商品)であることについて誤解を生じさせないために必要な重要な事実の表示を欠いた文書を用いて販売したものであり、金融商品取引法157条2号によって禁じられた不正行為に当たり、民法上は詐欺として不法行為を構成する。

3　適合性原則に違反する勧誘がされたこと

(1) 控訴人が本件取引のリスクを自ら知り得ないこと

　オプション等の時価とは、当該オプション等の義務者が引き受けるリスクの大きさを金銭で表したものであるから、本件契約によって控訴人が引き受けるリスクは、被控訴人が引き受けるリスクよりも著しく大きい。

　ところが、金融派生商品の時価を知るには金融工学の専門的知識が必要である上、本件契約にあってはプレミアムの授受が行われないことから、中小企業である控訴人が本件契約によって引き受けたリスクの大きさを認識することは極めて困難になった。

(2) 控訴人には投資取引の経験がなかったこと

　控訴人は、実業を何より重視してきた会社であり、被控訴人から勧められた金融派生商品以外には投機取引の経験がない。また、A自身も、投資信託や株式の現物取引を行っていたに過ぎず、金融派生商品に関する投機取引の経験はない(甲32、乙64)。すなわち、控訴人ないしAには、投機取引の知識や経験がほとんどなかった。

(3) 過大な取引の勧誘がされたこと

　控訴人は、西陣織ネクタイの製造卸会社であり、その事業の大まかな流れは、白生

第4　控訴審判決

地を仕入れ、製造加工し、商社へ販売するというものである。控訴人の白生地の仕入先は全て日本国内の企業であり、仕入代金の支払は全て円で支払われる。国内企業から仕入れる白生地の中に、一部中国製の白生地もあるが、その量はわずか総仕入額の3％から4％に過ぎず、為替相場の変動による影響はわずかであった。また、控訴人は、中国の提携工場にドル建で加工賃を支払っていたが、その規模から最大年間30万ドル程度の支払量であった。

　被控訴人は、控訴人の企業活動中に中国からの輸入があるので、円安による事業損失を埋め合わせする必要もあることから本件契約を勧誘したと主張するようであるが、実際には、控訴人には金融派生商品の取引を行ってまで円安による事業損失を埋め合わせる必要は余り大きくなかったのであり、少なくとも、訴外契約以外に、本件契約を勧誘することは明らかに過大な取引の勧誘であった。

（4）取引目的から逸脱した取引の勧誘がされたこと

　控訴人が取得する権利の時価が被控訴人のそれよりも著しく低いということから明らかなとおり、本件契約は、円安による事業損失を埋め合わせるための商品としても極めて不適切である。もし、本当に、控訴人が、金融派生商品の取引により、円安による事業損失を軽減したいのであれば、対価を支払ってコールオプションを購入し、円安時に高価なドルを安く取得できるようにしておけば足りたのである。プットオプションの義務者になり、円高時に廉価なドルを高く買い取る義務を負う必要など何もなかった。ところが、本件契約は、控訴人をプットオプションの義務者とし、円高時の事業上の利益を打ち消す仕組みになっており、かつ、円高時に控訴人が引き受けるリスクの方がはるかに高いため、結局、円安時の為替リスクを軽減するというより、むしろ、円高時の過大な為替リスクを発生させる結果となっているのである。

（5）以上のとおり、被控訴人行員による本件契約の勧誘は、適合性原則に反し、控訴人に対する不法行為に該当するから、被控訴人は、後記4の損害を賠償すべき責任を負う。

4　控訴人に生じた損害

（1）契約時の時価差額

　控訴人は、被控訴人行員の違法な勧誘の結果、受け取るべきプレミアムを受け取らず、前記時価差額に相当する損害（合計1億1490万5000円）を被った。

（2）為替損失

　控訴人は、本件契約の締結から決済中断までの間に、為替相場の変動により合計4032万9650円の損害を被った。

（3）弁護士費用

控訴人は、本件訴訟の追行を訴訟代理人に委任することを余儀なくされたが、上記（1）及び（2）の合計額の1割である1552万3465円が不法行為と相当因果関係を有する損害である。

（上記合計1億7075万8115円）

【被控訴人の主張】
1　説明義務違反について
（1）本件契約において控訴人が取得する権利と被控訴人が取得する権利の時価に控訴人主張のような差があることは否認する。
（2）金融派生商品の時価は、その取引におけるリスクの大きさや、契約当事者が将来損失を受ける確率及び損失の大きさを示すものではなく、実際に行われる決済額とも関係がない。通貨オプションやクーポンスワップの実際の損益は、もっぱら契約後の為替相場の動向に左右されるものである。
　　したがって、金融派生商品の時価は、通貨オプション取引やクーポンスワップ取引の基本的部分ないし重要部分ではないから、被控訴人は、控訴人に対し、本件契約の締結にあたり、時価を説明する義務を負うものではない。
（3）なお、金融商品取引法及び金商業等府令が施行されたのは、本件契約締結後の平成19年9月30日である上、同法は行政法規であり、その違反が直ちに不法行為に該当するものではない。
　　金融商品取引業者と顧客との私法上の関係は、金融商品の販売等に関する法律（以下「金融商品販売法」という。）により規制されるところ、同法は、手数料を、金融商品販売業者が説明義務を負う事項としていない（同法3条1項）。
　　また、金融商品取引法においても金融商品販売法においても、控訴人がいうところの時価は、金融商品取引業者が説明義務を負う事項とされていない。
（4）（当審新主張）仮に、為替デリバティブ取引を勧誘・販売する金融商品取引（販売）業者にオプション等の時価評価についても説明すべき法的義務があったとしても、金融商品取引法等の諸法令上、為替デリバティブ取引を勧誘・販売する際に上記時価評価ないし時価評価額を説明すべき定めはなく、金融庁でも、上記時価評価ないし時価評価額を説明する義務がある旨の見解が表明されたこともなく、我が国の銀行や証券会社の実務においても、上記時価評価ないし時価評価額の説明を行わないのが通例であったのであり、これによれば、被控訴人には、時価評価ないし時価評価額の説明義務違反についての故意ないし過失はない。したがって、被控訴人に説明義務違反による不法行為は成立せず、詐欺による不法行為も成立しない。

2　適合性原則違反について

第4 控訴審判決

(1) 被控訴人行員は、平成16年5月頃、Aから、控訴人は従来中国の企業に西陣織ネクタイ製品等の製造・加工を委託しており、その大部分は商社を介して間接的に仕入れていたが（間接貿易）、中国企業との本格的な直接貿易を開始し、その輸入・加工代金をドル建で支払っている、今後の中国からの仕入額は増加傾向にある、為替変動の影響を受ける仕入額は間接貿易分・直接貿易分を合わせて年間約310万ドルであるとの説明を受け、円安の為替リスクをヘッジすることについて相談を受けた。

　これを受けて、被控訴人は、控訴人に対し、訴外契約と本件契約の合計六つの契約を提案したのである。控訴人が実際にこれらの取引を行ったことからも、原告の企業活動において円安による事業損失を埋め合わせる必要があったということができる。

(2) 確かに、本件契約では、単純にコールオプションの権利者となる場合に比べ、プットオプションの義務者ともなって円高の為替リスクを負担することになるが、その反面、顧客は、金銭の支払をすることなくコールオプションのメリットを享受するものである。本件契約は、新たに円高の為替リスクを引き受けるだけに等しいものではない。

(3) 仮に、原被控訴人間の取引量が過大（オーバーヘッジ）であったとしても、それによって被控訴人が責任を負うものではない。

　すなわち、被控訴人は、本件契約のいずれについても、控訴人に対し、その都度、商品内容、取引の仕組み、メリット、リスク、デメリット等について、担当者から、取引説明書（乙10、13、22、24）を用いて口頭で詳しく説明している。そして、控訴人は、本件契約のいずれについても、リスク確認書（乙12、15）又は取引説明書のリスク承知文言部分（乙22・6頁、乙24・4頁）に任意で署名捺印し、もって、被控訴人の行った説明内容について十分に理解した上で自らの判断で各契約を締結したことを確認している。これについては、訴外契約についても同様である（乙5、7、16、18）。そうすると、取引量が過大でないかどうかは、控訴人自身が判断すべき事柄である。

(4) したがって、控訴人は、被控訴人行員の説明を受けて本件契約の商品性やリスクを十分理解した上で、自己責任の下で本件契約を締結したのであるから、本件契約の勧誘は、適合性原則に反するものではない。

　3　損害について

　　控訴人主張の損害の契約時の時価差額は、時価会計上の評価損に過ぎず、現実の損失ではない。

　　仮に、本件契約の勧誘が不法行為に該当し、控訴人に何らかの損害が認められると

しても、控訴人に重大な過失が認められるから、大幅な過失相殺がされるべきである。

第5 争点3（消滅時効）に関する当事者の主張
【被控訴人の主張】
　仮に、本件契約の勧誘が不法行為に該当するとしても、本件訴訟の提起日である平成24年8月13日時点で発生日から3年が経過している損害、すなわち第3契約の為替損失（甲12の3）のうち平成21年7月29日以前の分及び第4契約の為替損失（甲12の4）のうち平成21年7月22日以前の分については消滅時効が完成しているから、これを援用する。
【控訴人の主張】
　控訴人が本件契約から生じた損害および加害者を知ったのは、専門家によって本件契約のオプションの時価を計算してもらった平成24年5月29日である。

第6 争点4（錯誤無効）に関する当事者の主張
【控訴人の主張】
1　控訴人は、主観的には、円安による事業損失を埋め合わせるという目的で本件契約を締結したものであり、かつ、本件契約で控訴人が取得する権利と被控訴人が取得する権利とが当然に価値が見合っているため対価の授受がないものと認識して、本件契約を締結した。

2　しかし、客観的には、本件契約は、円安による事業損失を埋め合わせるのにはおよそ不適切な契約であったし、対価の授受（被控訴人から控訴人への対価支払）が必要な契約であった。

3　もし、控訴人が、本件契約が事業上の目的に合致していないことや対価を受け取る必要があることを知っていたなら、無償で本件契約の締結に応じることなど決してなかったから、上記1の主観的認識と上記2の客観的事実との食違いは、法律行為の要素の錯誤に該当し、本件契約に関する控訴人の意思表示は民法95条により無効である。

【被控訴人の主張】
1　控訴人が契約締結時の時価差額を知らなかったとしても、そのことから直ちに錯誤に陥っていたことにはならない。
　前記主張のとおり、金融派生商品の時価は、実際の決済額には影響を及ぼさないの

第4　控訴審判決

であり、オプション等を取得することが経済的に見合うものであるかどうかは、取引の仕組みや取引量・取引金額を理解した上で、取引当事者の各自が自己責任の下で判断すべきであり、控訴人もそのような判断をした上で本件契約を締結したのである。

　要するに、オプション等の時価が等価であったのか、それとも時価に格差があったのかという点は、契約の要素に当たらない。

2　仮に、控訴人主張の錯誤があったとしても、控訴人は、本件契約の取引通貨、レバレッジ特約を含む取引金額、行使価格、取引期間・取引回数、ペイオフ特約、ノックアウト特約の内容自体は認識していたのであり、控訴人の錯誤は、あくまで動機の錯誤にとどまる。

　動機の錯誤が要素の錯誤に当たるというためには、その動機が契約内容となっているか、少なくとも表意者によって相手方に表示されていることが必要であるが、本件契約においては、オプション等の時価がいくらであるのかということは契約内容とはなっていないし、時価差額があれば契約しないといった意思が控訴人によって表示されたこともない。

　そもそも、通貨オプションやクーポンスワップの契約において、通常人は、時価がいくらであるかを確認した上で契約を締結するわけではない。金融商品取引法や金融商品販売法が、金融派生商品の取引について、時価を説明事項にあげていないのもそのためである。そのため、一般取引上の通念に照らして、時価差額があると知っていれば、通常人でも本件契約の締結をしなかったともいえない。

　したがって、オプション等の時価差額の存在を知らなかったとしても、控訴人の意思表示に要素の錯誤があったとはいえない。

5　当審における控訴人の補充的主張
(1)　被控訴人がオプション等の時価の説明義務を負っていたことについて原審で主張した事情に加えて次の事情を考慮すれば、本件取引においては、被控訴人はオプション等の時価について（特に時価差額が被控訴人に極めて有利なことについて）説明義務を負っていたというべきである。

ア　オプション等の契約時点での時価は、将来のリスクを合理的に示す唯一の尺度であり、オプション等の価値そのものであるから、投資家（控訴人）はこれを知らされなければ適切な投資判断はできない。オプション等の時価は、オプション等の原価のようなものであるとしても、通常の商品であれば買い手は原価を知らずとも商品の価値を把握できるのとは異なり、将来のオプションの価値を把握するには原価を知ることが不可欠であるから、金融商品販売業者（被控訴人）はその説明義務を負う。

イ　オプション等の時価は、改正金融商品販売法（平成18年法律第66号による改正後のもの）の立法担当者による解説書の記述（乙33）では、同条3条1項5号によって説明義務が課される「取引の仕組み」の対象に具体的には挙げられていないが、同記述はあくまでも対象を例示列挙したものであるから、オプション等の時価について説明義務がないことの理由にはならない。

ウ　平成25年最高裁判決（最高裁判所平成25年3月7日第一小法廷判決・集民243巻51号）の事案と比較した場合、本件は、対象となる商品の特性が複雑であって投資家が自ら商品の価値を算定し得ないこと、控訴人には高いリスクを引き受ける特段の動機はなかったこと、投資家側に極めて不利な時価差額が存在しており、その金額が具体的に立証されていることの3点で事案を異にするから、同判決の射程は本件には及ばない。

エ　専門知識を持たずに為替デリバティブ取引を行った控訴人は、被控訴人を信任することが不可避であったから、被控訴人は、信任を受ける者として、控訴人の利益も念頭に置いて行動すべきであった。

(2) 錯誤無効について

控訴人が、本件契約に当たって、取得するオプション等の時価がマイナスであると知らなかったことは目的物の性状の錯誤に当たり、目的物の性状は売買契約の要素に当たるから、控訴人には要素の錯誤があった。また、仮に性状の錯誤に当たらないとしても、控訴人は、本件契約により被控訴人との間で公正公平な取引をするという動機を明示ないし黙示に表示していたから、動機の錯誤であっても要素の錯誤に当たる。

第3　当裁判所の判断

1　当裁判所は、控訴人の主位的請求及び予備的請求はいずれも理由がないものと判断する（ただし、主位的請求のうち上記第1の2を超える部分、予備的請求のうち本件契約の無効確認請求を除く。）。その理由は、次のとおり補正するほかは、原判決の「理由」欄の第1ないし第8（原判決16頁25行目から36頁22行目まで）に記載のとおりであるからこれを引用する。

第1　事実経過について

前記前提事実、証拠（以下の書証番号は、特に断らない限り全ての枝番を含む。以下同じ。甲2ないし5、10、13、14、19ないし21、24、30ないし32、乙2ないし25、36、37、42ないし47、58ないし61、証人A、証人B、証人C及び証人D）及び弁論の全趣旨によれば、次の事実が認められる。

第4　控訴審判決

1　控訴人の事業経営
(1) 控訴人は、Aによって昭和38年に創業されて以来、順調に事業を成長させ、平成12年に完全無借金経営となった。
(2) 控訴人の第33期（平成16年1月1日から12月31日まで）の売上は13億円を超えており、第33期末（平成16年12月31日時点）での純資産額（貸借対照表上の資本金、資本剰余金、利益剰余金及び当期末処分利益の合計額）は9億円を超えていた（甲24の2）。控訴人の純資産額は、第34期末、第35期末、第36期末においても減少していない。
(3) 控訴人は、遅くとも平成12年頃から中国の提携工場（O有限公司）に製造加工を委託し、商社を介して中国から間接的に製品の輸入を始めた（甲19、乙61、証人A）。また、控訴人は、平成16年頃から、別の中国の工場（N有限公司）と提携し、商社を介さずに中国から製品を輸入する準備を進め、平成17年9月2日、そのための基本契約を締結した（甲20の1）。控訴人は、N有限公司に対し、400万から500万円程度の設備投資を行った。

2　Aの投資経験
　　Aは、個人として、平成12年1月26日、野村證券株式会社から、「ノムラ戦略ファンド」と称する投資信託を200万円購入したが（甲32）、同商品の価値は、翌年には半分程度に下落した。
　　また、Aは、平成18年8月18日には、被控訴人から、「ピムコ　ハイ・インカム」と称する投資信託を970万7102円購入した（甲32）。この投資信託は、外国債権を投資対象とするものである（乙60）。

3　訴外契約1の締結
(1) A及び控訴人の経理担当者であるB（以下、Aと合せて「Aら」という。）は、平成16年5月頃、被控訴人京都支店の支店長代理であったC（以下「C」という。）に対し、中国での事業提携先であるN有限公司から製品を輸入する取引を開始したこと等を話した（乙36）。
(2) Cは、控訴人の事業には、為替相場の変動によって事実上の不利益が生じるため、一定の円安状態で利益が発生する金融商品の需要があるものと判断した。
　　そこで、Cは、クーポンスワップ（訴外取引1）を提案した。この取引は、①行使価格を97.80円とし、②金利交換期間を平成16年6月から平成26年5月までの毎月とし、③控訴人受領のドル建金利と被控訴人受領の円建金利を一定方法で交換するというものであり、円レートが行使価格より円安であれば控訴人に利益が発生す

る。この取引は、反面、逆に円高になれば控訴人に損失が発生してしまうというものであったが、Aは、Cの提案を受け入れることにした。

(3) 控訴人は、平成16年6月2日、被控訴人との間で、デリバティブ取引に関する基本契約書及び追約書（乙2、乙3）を交わした上で、訴外契約1を締結した（甲13、乙6）。

　なお、訴外契約1では、被控訴人は解約権を留保しているが、控訴人からの中途解約は原則としてできないとされている。

(4) Cは、訴外契約1の締結時、Aらに対し、取引説明書（乙5）を用いて、訴外契約1が実質的に円とドルを毎月交換する取引であること、行使価格（97.80円）より円高ドル安になれば控訴人は損失を被ること、契約期間は9年11か月に及ぶこと、控訴人からの中途解約は原則としてできないこと等を説明した。同説明書には、「5．シミュレーション」として、金利交換日の円レートとそれに対応した控訴人の毎月の損益が表で示されている。

(5) Cは、訴外契約1の締結後、上記の説明が記載されたリスク確認書（乙7）をAらに交付し、Aは、これに記名押印した。

(6) 訴外契約1締結時の円レートは107円程度の円安水準であり、被控訴人は、訴外取引1の開始当初から、毎月、控訴人に対し、利益金を支払っていた。当初5か月（平成16年6月から10月）に控訴人が被控訴人から支払を受けた利益金は100万円を超えていた（乙8）。

(7) しかしながら、金融工学上の計算方法を用いて控訴人の権利（ドル受領）と被控訴人の権利（円受領）を比較すると、控訴人の権利の時価は被控訴人のそれを約2300万円も下回っていた（乙29）。

4　第1契約の締結

(1) Cは、平成16年12月、今度は、通貨オプションを提案した。このオプション取引も、一定の円安状態で利益が発生し、円高になると損失が発生するというものであった。

(2) 被控訴人が当初提案した行使価格は90.40円であったが、Bは、損益分岐点となる行使価格が90円台では控訴人のリスクが大きいと判断した。そこで、控訴人側は、行使価格を87.8円まで引き上げるのにすることを求め、最終的には、行使価格を88.80円とすることで合意がされ、控訴人と被控訴人は、平成16年12月24日、第1契約を締結した（乙37の1ないし5）。

(3) Cは、第1契約の締結時、Aらに対し、取引説明書（乙10）を用いて、訴外契約1のときと同様、第1契約の仕組み、為替損益の可能性、契約期間、中途解約の制

第4　控訴審判決

限等について説明した。

　同説明書には、「４．経済効果」として、各行使期日における円レートと、それに応じて原被控訴人間で実際に受渡しがされる損益がグラフ及び表で示されている。

（４）Ｃは、第１契約の締結後、上記の説明を理解した旨が記載されたリスク確認書（乙１２）をＡらに交付し、Ａは、これに記名捺印した。

（５）第１契約の締結時における円レートは、１０２.７１円であり、当面、毎月、被控訴人から控訴人に利益金の支払がされる見込みであったし、実際にも、第１契約締結後に円安傾向が続いたことから、長時間にわたり、被控訴人から控訴人に利益金の支払がされた。

（６）しかしながら、金融工学上の計算方法を用いて第１契約におけるオプション①及び②の時価を算出すると別表「権利の時価」欄記載のとおりとなり、控訴人の権利の時価は被控訴人のそれを約１４４０万円も下回っていた。

　控訴人被控訴人それぞれが取得したオプションの時価には大きな開きがあったが、第１契約においては、被控訴人が取得するオプション①と被控訴人が取得するオプション②との各プレミアム金額合計は同額（４９０万８０００円）に設定され、前記前提事実（「事実」欄の第２の２（１））のとおり、契約時点でプレミアムの遣り取りはなされないゼロコストオプション取引であった。

５　第２契約及び訴外契約２の締結

（１）Ｃは、平成１７年４月から５月にかけて、新たに、通貨オプションである第２契約とクーポンスワップである訴外契約２を提案した。

　控訴人側は、行使価格をなるべく円高方向に設定したかったので、行使価格について被控訴人と交渉を重ね（乙４４の１ないし７）、平成１７年６月８日、第２契約及び訴外契約２を締結した（甲１４、乙１７）。訴外契約２でも、被控訴人は解約権を留保しているが、控訴人からの途中解約は原則としてできないとされている。

（２）訴外契約２は、訴外契約１と同様、金利交換期間を１０年間とし、毎月、控訴人受領のドル建金利と被控訴人受領の円建金利を一定方法で交換するというものであって、円安なら控訴人が利益を得る（円高なら控訴人が損失を被る）というクーポンスワップであるが、損益分岐点となる行使価格が８９.９０円という円高水準で合意された。

（３）Ｃは、上記二つの契約の締結時、それぞれの取引説明書（第２契約については乙１３、訴外契約２については乙１６）を用いて、訴外契約１及び第１契約のときと同様に、各契約の仕組み、為替損失の可能性、契約期間、中途解約の制限等について説明した。乙第１３号証の説明書には、「３．経済効果」として、各行使期日における

円レートとそれに応じて原被控訴人間で実際に受渡しがされる損益が図入りで説明されているほか、「4．スキーム図」として、同じ内容がグラフで示されている。また、乙第16号証の説明書には、「5．シミュレーション」として、各判定日における円レートと、それに応じた控訴人の毎月の為替損益が表で示されている。

（4）Cは、上記二つの契約の締結後、上記の各説明を理解した旨が記載されたそれぞれのリスク確認書（第2契約については乙15、訴外契約2については乙18）をAらに交付し、Aは、これに記名捺印した。

（5）第2契約及び訴外契約2の締結時における円レートは、110.03円であったから、被控訴人は、訴外取引2の開始当初から、毎月、控訴人に対し、利益金を支払っていた。当初5か月（平成17年6月から10月）に控訴人が被控訴人から支払を受けた利益金は200万円を超えていた（乙19）。

（6）しかしながら、金融工学上の計算方法を用いて第2契約におけるオプション③ないし⑤の時価を算出すると別表「権利の時価」欄記載のとおりとなり、控訴人の権利の時価は被控訴人のそれを約2870万円も下回っていた。

控訴人被控訴人それぞれが取得したオプションの時価には大きな開きがあったが、第2契約においても、控訴人が取得するオプション③及び⑤と被控訴人が取得するオプション④との各プレミアム金額合計は同額（693万2000円）に設定され、前記前提事実のとおり、契約時点でプレミアムの遣り取りはなされないゼロコストオプション取引であった。

（7）また、訴外契約2においても、控訴人の権利の時価は被控訴人のそれを約1900万円も下回っていた（乙30）。

6　第3契約締結

（1）Cは、その後も控訴人を訪問して、さらに通貨オプション取引を提案した。

控訴人は、これに対し、行使価格はなるべく円高方向に設定すること、ノックアウト条項による消滅条件は厳し目に設定し、なるべく決済が消滅しないようにするよう求めた。両者は、行使価格や消滅条件について交渉の上、平成18年9月20日、第3契約の約定に至った。

（2）Cは、第3契約の締結時、Aらに対し、取引説明書（乙22）を用い、従前と同様、第3契約の仕組み、為替損失の可能性、契約期間、中途解約の制限等について説明した。同説明書には、「3．経済効果」として、各行使期日における円レートと、それに応じて原被控訴人間で実際に受渡しがされる損益が図入りで説明されているほか、「4．スキーム図」として、同じ内容がグラフで示されている。

（3）同説明書には、第3契約の「商品内容、リスク及び他の記載事項」について被控訴

第4　控訴審判決

人から説明を受けて理解した旨のリスク承知文言が印字されたいたが、Aは、同日、その下に記名捺印した。
（４）為替相場の状況は、訴外契約（平成１６年６月）から第３契約（平成１８年９月）までの２年余りにわたって、概ね、少しずつ円安が進んでおり、第３契約の締結時における円レートは１１７．５０円であった（平成１６年６月当時の１０７円という水準から１０円も円安となっていた）。
　　　すなわち、控訴人は、訴外取引１、第１取引、訴外取引２及び第２取引の四つの取引により、毎月、被控訴人から何十万円かの利益金の支払を受ける状況が続いていた。
（５）金融工学上の計算方法を用いて第３契約におけるオプション⑥ないし⑨の時価を算出すると別表「権利の時価」欄記載のとおりとなり、控訴人の権利の時価は被控訴人のそれを約４７４０万円も下回っていた。
　　　控訴人被控訴人それぞれが取得したオプションの時価には大きな開きがあったが、第３契約においても、控訴人が取得するオプション⑥及び⑧と被控訴人が取得するオプション⑦及び⑨との各プレミアム金額合計は同額（９１６万１２０３円）に設定され、前記前提事実のとおり、契約時点でプレミアムの遣り取りはなされないゼロコストオプション取引であった。

7　第４契約の締結
（１）被控訴人の人事異動により、平成１９年１月から、控訴人と対応する被控訴人担当者がCの後任者のD（以下「D」という。）となった。
（２）被控訴人は、平成１９年２月２８日、損失（控訴人にとっては利益）を出し続けていた訴外契約について、留保解約権を行使し、１０年の契約期間の途中で取引を終了させた。控訴人が訴外取引において被控訴人から支払を受けた利益金は合計２０６８万１７５０円であった。
　　　また、平成１９年２月２８日時点で、第１契約ないし第３契約についても円安による控訴人の利益状況は続いていた。
（３）解約権行使により控訴人被控訴人間にクーポンスワップが消滅したので、Dは、その消滅直後ころ、新たな金融派生商品の取引を勧誘するため、被控訴人調査役のNと共に控訴人を訪問した。
　　　Dは、Aから、控訴人としては行使価格がどれだけ控訴人に有利に設定されているかを重視している旨を聴取したので、行使価格を控訴人に有利に設定（より円高に設定）ずる代わり、行使価格より円高になった場合により不利なドル買いが発生する特約（レート逆ステップ）付きのオプションを提案した。控訴人はいったんこの取引に合意しようとしたが、契約締結直前になってBがDに連絡し、やはりリスクが高すぎ

るため別の商品を提案するよう求めた。
(4) そこで、Dは新たなクーポンスワップを提案した。Aは、交換レートが１００円以下の水準であれば、レバレッジ特約（円高時に控訴人の損失が増幅する特約）があっても契約する意向がある旨をDに伝え、結局、控訴人と被控訴人は、平成１９年３月２７日、行使価格を９９．９０円とする第４契約を締結した。
(5) Dは、第４契約の締結時、Aらに対し、取引説明書（乙２４）を用いて、第１契約ないし第３契約や訴外契約と同様、第４契約の仕組み、為替損失の可能性、契約期間、中途解約の制限等について説明した。同説明書には、「３．スキーム図」として、各判定日における円レートと、それに応じて原被控訴人間で実際に受渡しがされる損益が図入りで説明されているほか、「４．シミュレーション」として、同じ内容がグラフで示されている。
(6) 同説明書には、第４契約の「商品内容、リスク及び他の記載事項」について被控訴人から説明を受けて理解した旨のリスク承知文言が印字されていたが、Aは、同日、その下に記名押印した。
(7) 第４契約の締結時における円レートは、１１８．６９円であった。
(8) 金融工学上の計算方法を用いて第４契約における原被控訴人それぞれの権利の時価を算出すると別表「権利の時価」欄記載のとおりとなり、控訴人の権利の時価は被控訴人のそれを約２４３０万円も下回っていたが、クーポンスワップ取引である第４契約においては、契約時点での金銭の遣り取りはされなかった。

8　A及びBの理解

　A及びBは、CやDの説明により、本件契約の基本的な仕組み、行使価格より円安の場合にどれだけの利益が発生し、行使価格より円高の場合にどれだけ損失が発生するのかを理解していた。しかし、控訴人と被控訴人のそれぞれが契約で取得する権利の時価については、CやDから何の説明もなかったので何も理解していなかった。
　なお、本件契約及び訴外契約の説明に用いられた取引説明書には、いずれも、オプション等の時価は記載されていないが、「留意点」として、契約に係る取引が時価会計処理（取引で実際に生じた損益を会計処理するのではなく、ある基準日での取引の時価で会計処理すること）が必要になる場合がある旨及び契約後であれば時価の照会を行えばこれに応じる旨の記載がある。

9　控訴人の損益の推移

　本件取引によって控訴人及び被控訴人が得る利益額（相手方の損失額）は、別表の「資金受渡日に得る利益額」欄に記載のとおりであり、控訴人から見た損益の概要は、

第4　控訴審判決

「控訴人から見た損益の概要」欄に記載のとおりである。

本件取引は、いずれも、締結からしばらくの期間、毎月、控訴人に利益をもたらしていた。平成19年の後半には、米国で「サブプライムローン」の問題が表面化し、為替相場の様相が一転して円高傾向が強まったが、それでも、円レートが100円を下回るような円高にはならず、本件取引が控訴人に損失をもたらすことはなかった。

ところが、平成20年9月のリーマンショックの後、円高が急速に進んだことから、円レートが本件契約の行使価格より円高水準となった。

そして、行使価格が100円前後であった第3契約及び第4契約にあっては、平成20年10月以降、行使価格が80円台の第1契約及び第2契約にあっては、前者が平成22年7月分以降、後者が同年8月以降、それぞれ損失を出し続けた。平成23年6月分までに控訴人に生じた損益は、本件契約を通算すれば、4032万9650円の損失となった（甲12の1ないし4）。

第2　A及びBの証言について

1　前記のとおりの事実が認められるが、A及びBは、これと異なる証言をしている。すなわち、A及びBは、大要「本件契約の締結に当たって、CないしDから、取引の仕組みや、為替相場の動向によっては損失を被るリスクがあることを説明されたことはなく、理解もしていなかった。取引説明書を使って説明を受けたこともない」旨を証言するのである。しかし、両名の上記証言は採用できない。その理由は次のとおりである。

2　まず、CないしDによる本件契約の提案や交渉過程は、逐一「情報ノート」ないし「活動情報」（乙36、37、43ないし47。以下「情報ノート等」という。）に記載されている。情報ノート等は、銀行内部の営業記録であり、被控訴人内部で回覧され決済もされている。情報ノート等には、CやDが本件契約の基本的な仕組みや為替損失のリスクについて繰り返し説明し、これに対し、AやBが、行使価格の設定について被控訴人と交渉をしていることが記録されている。

情報ノート等での控訴人の輸入取引量に関する記載はCの推測にすぎず（C自身がそのように証言する。）正確なものとは言えないように思われるが、被控訴人側から本件契約を提案するに至った経緯やAやBとの遣り取りに関する記載が虚偽ではないかと窺わせる事情は見あたらない。

また、Aは、CやDと面談する際、控訴人の経理実務担当者のBを同席させており、そのような面談を経た上で、リスク説明書に記名押印を行っているのである。そのような事実があるにもかかわらず、AやBが、取引の仕組みや為替相場の動向次第で損

が出ることすら説明を受けず、損など出ない取引だと誤解したまま本件契約を締結するに至ったとは到底考えられない。

さらに、上記証言が本当だとすれば、A や B は、取引開始後、被控訴人から毎月振り込まれる金銭が何であると思っていたのかという疑問も生じる。銀行である被控訴人が、何の代償もなしに、ただ単に顧客に金銭を分け与える取引を行うことなどありえない。そのようなことは A も B も当然承知しているであろうから、本件取引が銀行に利益（控訴人の損失）をもたらす場合があることも当然理解していたはずと思われる。

3　以上に説示のとおりであって、A 及び B は、C 又は D から本件取引の基本的な仕組みの説明を受け、為替相場の動向次第で控訴人に利益も損失も生じることを理解していたものと認めるのが相当であり、A 及び B の上記証言は採用できない。

第3　本件契約の複雑さの程度について（最高裁判決の事例との比較）
1　本件取引は、いずれも、行使期日の円レートと行使価格を比較し、前者が後者より円安であれば控訴人に利益が発生し、逆に円高であれば控訴人に損失が発生するというものであり、顧客の損益の発生の仕組みそれ自体は単純なものである。

また、本件取引では、円高時に被控訴人が得る利益（控訴人に生じる損失）は、ペイオフ特約による上限が設定されていない上、レシオ特約やレバレッジ特約により増幅されているため、円高時に控訴人が被控訴人に対して負う債務は非常に多額なものとなる可能性がある。そのことは、損益発生の仕組みほど単純なものではないが、理解が困難というほどのものではない。

2　ところで、最高裁判所平成25年3月7日第一小法廷判決（裁判集民事篇243巻51号。以下「平成25年最高裁判決」という。）は、契約締結から1年後に固定金利と変動金利を交換する取引（金利スワップ）について「将来の金利変動の予測が当たるか否かのみによって結果の有利不利が左右されるものであって、その基本的な構造ないし原理自体は単純であり、少なくとも企業経営者であれば、その理解は一般に困難なものではなく、当該企業に対して契約締結のリスクを負わせることに何らの問題もない」と説示している。

本件取引と平成25年最高裁判決が取り上げた取引とを比較した場合、損益発生の仕組みの単純さは同程度であって、前者の方が後者よりも仕組みが複雑であるとか難解であるというわけではなく、外国為替取引（輸出入取引）を行う企業の経営者や経理担当者であれば、前記認定のような勧誘時の判決を受け、本件取引の損益発生の仕

第4 控訴審判決

組みや円高時の損失の危険を理解することに、さほどの困難はないものと考えられる。

第4 契約締結の意図について

1 控訴人と被控訴人は、いずれも、「為替のリスクヘッジ」に資する契約であるとして、あるいは「為替のリスクヘッジ」を目的として、本件契約の締結がされたことを前提とする主張を展開しているように見える。しかし、本件契約は投機目的で締結されたと認めるのが相当である。その理由は、次のとおりである。

2 まず、控訴人の平成12年頃以降の中国からの製品輸入は商社を介してのものであったし、平成16年頃以降のN有限公司との提携に伴う中国への設備投資も400万円から500万円程度に過ぎなかったのである。本件契約当時、控訴人には、金融派生商品で埋め合わせる必要があるほどの為替リスク（円安による事業損失）の発生が見込まれていたとは考えにくい。

3 次に、ドル建で商品を輸入している企業が、金融派生商品により、一定期間にわたり、一定以上の円安になった場合の事業損失を埋め合わせる（為替リスクをヘッジする）場合、資金に余裕のあるときに、予め、一定の対価（プレミアム）を金融機関に支払った上で、金融機関から、ドルのコールオプションを購入しておき、円安時に金融派生商品から利益が生まれるようにしておくことが合理的である。この場合、顧客は、契約時に対価相当の金銭を失うが、将来に向けては、円安局面で金融派生商品が生み出す利益を受け取るだけで、失うものがなく、事業経営を安定させることができる。

これに対し、本件契約は、対価の支払をしないで、顧客と金融機関のそれぞれが相対するオプション等を取得するため、顧客は、契約時に金銭を失わないで済む代わり、将来に向けては、本業で儲かるはずの円高時に金融機関に対する債務を負担することになる。しかも、その場合の債務額は、上限の合意（一定金額で頭打ちとする合意）がないどころか、かえって増幅されることが合意されている。本件契約は、円高で得る事業利益を大きく上回る損失をもたらすおそれが大きいのである。したがって、本件契約は、円安時に顧客に利益をもたらすかもしれないが、全体としてはむしろ為替リスクをもたらし得る契約であるといえる。

このような本件契約の性質は、本件契約がもたらす経済効果を知れば容易に理解しうることであり、本件契約が、控訴人の事業経営を安定させる意図で締結されたというのは、実態とは異なるものと考えざるをえない。

4 結局、前記認定事実及び本件取引の損益の仕組みを総合すれば、控訴人は、円レートを指標とした投機取引で利益を得る目的で本件契約を締結したものと推認するのが相当である。

第5 時価差額が意味することについて
　第1契約ないし第4契約のいずれにおいても、ブラック・ショールズ・モデルを用いて権利の時価を算定すれば、契約によって控訴人が取得した権利の時価は、被控訴人が取得した権利の時価を下回り、これらの時価差額の合計は1億1490万6000円に上ることは前記認定のとおりである。
　ところで、前記前提事実（「事実」欄の第2の7）に加え、証拠（甲17、34ないし37）によれば、ブラック・ショールズ・モデルは、オプション取引における取引時のオプションの価値を算出する金融工学上の計算手法の一つであり、資産価格の変動はランダムに決定され、そのばらつき具合は対数正規分布に従うという統計上の仮定に基づき、オプション取引によって生じるキャッシュ・フローとその場合の確立を掛け合わせて加重平均した数値がオプションの価値として算出されるもので、将来の資産価値を予測するものではなく、理論価格を算出するものであること、この契約時の価格と実現した為替差損益との間には一定の相関関係があること、この相関関係は、クーポンスワップ取引にも類推されることが認められる。
　そうすると、控訴人が取得した権利の時価が、被控訴人が取得した権利の時価を下回っているにもかかわらず、対価の支払いを伴わないゼロコストオプション取引ないしクーポンスワップ取引として控訴人と被控訴人との間でなされた本件契約は、計算上の理論値としては、控訴人に一定程度の為替差損のリスクを負わせるものということができる。

第6 適合性原則違反について
1 金融商品取引法40条は、金融商品取引業者に対し、「金融商品取引行為について、顧客の知識、経験、財産の状況及び金融商品取引契約を締結する目的に照らして不適当と認められる勧誘を行って投資者の保護に欠けることとなっており、又は欠けることとなるおそれ」がないよう業務を行わなければならない旨を義務付けている。
　この規定は、金融商品の勧誘が適合性原則（当該商品に適合しない顧客への勧誘が制限されるとの原則）に沿って行われるべき旨を定めた行政的取締規定であるが、その不遵守が投資家の財産喪失に直結することに照らせば、この規定に違反する勧誘は、私法上も、適法性原則に違反する違法なものと評価されると解するのが相当である（最高裁判所平成17年7月14日第一小法廷判決・民集59巻6号1323頁参照）。

第4　控訴審判決

2　前記のとおり、本件契約の損益発生の仕組みはさほど複雑ではなく、外国為替取引（輸出入取引）を行う控訴人の経営者（A）やその経理担当者（B）であれば、理解することに何ら困難はないと考えられる。

　実際にも、前記第1の事実認定及び第2の説示のとおり、Aは、本件契約の基本的な仕組みや為替相場の動向によっては損失を被る危険があることを理解した上で本件契約を締結したものとみられるのである。

　また、控訴人は、本件契約締結当時、借金が全くなく、多額の純資産を計上していたのであり、見込みが外れた場合の損失の危険にも耐えられる資産状態にあったとみられる。すなわち、見込みが外れて損が出た場合に倒産の危機が現実化するという顧客ではなかったということができる。

　したがって、本件契約の勧誘は「顧客の知識、経験、財産の状況」に照らして不適当なものとはいえない。

3　本件契約では、控訴人が取得する権利と被控訴人が取得する権利との間に1億1000万円もの時価差額がある。これを秘匿したまま中小企業である控訴人に本件取引を勧誘することが適合性原則に違反しないかどうかは一つの問題であろう。

　しかし、中小企業とはいえ、売上や純資産額の規模からみて、控訴人には、顧問税理士や顧問会計士に相談を持ちかけたり、それらの者から金融商品取引に通じている者の紹介を受けるなどして、本件取引の利害得失や本件契約締結の可否を判断する力はあったと思われる。したがって、時価差額を開示しない勧誘を行うことが、控訴人との関係で適合性原則に違反するということも困難である。

4　以上のとおり、本件取引を控訴人に勧誘することが適合性原則に違反しているために勧誘それ自体が違法ということはできないから、以下の第7において、本件取引の勧誘に際し説明義務違反があったかどうかについて検討する。

第7　説明義務違反について
1　金融派生商品は、対価の相当性や取引による利害得失が目で見て分かるとか、常識的にわかるというような商品ではないし、予測困難な将来の事実によって損益を発生させるとする投機取引であって、これを取得しても相応の確率で損失を被る危険を伴うものである。このような商品の特殊性からすれば、これを販売しようとする金融商品取引業者から公正妥当な説明がされて初めて、取引の相手方に生じた損失をその者の自己責任に帰することができるというべきである。

　したがって、金融商品取引業者は、金融派生商品の取引契約を締結する場合、当該

金融派生商品がどういった仕組みで、どのような損益を発生させるのか、契約によってどのような権利義務が生じるのかを具体的に説明すべき義務を負うのである。

　もし、その説明が不十分であったため、相手方が当該金融派生商品の仕組みや経済効果を誤解して損失を被ったという場合、その損失は説明義務の懈怠に由来することになるから、金融商品取引業者は、民法７０９条に基づき、相手方に生じた損害を賠償すべき責任を負うのである。

　しかし、本件の場合、前記第１に認定の事実経過及び前記第２に説示のところから明らかなとおり、被控訴人は、本件契約において、どのような仕組みで、どのような損益が控訴人に発生するのかを説明しており、説明義務の懈怠があったとは認められない。

　控訴人は、時価差額を説明していないことが違法であると主張するので、以下、この点について説示する。

2　控訴人は、時価差額が「手数料」であるため説明義務の対象となると主張するが、時価差額は「利ざや」「売買差益」と同様のものであり、手数料でないことが明らかである。したがって、時価差額が「手数料」であると理解した上で、そこから時価差額の説明義務を導き出すことは困難である。

3　前記第５に説示したとおり、オプション取引等のオプション等の契約時の価格と実現した為替差損益との間には一定の相関関係があり、控訴人と被控訴人との間でなされた本件取引における時価差額は、計算上の理論値としては、控訴人に一定程度の為替差損のリスクを負わせるものと評価される。そして、被控訴人はこのオプション等の時価ないし時価差額を本件契約に先立ち説明することによって、控訴人の投資判断に資するべきであったという見解もある（甲２５）。

　しかし、金融商品取引業者が金融派生商品の取引契約を締結する際、顧客に対し、当該金融派生商品の仕組み、契約上発生させる権利義務の内容及び損益発生の条件等を説明すべきところ、被控訴人の担当者が、本件契約の締結に際して、控訴人の担当者に対し、取引説明書を用いて、オプション取引等の仕組み、発生する権利義務の内容、行使価格や行使条件等について説明し、これにより、控訴人が本件契約の商品特性を理解し、為替相場に関する自らの予測や、予測が外れた場合の企業経営に与える影響等も考慮しつつ、被控訴人と行使価格の額等について交渉し、その結果、行使価格等の契約条件の約定に至ったことは前記認定のとおりである。これによれば、被控訴人としては、本件契約を締結するに当たり、控訴人が本件契約の締結によるリスクをも含めて自己の判断で契約締結の是非を判断するに必要十分な情報を提供したものとい

第4 控訴審判決

うべきであり、控訴人に対して、あえて、将来の資産価値の予測価値ではなく統計的・確率的に計算される金融工学上の理論価格であるところのオプション等の時価をも説明すべき義務があったとまでは認められない。したがって、上記のオプション等の時価ないし時価差額を説明すべきであるとの見解は、当裁判所の採用するところではない。この点については、さらに、本件契約締結後の平成19年9月30日に施行された改正金融商品販売法の規定をみても、同法3条1項が金融商品販売業者に説明義務を課している「取引の仕組みのうちの重要な部分」とは、顧客が取引開始時に保証金を支払う必要があることや、当該取引の対象となっている原資産等に係る相場の変動により、追加保証金を支払う必要が生じうること、当該取引の終了時には、原資産等に係る相場の変動により、当初支払った保証金から減額された金額が返還される可能性があること等の事項を指すのであり、時価の説明はこれに含まれないと解されている（乙33の319頁、320頁）。

また、平成25年最高裁判決は、金融商品取引業者が、パチンコ店経営業者との間で、変動金利と固定金利を交換するクーポンスワップ契約をした場合について「本件取引は、将来の金利変動の予測が当たるか否かのみによって結果の有利不利が左右されるものであって、その基本的な構造ないし原理自体は単純で、少なくとも企業経営者であれば、その理解は一般に困難なものではなく、当該企業に対して契約締結のリスクを負わせることに何ら問題のないものである。上告人は、被上告人に対し、本件取引の基本的な仕組みや、契約上設定された変動金利及び固定金利について説明するとともに、変動金利が一定の利率を上回らなければ、融資における金利の支払よりも多額の金利を支払うリスクがある旨を説明したのであり、基本的に説明義務を尽くしたものということができる」とし、それ以上の説明義務を金融商品取引業者が負わないと述べている。

平成25年最高裁判決の上記判示が、どのようなクーポンスワップやゼロコストオプションにも常に妥当すると考えると、時価差額の著しい取引によって、金融派生商品に通じていない企業が予想外の多額の損失を被って倒産する事態を招く可能性もあると思われ、その射程は慎重に検討する必要があるが、少なくとも、本件契約の場合、平成25年最高裁判決の説明義務に関する判断と異なる判断を行うことが相当であるとの事情までは肯定できなかった。

4 以上のとおり、被控訴人による本件契約の勧誘に説明義務違反があったとまでは認められない。

第8 錯誤無効について

1 控訴人は、①本件契約が事業上の目的に合致していないのにそのことを知らなかったこと、②本件契約の控訴人被控訴人の権利の対価的不均衡（控訴人が対価を受け取る必要）を知らなかったことを錯誤無効の原因として主張するが、上記①の点は、本件契約が円安による事業損失を埋め合わせる目的で締結された事実を前提としている。しかしながら、控訴人は、投機目的で本件契約を締結したと推認されるから、上記①の点に関する錯誤の主張は前提を欠き失当である。

そこで、以下、対価的不均衡を知らなかったことが錯誤無効を招来するかどうかについて検討する。

2 前記第5に説示のとおり、オプション等の時価とは、統計的、確率的に計算される、当該オプション等の義務者に生じ得る得失の理論値である。代金（プレミアム）の授受をしないクーポンスワップやゼロコストオプションであっても、時価差額を知ることにより、儲かりやすさ（損しやすさ）が分かることになる。

甲第6号証ないし第9号証には、本件契約における控訴人の損益に関する次のとおりの確率及び理論値の記載があるが、その記載は、金融工学上の計算方法に基づく正しい計算であろうと思われ、本件取引は、10年間継続した場合、控訴人が儲かる確率が3分の1程度だったし、利益額に比して、損をした場合の損失が大きいことも予想されていたのである。

	控訴人に利益が出る可能性	左の場合の利益平均額	控訴人に損失が出る可能性	左の場合の損失平均額
第1契約	30.5%	529万5000円	69.5%	2496万7000円
第2契約	37.9%	745万5000円	62.1%	5582万2000円
第3契約	48.46%	147万1000円	51.54%	1億628万3000円
第4契約	36.4%	4751万1000円	63.6%	7733万9000円

3 さて、被控訴人は、本件取引に関し、時価や時価差額の説明をしていない上、第1ないし第3契約では代金（プレミアム）が同額であることが前提にされているから、Aは、10年の契約期間を通じて本件取引を見た場合、これによって生じる損益の確率が「5分5分」ではないこと、控訴人に損失が生じる危険の方が遥かに大きいことに気付かないまま本件契約を締結した可能性が高いと思われる。

4 しかし、第5及び第7において説示のところから明らかなとおり、時価差額は説明義務の対象ではない。また、時価差額が物語るところは、要するに、取引の確率的な儲かりやすさ（損しやすさ）なのである。

適合性原則に沿った勧誘の相手方に対し、説明義務に従った説明がされて金融派生

第4　控訴審判決

商品の取引が開始された場合、取引によって相手方に生じた損失は自己責任に帰すると解されるから、その結果を錯誤無効の法理によって覆すことは相当ではない。平成25年最高裁判決も同様の考え方の下に契約の無効の主張を排斥したものと解される。

そうすると、時価差額の説明がされなかったため対価的不均衡を知らなかったこと、儲かりやすさを勘違いしたことは、相対する権利の代金が同額であるとされていたとしても契約の要素に関する錯誤ということはできないものと解されるのであり、結局、控訴人の錯誤無効に関する主張は理由がないことになる。

したがって、本件契約に係る控訴人の意思表示に錯誤があり、これが無効であるとする控訴人の主張は理由がない。

第9　詐欺による不法行為の主張について（争点1－2）

控訴人は、被控訴人が、控訴に対し、時価の説明をせずに本件契約を締結したことは、金融商品取引法157条2号によって禁じられた不法行為に当たり、詐欺として不法行為を構成する旨主張する。

しかし、上記第5ないし第7に説示したとおり、被控訴人が本件契約の締結に際し、控訴人に対し、オプション等の時価の説明をすべき義務があったものということはできない。したがって、控訴人の上記主張は、その前提を欠くものであり、採用することができない。

2　当審における控訴人の補充主張に対する判断
（1）被控訴人がオプション等の時価の説明義務を負っていたとの主張について

本件取引において被控訴人がオプションの等の時価についての説明義務を負わないことは、原判決を補正の上引用して認定説示したとおりである。なお、控訴人は、平成25年最高裁判決の事案は本件の事案とは異なっているから、同判決の射程は本件には及ばない旨主張する。しかし、本件契約も、通貨オプション契約及びクーポンスワップ契約であって、将来の金利変動の予測が当たるか否かのみによって結果の有利不利が左右されるものであり、その基本的な構造ないし原理自体は単純で、企業経営者であれば、その理解は一般に困難なものではなく、当該企業に対して契約締結のリスクを負わせることに何らの問題のないものであるところ、被控訴人の担当者が、本件契約の締結に際して、控訴人の担当者に対し、取引説明書を用いて、オプション取引等の仕組み、発生する権利義務の内容、行使価格や行使条件等について説明し、これにより、控訴人が本件契約の商品特性を理解し、為替相場に関する自らの予測や、予測が外れた場合の企業経営に与える影響等も考慮しつつ、被控訴人と行使価格の額等について交

渉し、その結果、行使価格等の契約条件の約定に至ったことは前記認定のとおりであり、これによれば、上記最高裁判決の判決理由に照らしても、本件においては、被控訴人は、控訴人に対し、本件契約の締結に際し、説明義務を尽くしたものと判断することができる。控訴人が上記最高裁判決とは事案を異にするとして主張する時価差額の存否等については、そもそも上記最高裁判決において結論を導くための重要な事実ではなく、当裁判所の上記判断を左右するものではない。

また、控訴人は、被控訴人を信任することが不可避であったから、被控訴人は、信任を受ける者として、控訴人の利益も念頭に置いて行動すべきであった旨主張するが、控訴人は、被控訴人の担当者によるオプション取引等の仕組み、発生する権利義務の内容、行使価格や行使条件等についてなされた説明により、本件契約の商品特性を理解し、被控訴人と行使価格の額等について交渉し、その結果、行使価格等の契約条件の約定に至ったことは前記認定のとおりであり、本件において、被控訴人に、控訴人に対し、上記の説明を超えて、本件契約の締結によるリスクに係る事項等について積極的な指導、助言等をすべき義務があったとすべき事情は見当たらない。

したがって、控訴人の上記主張はいずれも採用することができない。

（2）本件契約が錯誤無効であるとの主張について

本件契約の締結につき、控訴人に契約の要素の錯誤がないことは原判決を補正の上引用して認定説示したとおりである。なお、控訴人は、本件契約に当たって、取得するオプション等の時価がマイナスであると知らなかったことは目的物の性状の錯誤に当たる旨主張するが、本件契約においてオプション等の時価差額は本件契約の要素に当たらないことは原判決を補正の上引用して認定したとおりである。したがって、控訴人の上記主張は採用することができない。

3 以上によれば，控訴人の主位的請求及び予備的請求はいずれも理由がない（ただし、主位的請求のうち上記第1の2を超える部分、予備的請求のうち本件契約の無効確認請求を除く。）から、これらを棄却すべきである。

よって、原判決は相当であり，本件控訴は理由がないからこれを棄却することとし、主文のとおり判決する。

大阪高等裁判所第9民事部
裁判長裁判官　金子　順一
裁判官　　　　田中　義則
裁判官　　　　上田　卓哉

第5 銀行の販売した為替デリバティブの具体的商品特性
1 被告が販売した為替デリバティブの評価レポート（本件契約1～4で共通）

1 はじめに
1.1 はじめに

　本報告書のデリバティブ商品価値は、貴社提出の資料・データおよび金融市場において公表された為替レート、金利等に基づいて算出した、評価基準日における理論値である。なお、デリバティブ商品価値は、評価基準日、為替レート、金利、ボラティリティ等の変動により常に変動する。

1.2 本報告書の執筆者
飯坂彰啓（いいさかあきひろ）

略歴
1964年北海道札幌市生まれ。
1983年北海道札幌北高等学校卒業。
1988年京都大学工学部数理工学科卒業。
1988年三菱銀行入行。国際資金為替部にて外国為替ディーリング業務を担当。
1991年ソロモンブラザーズアジア証券会社入社。デリバティブ分析部にて投資戦略、デリバティブ評価モデル、リスク管理モデル、デリバティブ金融商品の研究、開発、運用に従事。1993年バイスプレジデントに就任。
1997年ベアースターンズジャパン証券会社入社。金融分析部バイスプレジデントに就任。投資戦略、デリバティブ評価モデル、リスク管理モデルの研究、開発、運用に従事。
1999年KPMGファイナンシャルサービスコンサルティング入社。数量分析部長として、大手都市銀行デリバティブ評価システムのコンサルティングを担当。
2001年リーマンブラザーズ証券会社入社。債券調査部バイスプレジデントに就任。デリバティブ評価モデル、リスク管理モデル、ストラクチャード金融商品の開発、分析、運用、マーケティングを担当。
2003年あおぞら銀行入行。金融商品開発部主任調査役に就任。ストラクチャード金融商品の開発、分析、運用、マーケティングを担当。
2005年ベアースターンズジャパン証券会社入社。証券化金融商品部ディレクターに就任。ストラクチャード金融商品の開発、分析、運用、マーケティングを担当。
2008年米国ファンド運営会社レッドウッドトラスト入社。マネジングディレクターとして日本法人の立ち上げに従事。投資戦略、リスク管理モデル、ストラクチャード金融商品の開発、分析、運用、マーケティングを担当。

2010年アキュメン・キャピタル・ジャパン設立。共同経営者としてデリバティブ金融商品評価業務を担当。

2 本件契約1

2.1 対象となるデリバティブ取引

	①	②
デリバティブ種類	ドルプットオプション	ドルコールオプション
買い手／売り手	銀行／御社	御社／銀行
取引金額	USD 20,000.00	USD 20,000.00
レシオ	1.0	
契約締結日	2004/12/24	2004/12/24
初回行使日	2005/1/27	2005/1/27
最終回行使日	2014/11/26	2014/11/26
決済サイクル	1ヶ月毎	1ヶ月毎
決済残回数	119回	119回
行使価格	88.80	88.81
ノックアウト価格		
ノックアウト観察期間		
ギャップトリガー価格		
ペイオフ価格幅		3.00

3. 報告結果

3.1. デリバティブ取引の時価の評価（取引締結時。個別取引の明細は付録2をご参照）

① 米国ドルプット日本円コールオプション（御社の売り取引分）

付録1で記述するオプション評価モデルを用いて、前提条件により算出したデリバティブ取引の時価(Fair Value)は、119回分の合計で17,781千円（1ドル当たり平均7.47円）と考えられる（評価基準日＝2004年12月24日）。

一方で、通貨オプション取引確認書（2004年12月24日付）によると、本取引成立時に御社はオプション売り取引分の対価として、合計4,901千円（1ドル当たり平均2.06円）を相手方より提示され、②で記述する御社の買い取引分の対価と相殺する形でこれを受け取った。

上記によると御社は、時価よりも12,880千円（1ドル当たり平均5.41円）ほど安い対

第5　銀行の販売した為替デリバティブの具体的商品特性

価を受け取ってオプションを売却したと計算できる。この差額には、手数料、売買スプレッド（売り買いの価格差）等が含まれると考えられる。

②　米国ドルコール日本円プットデジタルオプション（御社の買い取引）

付録1で記述するオプション評価モデルを用いて、前提条件により算出したデリバティブ取引の時価は、119回分の合計で3,383千円（1ドル当たり平均1.42円）と考えられる（評価基準日＝2004年12月24日）。

一方で、①と同様に本取引成立時に御社はオプション買い取引分の対価として、合計4,901千円（1ドル当たり平均2.06円）を相手方より提示され、①で記述する御社の売り取引分の対価と相殺する形でこれを支払った。

上記によると御社は、時価よりも1,518千円（1ドル当たり平均0.64円）ほど高い対価を支払ってオプションを購入したと計算できる。この差額は、手数料、売買スプレッド（売り買いの価格差）等が含まれると考えられる。

なお、②デジタルオプションにより獲得できる最大の金額は、119回の合計で7,140千円である。

①②の相殺により、御社はオプション料を支払うことなく、また受け取ることもなかった（＝ゼロコストオプション）。

本取引における手数料、スプレッド等の合計は14,397千円（ヘッジ目的金額2,380千ドルに対する1ドル当たり平均6.05円）と考えられる。

	提示されたオプション料	時価	提示金額と時価の差額
①売却したプットオプション	4,901千円	17,781千円	12,880千円
（元本金額2,380千ドルに対する1ドル当り）	2.06円	7.47円	5.41円
②購入したデジタルオプション	▲4,901千円	▲3,383千円	1,518千円
（元本金額2,380千ドルに対する1ドル当り）	▲2.06円	▲1.42円	0.64円
差引オプション料	0千円	14,397千円	14,397千円
（ヘッジ目的金額2,380千ドルに対する1ドル当り）	0.00円	6.05円	6.05円

3.2　シミュレーションによる特約の効果の検証

特約の効果を検証するため、レバレッジ・レシオ等を変化させて、デリバティブ取引の時価をシミュレーションした結果を以下に示す。

シミュレーションの仮定条件

	①行使価格	②行使価格	レシオ	決済回数
本取引	88.80	88.81	0.00	119
②デジタルオプション→プレインバニラオプション	88.80	88.81	0.00	119
契約年数　9年11か月→3年11か月	88.80	88.81	0.00	47

シミュレーションの結果

	①時価	②時価	①と②の差額	本取引との差
本取引	▲17,781千円	3,383千円	▲14,397千円	
②デジタルオプション→プレインバニラオプション	▲17,781千円	16,642千円	▲1,138千円	13,259千円
契約年数　9年11か月→3年11か月	▲2,027千円	2,014千円	▲13千円	14,385千円

3.2.1　デジタルオプションの効果

　他の条件が同一で、②デジタルオプションが基本的なプレインバニラオプションであったと仮定する。この場合、1対1の包括的長期為替予約とほぼ同じ商品性になる。

　この場合についてデリバティブの時価を計算したところ、▲1,138千円となり本取引との時価の差額は13,259千円と計算できる。逆に言えば、デジタルオプションを用いなくても銀行は1,138千円の評価益を計上することができたが、デジタルオプションを用いることによって13,259千円増加したともいえる。

3.2.2　契約期間の効果

　他の条件が同一で、契約期間を119回から47回に短縮した場合についてデリバティブの時価を計算したところ▲13千円と計算できる。

　したがって、契約期間が47回の場合には、真のゼロコストに近いと考えられる。

3.3　モンテカルロシミュレーションにより評価基準日時点で予見し得た損益見通し

　試行10000回のモンテカルロシミュレーションにより、為替レートの推移をシミュレーションした。本モンテカルロシミュレーションは評価基準日（＝契約締結日）時点で手に入れることができるマーケットデータのみに基づいており、総損益の確率分布や為替差益／差損の発生確率等を算出することができる。これらの確率等は評価基準日時点で予見し得たものである。

試行回数	10,000
総損益の平均値（実額）	▲15,728千円
総損益の標準偏差	20,207千円
総損益の分布の歪度	-0.721
総損益の分布の尖度	-0.269
最大総差益金額	7,140千円
総損益の上位25%値	2,713千円
総損益の中央値	▲11,871千円
総損益の上位75%値	▲29,829千円
最大総差損金額	▲97,667千円

モンテカルロシミュレーションによる最終損益の平均値は▲15,728千円、標準偏差＊は20,207千円であった。10000回の試行において、総利益が最大となった試行の損益は7,140千円、総損失が最大となった試行の損益は▲97,667千円であ

＊標準偏差はデータの分布の散布度をみる基本的な統計値である。分散（データと平均値の差の二乗の平均）の平方根として求められる。平均値と標準偏差の値が分かれば、データがどの範囲にどのような具合に散らばっているかがおおよそ理解できる。正規分布においては、平均値±標準偏差の範囲内に約68％、平均値±標準偏差×2の範囲内に約95％が分布している。

第5 銀行の販売した為替デリバティブの具体的商品特性

った。また、総損益が約 2,713 千円以上の差益を挙げる確率が 25% ある一方で、約 29,829 千円以上の差損をこうむる確率も 25% あることがわかる。

119 回の受け渡しの合計で差益が出る確率は約 30.5%(平均差益額 5,295 千円)、差損が出る確率は約 69.5%(平均差損額▲24,967 千円)となった。 件数ベースでは差損が出る確率は差益が出る確率の約 2.3 倍であった。また差損益の絶対額の平均を比較すると、差損が出る場合の平均差損額は、差益の出る場合の平均差益額に比べて約 4.7 倍となる計算となった。

	確率	差損益平均額
最終損益がゼロ以上となる確率	30.5%	5,295千円
最終損益がマイナスとなる確率	69.5%	▲24,967千円

3 本件契約2

2.1 対象となるデリバティブ取引

	①	②	③
デリバティブ種類	ドルコールオプション	ドルプットオプション	ドルコールデジタルオプション
買い手/売り手	御社/銀行	銀行/御社	御社/銀行
取引金額	USD 25,000.00	USD 50,000.00	USD 25,000.00
レシオ		2.0	
契約締結日	2005/6/8	2005/6/8	2005/6/8
初回行使日	2005/6/28	2005/6/28	2005/6/28
最終回行使日	2015/5/27	2015/5/27	2015/5/27
決済サイクル	1ヶ月毎	1ヶ月毎	1ヶ月毎
決済残回数	120回	120回	120回
行使価格	86.90	86.90	89.90
ノックアウト価格	89.90		
ノックアウト観察期間	各行使期日のみ		
ギャップトリガー価格			
ペイオフ価格幅			3.00

3. 報告結果

3.1. デリバティブ取引の時価の評価(取引締結時。個別取引の明細は付録2をご参照)

①米国ドルコール日本円プット・ノックアウトオプション(行使期日判定型)(御社の買い取引分)

付録1で記述するオプション評価モデルを用いて、前提条件により算出したデリバティブ取引の時価 (Fair Value) は、120 回分の合計で 270 千円(1 ドル当たり平均 0.09 円)と考えられる(評価基準日 = 2005 年 6 月 8 日)。

一方で、通貨オプション取引確認書(2005 年 6 月 8 日付)によると、本取引成立時に

御社はオプション買い取引分の対価として、合計2,040千円（1ドル当たり平均0.68円）を相手方より提示され、②③で記述する取引の対価と相殺する形でこれを支払った。

上記によると御社は、時価よりも1,770千円（1ドル当たり平均0.59円）ほど高い対価を支払ってオプションを購入したと計算できる。この差額には、手数料、売買スプレッド（売り買いの差額）等が含まれると考えられる。

② 米国ドルプット日本円コールオプション（御社の売り取引）

付録1で記述するオプション評価モデルを用いて、前提条件により算出したデリバティブ取引の時価は、120回分の合計で33,611千円（1ドル当たり平均5.60円）と考えられる。

一方で、①と同様に本取引成立時に御社はオプション売り取引分の対価として、合計6,932千円（1ドル当たり平均1.16円）を相手方より提示され、①③で記述する取引の対価と相殺する形でこれを受け取った。

上記によると御社は、時価よりも26,679千円（1ドル当たり平均4.45円）ほど安い対価を受け取ってオプションを売却したと計算できる。この差額には、手数料、売買スプレッド（売り買いの差額）等が含まれると考えられる。

③ 米国ドルコール日本円プットデジタルオプション（御社の買い取引分）

付録1で記述するオプション評価モデルを用いて、前提条件により算出したデリバティブ取引の時価は、120回分の合計で4,638千円（1ドル当たり平均1.55円）と考えられる。

一方で、通貨オプション取引確認書によると、本取引成立時に御社はオプション買い取引分の対価として、合計4,893千円（1ドル当たり平均1.63円）を相手方より提示され、①②で記述する取引の対価と相殺する形でこれを支払った。

上記によると御社は、時価よりも254千円（1ドル当たり平均0.08円）ほど高い対価を支払ってオプションを購入したと計算できる。この差額には、手数料、売買スプレッド（売り買いの差額）等が含まれると考えられる。

①－②＋③の相殺により、御社はオプション料を支払うことなく、また受け取ることもなかった（＝ゼロコストオプション）。

	銀行の提示金額	時価	手数料等（推定）
①購入したコールオプション	▲2,040千円	▲270千円	1,770千円
(元本金額3,000千ドルに対する1ドル当り)	▲0.68円	▲0.09円	0.59円
②売却したプットオプション	6,932千円	33,611千円	26,679千円
(元本金額6,000千ドルに対する1ドル当り)	1.16円	5.60円	4.45円
③購入したデジタルオプション	▲4,893千円	▲4,638千円	254千円
(元本金額3,000千ドルに対する1ドル当り)	▲1.63円	▲1.55円	0.08円
差引オプション料	0千円	28,703千円	28,703千円
(ヘッジ目的金額3,000千ドルに対する1ドル当り)	0.00円	9.57円	9.57円

第5　銀行の販売した為替デリバティブの具体的商品特性

本取引における手数料、スプレッド等の合計は28,703千円（ヘッジ目的金額3,000千ドルに対する1ドル当たり平均9.57円）と考えられる。

3.2　シミュレーションによる特約の効果の検証

特約の効果を検証するため、レバレッジ・レシオ等を変化させて、デリバティブ取引の時価をシミュレーションした結果を以下に示す。

シミュレーションの仮定条件

	①②行使価格	②行使価格	レシオ	決済回数
本取引	86.90	89.90	2.00	120
①行使日判定KO③デジタル→①プレインバニラ③なし	86.90		2.00	120
②レバレッジ・レシオ　2倍→1倍	86.90	89.90	1.00	120
契約年数　10年→3年7か月	86.90	89.90	2.00	43

シミュレーションの結果

	①時価	②時価	③時価	①③と②の差額	本取引との差
本取引	270千円	▲33,611千円	4,638千円	▲28,703千円	
①行使日判定KO→デジタル→①プレインバニラなし	27,814千円	▲33,611千円		▲5,797千円	22,906千円
②レバレッジ・レシオ　2倍→1倍	270千円	▲16,805千円	4,638千円	▲11,898千円	16,805千円
契約年数　10年→3年7か月	93千円	▲2,881千円	2,692千円	▲96千円	28,607千円

3.2.1　①行使日判定ノックアウトおよび③デジタルオプションの効果

本取引において為替差益が発生するのは86.90円／ドルを超える円安の場合である。ところが、89.90円／ドル以上の円安になっている場合は、①行使日判定ノックアウトオプションが消滅し③デジタルオプションを行使することとなり、1回あたりの最大為替差益は75千円が上限となっている。

この上限を撤廃し円安の程度に応じた差益が得られるようにした場合、すなわち他の条件が同一で、③デジタルオプションをなくすかわりに①行使日判定ノックアウトオプションを通常のプレインバニラオプションにした場合を考える。この場合、特約は1対2のレバレッジ・レシオのみとなる。

この場合についてデリバティブの時価を計算したところ、▲5,797千円となり本取引との時価の差額は22,906千円と計算できる。

逆に言えば、行使日判定ノックアウトおよびデジタルオプションを用いなくても銀行は5,797千円の評価益を計上することができたが、1回あたりの最大為替差益に上限を設定することによって22,906千円増加したともいえる。

3.2.2　レバレッジ・レシオの効果

他の条件が同一で、レバレッジ・レシオが2倍ではなく1倍の場合についてデリバティブの時価を計算したところ、①③時価と②時価の差額は11,898千円となり、この金額と

本取引との時価の差額は 16,805 千円と計算できる。

逆にいえば、レバレッジがかかっていなくても銀行は 11,898 千円の評価益を計上することができたが、2 倍のレバレッジをかけることにより 16,805 千円増加したとも考えられる。

3.2.3 契約期間の効果

他の条件が同一で、契約期間を 120 回から 43 回に短縮した場合についてデリバティブの時価を計算したところ▲96 千円と計算できる。

したがって、契約期間が 43 回の場合には、真のゼロコストに近いと考えられる。

3.3 モンテカルロシミュレーションにより評価基準日時点で予見し得た損益見通し

試行 10000 回のモンテカルロシミュレーションにより、為替レートの推移をシミュレーションした。本モンテカルロシミュレーションは評価基準日（＝契約締結日）時点で手に入れることができるマーケットデータのみに基づいており、総損益の確率分布や為替差益／差損の発生確率等を算出することができる。これらの確率等は評価基準日時点で予見し得たものである。

モンテカルロシミュレーションによる最終損益の平均値は▲31,834 千円、標準偏差は 45,159 千円であった。10000 回の試行において、総利益が最大となった試行の損益は 9,000 千円、総損失が最大となった試行の損益は▲220,508 千円であった。また、総損益が約 8,016 千円以上の差益を挙げる確率が 25% ある一方で、約 60,926 千円以上の差損をこうむる確率も 25% あることがわかる。

試行回数	10,000
総損益の平均値（実額）	▲31,834千円
総損益の標準偏差	45,159千円
総損益の分布の歪度	-1.063
総損益の分布の尖度	0.327
最大総差益金額	9,000千円
総損益の上位25%値	8,016千円
総損益の中央値	▲15,206千円
総損益の上位75%値	▲60,926千円
最大総差損金額	▲220,508千円

第5　銀行の販売した為替デリバティブの具体的商品特性

120回の受け渡しの合計で差益が出る確率は約38%（平均差益額7,455千円）、差損が出る確率は約62%（平均差損額▲55,822千円）となった。

件数ベースでは差損が出る確率は差益が出る確率の約1.6倍であった。また差損益の絶対額の平均を比較すると、差損が出る場合の平均差損額は、差益の出る場合の平均差益額に比べて約7.5倍となる計算となった。

	確率	差損益平均額
総損益がプラスとなる確率	37.9%	7,455千円
総損益がマイナスとなる確率	62.1%	▲55,822千円

4　本件契約3

2.2　対象となるデリバティブ取引の条件

	①	②	③	④
デリバティブ種類	ドルコールデジタルオプション	ドルコールデジタルオプション	ドルコールオプション	ドルプットオプション
買い手／売り手	御社／銀行	銀行／御社	御社／銀行	銀行／御社
取引金額	USD 30,000.00	USD 30,000.00	USD 30,000.00	USD 60,000.00
レシオ				2.0
契約締結日	2006/9/20	2006/9/20	2006/9/20	2006/9/20
初回行使日	2006/9/27	2006/9/27	2008/9/26	2008/9/26
最終回行使日	2008/8/27	2008/8/27	2016/8/29	2016/8/29
決済サイクル	1ヶ月毎	1ヶ月毎	1ヶ月毎	1ヶ月毎
決済残回数	24回	24回	96回	96回
行使価格	110.00	120.00	103.70	103.70
ノックアウト価格			114.90	114.90
ノックアウト観察期間			2008/8/27以降	2008/8/27以降
ギャップトリガー価格				
ペイオフ価格幅	3.00	3.00		

3.　報告結果

3.1.　デリバティブ取引の時価の評価（取引締結時。個別取引の明細は付録2をご参照）

①　米国ドルコール日本円プットデジタルオプション（御社の買い取引分）

付録1で記述するオプション評価モデルを用いて、前提条件により算出したデリバティブ取引の時価(Fair Value)は、24回分の合計で1,346千円（1ドル当たり平均1.87円）と考えられる（評価基準日＝2006年9月20日）。

一方で、通貨オプション取引確認書（2006年9月20日付）によると、本取引成立時に

御社はオプション買い取引分の対価として、合計1,581千円（1ドル当たり平均2.20円）を相手方より提示され、②③④で記述する取引の対価と相殺する形でこれを支払った。

上記によると御社は、時価よりも235千円（1ドル当たり平均0.33円）ほど高い対価を支払ってオプションを購入したと計算できる。この差額には、手数料、売買スプレッド（売り買いの差額）等が含まれると考えられる。

② 米国ドルコール日本円プットデジタルオプション（御社の売り取引）

付録1で記述するオプション評価モデルを用いて、前提条件により算出したデリバティブ取引の時価は、24回分の合計で342千円（1ドル当たり平均0.48円）と考えられる。

一方で、①と同様に本取引成立時に御社はオプション売り取引分の対価として、合計205千円（1ドル当たり平均0.28円）を相手方より提示され、①③④で記述する取引の対価と相殺する形でこれを受け取った。

上記によると御社は、時価よりも137千円（1ドル当たり平均0.19円）ほど安い対価を受け取ってオプションを売却したと計算できる。この差額には、手数料、売買スプレッド（売り買いの差額）等が含まれると考えられる。

③ 米国ドルコール日本円プットオプション（御社の買い取引分）

付録1で記述するオプション評価モデルを用いて、前提条件により算出したデリバティブ取引の時価は、96回分の合計で434千円（1ドル当たり平均0.15円）と考えられる。

一方で、①と同様に本取引成立時に御社はオプション買い取引分の対価として、合計7,581千円（1ドル当たり平均2.63円）を相手方より提示され、①②④で記述する取引の対価と相殺する形でこれを支払った。

上記によると御社は、時価よりも7,147千円（1ドル当たり平均2.48円）ほど高い対価を支払ってオプションを購入したと計算できる。この差額には、手数料、売買スプレッド（売り買いの差額）等が含まれると考えられる。

④ 米国ドルプット日本円コールオプション（御社の売り取引分）

付録1で記述するオプション評価モデルを用いて、前提条件により算出したデリバティブ取引の時価は、96回分の合計で48,879千円（1ドル当たり平均8.49円）と考えられる。

一方で、①と同様に本取引成立時に御社はオプション買い取引分の対価として、合計8,956千円（1ドル当たり平均1.55円）を相手方より提示され、①②③で記述する取引の対価と相殺する形でこれを受け取った。

上記によると御社は、時価よりも39,922千円（1ドル当たり平均6.93円）ほど安い対価を受け取ってオプションを売却したと計算できる。この差額は、手数料、売買スプレッド（売り買いの差額）等が含まれると考えられる。

①－②＋③－④の相殺により、御社はオプション料を支払うことなく、また受け取ることもなかった（＝ゼロコストオプション）。

第5　銀行の販売した為替デリバティブの具体的商品特性

本取引における手数料、スプレッド等の合計は47,441千円（ヘッジ目的金額3,600千ドルに対する1ドル当たり平均13.18円）と考えられる。

	提示金額	時価	手数料等（推定）
①買い取引オプション料	▲1,581千円	▲1,346千円	235千円
（元本金額720千ドルに対する1ドル当り）	▲2.20円	▲1.87円	0.33円
②売り取引オプション料	205千円	342千円	137千円
（元本金額720千ドルに対する1ドル当り）	0.28円	0.48円	0.19円
③買い取引オプション料	▲7,581千円	▲434千円	7,147千円
（元本金額2,880千ドルに対する1ドル当り）	▲2.63円	▲0.15円	2.48円
④売り取引オプション料	8,956千円	48,879千円	39,922千円
（元本金額5,760千ドルに対する1ドル当り）	1.55円	8.49円	6.93円
差引オプション料受払	0千円	47,441千円	47,441千円
（ヘッジ目的金額3,600千ドルに対する1ドル当り）	0.00円	13.18円	13.18円

3.2　シミュレーションによる特約の効果の検証

特約の効果を検証するため、レバレッジ・レシオ等を変化させて、デリバティブ取引の時価をシミュレーションした結果を以下に示す。

シミュレーションの仮定条件

	③④行使価格	レシオ	①②決済回数	③④決済回数
本取引	103.70	2.00	24	96
レバレッジレシオ　2倍→1倍	103.70	1.00	24	96
契約年数　10年→2年6か月	103.70	2.00	24	6

シミュレーションの結果

	①時価	②時価	③時価	④時価	取引の時価	本取引との差額
本取引	1,346千円	▲342千円	434千円	▲48,879千円	▲47,441千円	
レバレッジレシオ　2倍→1倍	1,346千円	▲342千円	434千円	▲24,439千円	▲23,002千円	24,439千円
契約年数　10年→2年6か月	1,346千円	▲342千円	147千円	▲1,402千円	▲251千円	47,191千円

3.2.1　レバレッジ・レシオの効果

他の条件が同一で、プットオプション④のレバレッジ・レシオを2倍ではなく1倍に設定した場合についてデリバティブの時価を計算したところ、▲23,022千円となり本取引の時価よりも24,439千円含み損が少ないと計算できる。

逆に言えば、レバレッジをかけなかったとしても銀行は23,022千円の手数料等を計上することができたが、レバレッジをかけることにより24,439千円増加したと解釈することもできる。

3.2.2　契約期間の効果

他の条件が同一で、契約期間を10年から2年6か月に短縮した場合についてデリバティブの時価を計算したところ、▲251千円となり本取引との時価よりも47,191千円含み

損が少ないと計算できる。

3.3 モンテカルロシミュレーションにより評価基準日時点で予見し得た損益見通し

　試行 10000 回のモンテカルロシミュレーションにより、為替レートの推移をシミュレーションした。（次の図は 10000 回のうち最初の 10 回をグラフ化）

　本モンテカルロシミュレーションは評価基準日（＝契約締結日）時点で手に入れることができるマーケットデータのみに基づいており、総損益の確率分布や為替差益／差損の発生確率等を算出することができる。これらの確率等は評価基準日時点で予見し得たものである。

　モンテカルロシミュレーションによる最終損益の平均値は▲54,067 千円、標準偏差[1]は 68,124 千円であった。10000 回の試行において、総利益が最大となった試行の損益は 8,365 千円、総損失が最大となった試行の損益は▲297,956 千円であった。また、総損益が約 1,350 千円以上の差益を挙げる確率が 25% ある一方で、約 107,957 千円以上の差損をこうむる確率も 25% あることがわかる。

	取引全体	①②（1〜24回）	③④（25〜120回）
試行回数	10,000	10,000	10,000
最終損益の平均値	▲54,067千円	1,001千円	▲55,068千円
最終損益の標準偏差	68,124千円	534千円	67,964千円
最終損益の分布の歪度	-0.887	0.252	-0.888
最終損益の分布の尖度	-0.409	-0.929	-0.410
最大最終差益金額	8,365千円	2,160千円	6,835千円
最終損益の上位25%値	1,350千円	1,440千円	0千円
最終損益の中央値	▲3,536千円	990千円	▲4,505千円
最終損益の上位75%値	▲107,957千円	540千円	▲108,812千円
最大最終差損金額	▲297,956千円	0千円	▲298,226千円

　120 回の受け渡しの合計で差益が出る確率は約 48%（平均差益額 1,471 千円）、差損が出る確率は約 52%（平均差損額▲106,283 千円）、差損益とも発生しない確率が 0.1% となった。件数ベースでは差損が出る確率は差益が出る確率の約 1.1 倍であった。また差損益の絶対額の平均を比較すると、差損が出る場合の平均差損額は、差益の出る場合の平均差益額に比べて約 72 倍となる計算となった。

　取引前半（①② = 1〜24 回）のみに限ると、差益が出る確率は約 99.9%（平均差益額 1,002 千円）、差損が出る確率は約 0%、差損益とも発生しない確率が 0.1% となった。

第5 銀行の販売した為替デリバティブの具体的商品特性

　取引後半（③④＝25〜120回）のみに限ると、差益が出る確率は約15％（平均差益額1,056千円）、差損が出る確率は約52％（平均差損額▲105,212千円）、差損益とも発生しない確率が約33％となった。件数ベースでは差損が出る確率は差益が出る確率の約3.5倍であった。また差損益の絶対額の平均を比較すると、差損が出る場合の平均差損額は、差益の出る場合の平均差益額に比べて約99.6倍となる計算となった。

	取引全体	①②（1〜24回）	③④（25〜120回）
総損益がプラスとなる確率	48.36％	99.90％	14.97％
総損益がゼロとなる確率	0.10％	0.10％	32.64％
総損益がマイナスとなる確率	51.54％	0.00％	52.49％

	取引全体	①②（1〜24回）	③④（25〜120回）
総損益がプラスとなる場合の差損益期待値	1,471千円	1,002千円	1,056千円
総損益がゼロとなる場合の差損益期待値	0千円	0千円	0千円
総損益がマイナスとなる場合の差損益期待値	▲106,283千円	0千円	▲105,212千円

取引全体	確率	差損益期待値
最終回までにノックアウトする確率	52.42％	488千円
最終回までにノックアウトしない確率	47.58％	▲114,171千円

最終回までにノックアウトする場合において	確率	差損益期待値
総損益がプラスとなる確率	92.14％	1,469千円
総損益がゼロとなる確率	0.19％	0千円
総損益がマイナスとなる確率	7.67％	▲11,282千円

最終回までにノックアウトしない場合において	確率	差損益期待値
総損益がプラスとなる確率	0.13％	3,376千円
総損益がマイナスとなる確率	99.87％	▲114,320千円

　本取引にはノックアウト特約が付されているが、最終回までにノックアウトする確率は、約52％（差損益平均額＝488千円）、ノックアウトしない確率は約48％（差損益平均額＝▲114,171千円）であった。ノックアウトしない場合の平均差損額の絶対値はノックアウトする場合の平均差益額の約234倍に相当する結果となった。
　ノックアウトする場合のみを取り出すと、①〜④合計の最終損益がプラスになる確率は約92％（平均差益額＝1,469千円）、マイナスになる確率は約8％（平均差損額＝▲11,282千円）であった。ノックアウトする場合には90％以上の確率で、為替差益を獲得することができることがわかる。
　ノックアウトしない場合のみを取り出すと、①〜④合計の最終損益がプラスになる確率

は約 0.1%（平均差益額 = 3,376 千円）、マイナスになる確率は約 99.9%（平均差損額 =▲114,320 千円）であった。ノックアウトしない場合には 90% 以上の確率で、最終差損をこうむることがわかる。

すなわち、本取引においては、a) 第 25 回から最終回までの間に③④がノックアウトして最終的な差益が発生する場合、もしくは b) ③④がノックアウトせずかつ最終差損をこうむる場合、のどちらかになる確率が高いことになる。b) の場合の平均差損額は、a) の場合の平均差益額の約 78 倍に相当している。

5 本件契約 4

2.1 対象となるデリバティブ取引

	受取	支払
デリバティブ種類	クーポンスワップ	
特約条項	レバレッジ	
御社の受取／支払通貨	USD	JPY
想定元本	USD 14,000,000.00	JPY 1,655,500,000
想定利率（増額なし）	3.000000%	2.534461%
想定利率（増額条件充足時）	6.000000%	5.068922%
各回受払金額（増額なし）	USD 35,000.00	JPY 3,496,500
各回受払金額（増額条件充足時）	USD 70,000.00	JPY 6,993,000
レバレッジレシオ	2.0	
取引約定締結日	2007/3/27	
取引開始日	2007/3/29	2007/3/29
初回受渡日	2007/4/27	2007/4/27
最終回受渡日	2017/3/29	2017/3/29
決済サイクル	1ヶ月毎	1ヶ月毎
決済残回数	120回	120回
為替交換レート（増額なし）	99.9000	
為替交換レート（増額条件充足時）	99.9000	
ノックアウト判定レート		
ノックアウト判定日		
増額条件	99.90よりドル安円高の場合	

3. 報告結果

3.1. デリバティブ取引の時価の評価（取引締結時。個別取引の明細は付録 2 ①をご参照）

前提条件により算出したデリバティブ取引の時価 (Fair Value) は、120 回分の合計で▲25,179 千円（1 ドル当たり平均 5.99 円）と計算できる（評価基準日 = 2007 年 3 月 27 日）。

第5　銀行の販売した為替デリバティブの具体的商品特性

　本取引はクーポンスワップであるため、元本の交換を伴わない。したがって本取引締結により、銀行が得た手数料と売買マージン（売り買いの価格差）等の合計は、25,179千円（1ドル当たり平均5.99円）と考えられる。

クーポンスワップ時価	締結時受渡金額	時価	銀行が獲得した含み益
	0千円	▲25,179千円	25,179千円
(ヘッジ目的金額4,200千ドルに対する1ドル当り)	0.00円	▲5.99円	5.99円

3.2　レバレッジ付クーポンスワップのオプションへの分解による、各行使日の為替差損益の期待値

① 99.90円／ドルよりもドル高円安の部分の時価評価（コールオプション）

　付録1で記述するオプション評価モデルを用いて算出した99.90円／ドルよりもドル高円安の部分の時価は、120回分の合計で26,176千円と考えられる（評価基準日＝2007年3月27日、付録2②参照）。

　この部分の時価は、各回の受渡日に為替差益が得られる場合の差益の期待値を表すと考えられる。

② 99.90円／ドルよりもドル安円高の部分の時価評価（プットオプション）

　付録1で記述するオプション評価モデルを用いて算出した99.90円／ドルよりもドル安円高の部分の時価は120回分の合計で▲51,355千円と考えられる（付録2②参照）。

　この部分の時価は、各回の受渡日に為替差損を被る場合の差損の期待値の現在価値を表すと考えられる。

　上記①②の合計がクーポンスワップの時価に相当する。

　為替差損の期待値②は為替差益の期待値①に比べて約2.0倍になることがわかる。

オプション評価式による計算結果	①99.90よりも円安の部分の時価	②99.90よりも円高の部分の時価	クーポンスワップの時価
	30,082千円	▲54,446千円	▲24,364千円
(元本金額4,200千ドルに対する1ドル当り)			▲5.80円

3.3　モンテカルロシミュレーションにより評価基準日時点で予見し得る損益見通し

　試行10000回のモンテカルロシミュレーションにより、為替レートの推移をシミュレーションした。（下図は10000回のうち最初の10回をグラフ化）

　本モンテカルロシミュレーションは評価基準日（＝契約締結日）時点で手に入れることができるマーケットデータのみに基づいており、総損益の確率分布や為替差益／差損の発生確率等を算出することができる。これらの確率等は評価基準日時点で予見し得るものである。

モンテカルロシミュレーションによる最終損益の平均値は▲31,944千円、標準偏差は77,783千円であった。10000回の試行において、総利益が最大となった試行の損益は202,900千円、総損失が最大となった試行の損益は▲84,545千円であった。また、総損益が約23,934千円以上の差益を挙げる確率が25%ある一方で、約27,432千円以上の差損をこうむる確率も25%あることがわかる。

試行回数	10,000
最終損益の平均値	▲31,944千円
最終損益の標準偏差	77,783千円
最終損益の分布の歪度	-0.222
最終損益の分布の尖度	-0.247
最大最終差益金額	202,900千円
最終損益の上位25%値	23,934千円
最終損益の中央値	23,934千円
最終損益の上位75%値	▲27,432千円
最大最終差損金額	▲84,545千円

120回の受け渡しの合計で差益が出る確率は約36%（平均差益額47,511千円）、差損が出る確率は約64%（平均差損額▲77,339千円）となった。

件数ベースでは差損が出る確率は差益が出る確率の約1.7倍であるが、差損益の絶対額の平均を比較すると、差損が出る場合の平均差損額は、差益の出る場合の平均差益額に比べて約1.6倍となる計算となった。

	確率	差損益額期待値
最終損益がプラスとなる確率	36.4%	47,511千円
最終損益がマイナスとなる確率	63.6%	▲77,339千円

第6　一審判決事実認定を前提とする意見書

平成27年2月1日

京都大学大学院法学研究科教授
髙　山　佳　奈　子

意　見　書

京都地方裁判所平成24年（ワ）第★号損害賠償被告事件の事案について以下のとおり意見を述べる。

第1　照会事項

本件契約に基づく取引が、詐欺罪（刑法246条1項または2項）に該当しうるか。

第2　結論

　　銀行が顧客に対し、販売する商品の経済的価値を誤解させる説明や条件の提示を行うことは、詐欺罪にいう「欺く行為」に該当する。
　　これによって、顧客が、購入する商品の経済的価値に関して錯誤に陥ったために、財産を処分し、財産的損害を負うとともに、銀行がそれに対応する利益を取得した場合、刑法246条2項の詐欺既遂罪が成立する。
　　本件判決が認定した事実は、刑事判例および通説の立場から評価して、詐欺罪に該当すると考えられる。
　　なお、金融商品取引法や消費者契約法における罰則の対象となる罪は、一部は刑法上の詐欺罪を補充する性格を有するが、論理的な関係として詐欺罪が成立する場合のすべてを捕捉するものではないため、これらの特別法上の罪が成立しなくても刑法上の詐欺罪に該当する場合がある。
　　また、詐欺罪の成否は、取引の私法上の効力の有無からは独立に判断されるとするのが判例である。

第3　本結論に至る理由

I 詐欺罪の成立要件

1 概論

　刑法246条1項は「人を欺いて財物を交付させた者は、10年以下の懲役に処する」、同2項は「前項の方法により、財産上不法の利益を得、又は他人にこれを得させた者も、同項と同様とする」と規定しており、詐欺罪の成立には、①「欺く行為」（欺罔行為）、②「錯誤」、③「処分行為」（交付行為）、および、①ないし③の間の「因果関係」を要件とするのが判例・通説である。また、これに加えて④「財産上の損害」を要求するのが有力説となっている。

　通常の取引において商品の買主が売主に代金を支払った場合、代金額が買主から売主に移転したとしても、それで保護法益（財産）の侵害があったことになるわけではない。したがって、いずれかの要件に財産的要素を読み込む解釈が必要とされている。すなわち、③の「処分行為」は財産の処分（意思に基づく財物ないし財産上の利益の移転）であることが当然に必要であるが、それ以外に、①「欺罔行為」について、これを、行為者が「相手方に対して財産にかかわる情報を偽ること」（不作為犯の場合には財産にかかわる正しい情報を告げないこと）と解するか、②「錯誤」にこれを読み込み、相手方が「財産にかかわる情報について誤解ないし不知に陥ること」とするか、あるいは、④「財産上の損害」を独立に要件とする構成を採用するかの、少なくともどれかの立場が、ほぼすべての学説によって採用されている。

　以下、個別の要件に関し、本件事実の評価に影響しうる議論を紹介する。

2 欺罔行為に関する近年の判例

　商品の経済的価値を偽る行為が、詐欺罪における欺罔行為に該当することは、判例・学説により一般に認められている。たとえば、最決昭和34年9月28日刑集13巻11号2993頁（ドル・バイブレーター事件）によれば、「たとえ相当価格の商品を提供したとしても、事実を告知するときは相手方が金員を交付しないような場合において、ことさら商品の効能などにつき真実に反する誇大な事実を告知して相手方を誤信させ、金員の交付を受けた場合は、詐欺罪が成立する」）。

　さらに、近年の最高裁判所の判例は、財産にかかわらない事項についての欺罔・錯誤があったにすぎない事例でも、有体物やサービスの提供を受ける行為をもって詐欺罪の成立を肯定している。すなわち、まず、代金支払いずみの航空会社の搭乗券を、他人を搭乗させる意図で交付させた事案につき、最決平成22年7月29日刑集64巻5号829頁は、「搭乗券の交付を請求する者自身が航空機に搭乗するかどうかは、本件係員らにおいてその交付の判断の基礎となる重要な事項であるというべきであるか

ら、自己に対する搭乗券を他の者に渡してその者を搭乗させる意図であるのにこれを秘して本件係員らに対してその搭乗券の交付を請求する行為は、詐欺罪にいう人を欺く行為にほかなら」ないとした。

次いで、暴力団関係者にゴルフ場を利用させた事案に関する最決平成26年3月28日刑集68巻3号646頁は、「利用客が暴力団関係者かどうかは、本件ゴルフ倶楽部の従業員において施設利用の許否の判断の基礎となる重要な事項であるから、同伴者が暴力団関係者であるのにこれを申告せずに施設利用を申し込む行為は、その同伴者が暴力団関係者でないことを従業員に誤信させようとするものであり、詐欺罪にいう人を欺く行為にほかなら」ないとし、さらに、暴力団員がそうでない旨を告げて銀行口座を開設し通帳等を交付させた事案につき、最決平成26年4月7日刑集68巻4号715頁は、「総合口座の開設並びにこれに伴う総合口座通帳及びキャッシュカードの交付を申し込む者が暴力団員を含む反社会的勢力であるかどうかは、本件局員らにおいてその交付の判断の基礎となる重要な事項であるというべきであるから、暴力団員である者が、自己が暴力団員でないことを表明、確約して上記申込みを行う行為は、詐欺罪にいう人を欺く行為に当た」るとしている。

3 挙動による欺罔

また、積極的に虚偽の情報を告知するのではない場合であっても、「挙動による欺罔」と解される場合には、不作為ではなく作為による欺罔行為に該当する。たとえば、無銭飲食・宿泊の事案では、飲食物やサービスを注文する行為の中に、「代金を支払う」旨の意思表示が含まれていると考えられ、作為による欺罔として評価される（「所持金なく且代金支払の意思がないにもかかわらず然らざるものの如く装つて……料亭……に於て……宿泊1回飲食3回をなし」た事案に関する最決昭和30年7月7日刑集9巻9号1856頁など）。また、2で言及した暴力団関係者のゴルフ場利用に関する事案でも、「入会の際に暴力団関係者の同伴、紹介をしない旨誓約していた本件ゴルフ倶楽部の会員であるAが同伴者の施設利用を申し込むこと自体、その同伴者が暴力団関係者でないことを保証する旨の意思を表している」とし、挙動による欺罔行為が認定されている（最決平成26年3月28日刑集68巻3号646頁）。

これに対し、そのような意思表示が含まれていない場合には、不作為の欺罔行為となり、行為者に作為義務が存在する場合にのみ犯罪が成立しうる。その場合の作為義務は、信義則に基づいて肯定される場合もある（最決平成15年3月12日刑集57巻3号322頁は、「自己の口座に誤った振込みがあることを知った場合には……、誤った振込みがあった旨を銀行に告知すべき信義則上の義務がある」とする）。

投資取引については、最決平成4年2月18日刑集46巻2号1頁が、「顧客の利益

のために受託業務を行う商品取引員であるかのように装って、取引の委託方を勧誘し、その旨信用した被害者らから委託証拠金名目で現金等の交付を受けた」場合について、「先物取引においては元本の保証はないこと等を記載した書面が取引の開始に当たって被害者らに交付されていたこと、被害者らにおいて途中で取引を中止した上で委託証拠金の返還等を求めることが不可能ではなかったことといった所論指摘の事情」があっても詐欺罪が成立するとしており、ここでも作為による欺罔であることが前提とされている。

4　錯誤

　　錯誤に関する近年の最高裁判所の判示でも、錯誤の内容が客体の経済的評価にかかるものであることは要求されていない。すなわち、最決平成16年7月7日刑集58巻5号309頁は、いわゆる住専の不良債権の回収を業務とする住管機構に対して、「真実は自己が実質的に支配するダミー会社への売却であることなどを秘し、住管機構の担当者を欺いて本件各不動産を第三者に売却するものと誤信させ、住管機構をして本件各根抵当権等を放棄させてその抹消登記を了した」場合には、「住管機構に支払われた金員が本件各不動産の時価評価などに基づき住管機構において相当と認めた金額であり、かつ、これで債務の一部弁済を受けて本件各根抵当権等を放棄すること自体については住管機構に錯誤がなかったとしても、被告人に欺かれて本件各不動産が第三者に正規に売却されるものと誤信しなければ、住管機構が本件根抵当権等の法規に応ずることはなかったというべきである」として、詐欺罪の成立を肯定した（住専事件）。

5　財産上の損害

　　2および4で述べたような近年の判例の動向に対しては、犯罪成立範囲が広すぎるとする批判も存在する。しかし、批判的な学説も、最終的な決済・損益を基準として犯罪の成否を判断するものではなく、財産に対する「経済的な」評価の相違をもって財産犯の結果を肯定している。

　　たとえば、背任罪（刑法247条）の要件である「財産上の損害」に関し、最決昭和58年5月24日刑集37巻4号437頁（信用保証協会事件）は、「債務がいまだ不履行の段階に至らず、したがつて同協会の財産に、代位弁済による現実の損失がいまだ生じていないとしても、経済的見地においては、同協会の財産的価値は減少したものと評価される」とする。また、不正融資に関する最決平成8年2月6日刑集50巻2号129頁も、「一時的に右貸越残高を減少させ、同社に債務の弁済能力があることを示す外観を作り出して、同銀行をして引き続き当座勘定取引を継続させ、更に同社へ

第6　一審判決事実認定を前提とする意見書

の融資を行わせることなどを目的とし」た入金が行われたとしても、「右入金により当該手形の保証に見合う経済的利益が同銀行に確定的に帰属したものということはでき」ないとしている。

　詐欺罪に関しては、最決平成16年2月9日刑集58巻2号337頁が、「クレジットカードの名義人本人に成り済まし、同カードの正当な利用権限がないのにこれがあるように装い、その旨従業員を誤信させてガソリンの交付を受けた」事案では、「仮に、被告人が、本件クレジットカードの名義人から同カードの使用を許されており、かつ、自らの使用に係る同カードの利用代金が会員規約に従い名義人において決済されるものと誤信していたという事情があったとしても、本件詐欺罪の成立は左右されない」としている。これについては、2で述べたような「交付の判断の基礎となる重要な事項」を基準として犯罪の成立を説明することも可能であるが、限定的な学説の立場からも、人の経済的信用がクレジット契約の基礎をなす以上、人の同一性に関する欺罔・錯誤が経済的意義にかかわるものであることを肯定できる。この、経済的評価に関する議論の詳細は、項を改めてで論じることとする。

　下級審の裁判例の中にも、暴力団員との不動産賃貸借契約の事案で詐欺罪の成立を肯定しているものがある。札幌地判平成19年3月1日（裁判所ウェブサイト掲載）は、「本件入居申込書を通じた被告人の入居申込みは、暴力団構成員ではない旨の告知を当然に含んでいるものではなく、これをもって挙動による欺罔行為とみることはできない」とし、かつ、自己が暴力団員であることの告知義務を否定しつつも、職業・収入を偽って入居を申し込んだ点は「賃借権に係る詐欺利得罪における欺罔行為であり錯誤である」とした。また、神戸地判平成20年5月28日（裁判所ウェブサイト掲載）は、「暴力団組員であることなどを秘したまま、あたかも正業を営む会社が本件居宅を賃借して同社社員である共犯者が単身居住するかのように偽り、本件居宅の賃借方を申し込んだ」事案について、詐欺罪が成立するとしている。これらの事案も、継続的な取引関係の相手方に対する経済的評価の観点で、違法性を説明できるものである。

6　因果関係

　刑法上、判例は一般に、結果発生について被害者に著しい過失があった場合でも、犯罪の成立に必要な因果関係が否定されるものではないとされている。

　すなわち、たとえば、最決昭和63年5月11日刑集42巻5号807頁（柔道整復師事件）は、風邪をひいた被害者が、水分や食事を控えて汗を出すことなどを被告人から指示されて、これに忠実に従った結果、脱水症状と気管支肺炎に起因する心不全を起こして死亡した事案につき、「医師の診察治療を受けることなく被告人だけに依存した被害者側にも落度があつたことは否定できないとしても、被告人の行為と被害者の死亡

との間には因果関係がある」とした。

　また、最決平成4年12月17日刑集46巻9号683頁（夜間潜水事件）は、スキューバダイビングの講習中に、指導者である被告人を見失って溺死した「被害者に適切を欠く行動があったことは否定できないが、それは被告人の右行為から誘発されたものであって、被告人の行為と被害者の死亡との間の因果関係を肯定するに妨げない」とした。

　さらに、最決平成15年7月16日刑集57巻7号950頁は、被告人らによる暴行から逃げ出した被害者が、周囲に店舗や民家があるにもかかわらず、約800m先の高速道路に侵入して交通事故で死亡した事案で、「その行動が被告人らの暴行から逃れる方法として、著しく不自然、不相当であったとはいえない」から因果関係を肯定できるとした。

　同様に、最決平成16年2月17日刑集58巻2号169頁は、被告人に重傷を負わされた被害者が緊急手術を受け、その容体が安定して加療約3週間と診断されるに至った後、「無断退院しようとして、体から治療用の管を抜くなどして暴れ」、容体が急変して死亡した事案で、「被害者が医師の指示に従わず安静に努めなかったために治療の効果が上がらなかったという事情が介在していたとしても、被告人らの暴行による傷害と被害者の死亡との間には因果関係がある」としている。

　学説の中には、これでは帰責範囲が広すぎるとして判例に批判的なものもあるが、少なくとも、被害者に軽過失のあったことをもって犯罪の成立を否定する見解が存在していないことは確かである。

7　民法との関係

　また、財産犯の成立に関し、最高裁判所の判例は、私法上の判断が基準となるものではないとしている。

　たとえば、詐欺取消の効力が争われていた事案で建造物損壊罪の成立を肯定した最決昭和61年7月18日刑集40巻5号438頁は、「『他人ノ』建造物というためには、他人の所有権が将来民事訴訟等において否定される可能性がないということまでは要しないものと解するのが相当であり、前記のような本件の事実関係にかんがみると、たとえ第一審判決が指摘するように詐欺が成立する可能性を否定し去ることができないとしても、本件建物は刑法260条の『他人ノ』建造物に当たるというべきである」としている。

　また、3で言及した誤振込みの事案にかかる最決平成15年3月12日刑集57巻3号322頁は、「このような振込みであっても、受取人である被告人と振込先の銀行との間に振込金額相当の普通預金契約が成立し、被告人は、銀行に対し、上記金額相当

第6　一審判決事実認定を前提とする意見書

の普通預金債権を取得する」としつつ、詐欺罪の成立を肯定している。

　不法原因給付の事案に関する最判昭和23年6月5日刑集2巻7号641頁も、贈賄のために預かった金銭で麻薬を購入した事案につき、「横領罪の目的物は単に犯人の占有する他人の物であることを要件としているのであつて必ずしも物の給付者において民法上その返還を請求し得べきものであることを要件としていない」として犯罪の成立を認めている。

Ⅱ　経済的評価としての財産

　学説上、いわゆる実質的個別財産説に立ち、詐欺罪の成立範囲を限定的に理解する場合であっても、最終的な決済・清算によらずに財産犯の成立することが認められている。この点で参考になるのは、刑法263条の明文で「他人の財産を侵害する」（das Vermögen eines anderen beschädigen）ことが要求されているドイツ刑法に関する議論である。すなわち、ドイツ法で詐欺罪の成立が認められる類型であれば、日本法に関する限定的な見解に立っても一般に既遂結果が認められると考えられる。

　いわゆる「取り込み詐欺」（Eingehungsbetrug）。代金を支払うつもりがないのに、注文して商品を受け取る場合には、受け取った時点で詐欺罪が既遂になるとされる。これに対し、「履行詐欺」（Erfüllungsbetrug）は、自己の行う給付の経済的価値を偽ることをいうとされる。たとえば、インターネットオークションでブランド品を販売すると偽って、模造品を発送し、代金を詐取するような場合である。前者の場合、決済の時点を待たずに既遂となる。後者においては、被害者が送られてきた模造品自体を手にとって認識したとしても、それがにせ物であることに気付かなければ、詐欺罪が成立する。

　このように、詐欺罪の成立範囲が刑法の文言上限定されているドイツにあっても、債権や財物を経済的に評価して、その価値について欺罔・錯誤があれば、最終的な清算が行われていなくても、詐欺罪は既遂となるのである。このような経済的評価による財産上の損害の捉え方は、「危殆化損害」（Gefährdungsschaden）と呼ばれている。つまり、法律上の決済が行われていなくても、それが不能になる危険があれば、経済的に評価して財産上の損害がすでに発生したと見ることができるのである。Ⅰ5で述べた、クレジット契約や不動産賃貸借契約における、人の経済的信用なども、決済が正しく行われなくなる危険を意味するものと理解できる。

　こうした理解からすれば、不動産や債権それ自体が消滅していない場合であっても、その経済的評価が低下すれば、財産上の損害がすでに発生したこととなるのは当然であると考えられる。

Ⅲ 本件事案の検討

1 本件判決における事実認定

　本件事案の顧客は、投資経験が豊富ではなく、銀行のほうから本件取引をもちかけられている。しかし、為替相場は変動するものであるから、顧客側は「本件取引が銀行に利益（原告の損失）をもたらす場合があることも当然理解していたはずと思われる」（26頁）。
　本件契約の内容は、顧客の損失がそのまま銀行の利益になるというものであった。また、「銀行である被告が、何の代償もなしに、ただ単に顧客に金銭を分け与える取引を行うことなどありえない」（26頁）。そして、「本件契約は、円高で得る事業利益を大きく上回る損失をもたらすおそれが大きいのである。したがって、本件契約は、円安時に顧客に利益をもたらすかもしれないが、全体としてはむしろ為替リスクをもたらし得る契約である」（28頁）。しかも、「被告が、オプションを取得する場面（いわば原告にオプションを売らせる場面）でも利ざやを得ることは、当然のことではない。被告は、自分ではリスクを引き受けないからである」（30頁）。「被告は、4000万円を出すだけで1億5000万円の品を買って売買差益を得たということになる」（30頁）。
　だが、「本件契約では、原告が取得する権利の時価と被告が取得する権利の時価との間に、総額1億1000万円以上の開きがある」（28頁）のにもかかわらず、銀行側は各契約において、「双方のオプションの代金額（すなわちプレミアム）をいずれも490万8000円」（同20頁）、「いずれも693万2000円」（同21頁）、「いずれも916万1203円」（同22頁）として提示していた。
　その際、「被告は、本件取引に関し、時価や時価差額の説明をしていない上、第1ないし第3契約では代金（プレミアム）が同額であることが前提にされているから、……〔原告側で契約締結にあたった者〕は、10年の契約期間を通じて本件取引を見た場合、これによって生じる損益の確率が『5分5分』ではないこと、原告に損失が生じる危険の方が遥かに大きいことに気付かないまま本件契約を締結した可能性が高いと思われる」（36頁）。
　もっとも、「このような本件契約の性質は、本件契約がもたらす経済効果を知れば容易に理解しうることであり、本件契約が、原告の事業経営を安定させる意図で締結されたというのは、実態とは異なるものと考えざるをえない」。なぜなら、「本業で儲かるはずの円高時に金融機関に対する債務を負担することにな」り、「しかも、その場合の債務額は、上限の合意（一定金額で頭打ちとする合意）がないどころか、かえ

って増幅されることが合意されている」からである。「本件契約は、円高で得る事業利益を大きく上回る損失をもたらすおそれが大きいのである（28頁）。

2　刑法的評価

　　1の事実関係を刑法的に評価すると、次のようになると思われる。

　　まず、判示のとおり、為替相場は変動する以上、本件契約において損失の出る場合のあること自体は、顧客側も認識していたと考えられる。

　　しかし、利益も損失も出うることを理解しただけでは、商品の「経済的価値」について理解できたとはいえない。損失が出るか利益が出るかは、「5分5分」の確率ではなく、その予測に関しては、時価が決定的に重要な指標となるはずだからである。つまり、時価に関する説明がなければ、素人である顧客は、為替変動に関する予測ができないのであるから、「5分5分」のように誤解するおそれがあると考えられる。このことは判決（36頁）が上記のように認定するとおりである。

　　本件で、この誤解を決定的に助長したと考えられる要素が2つある。1つは、双方のオプションの代金が「同額」として提示されたことである。つまり、顧客は、自己の取得する権利の経済的価値が、被告のそれと同等だと誤解した可能性が極めて高い。もう1つは、銀行側が利ざやを上乗せした代金を提示していることである。このような不自然なことがなされれば（30頁）、顧客は、自分は銀行にこの部分を支払っているのだから、あとのリスクは同等以下であるはずだと誤解する余地が十分にある。

　　要するに、判決（26頁）が認定するとおり、銀行は、わざわざ損失を出すための取引を顧客に持ちかけるはずはなく、初めから、顧客が損をする可能性の高い（そのことは権利の時価に反映される）商品を、そのことが顧客に理解されないような形で売りつけたものといえる。

3　詐欺罪の成立要件

　　Ⅱで検討した実質的個別財産説、および、日本の判例の立場によれば、本件では、銀行が顧客に取引をもちかけ、損得が「5分5分」であるかのように装い、商品の経済的価値に関する欺罔行為を行って、これに関する錯誤に陥った顧客が財産を交付して財産的損害を被った事案と解される。判例・学説の一般的な考え方によれば、時価差額もすでに損害になる。

　　もっとも、判決は、顧客側が事業経営を安定させる意図で契約を締結したのではなく、投機目的であったとしている。もし、顧客が本件商品のリスクを完全に理解したとしても同内容の契約を締結したであろうと考えられるのであれば、錯誤と処分行為との間に「あれなければこれなし」という因果関係がないことになるか、あるいは、

そもそも法益の処分に関する錯誤（法益関係的錯誤）がなかったことになる。

だが、顧客に、本業を犠牲にするほどの投機を行おうとする動機があったとは考えにくく、この点で上記判決の認定（28頁）には疑問がある。そうだとすれば、やはり刑法上は、錯誤に基づく財産処分を肯定せざるをえないと思われる。

4　他の法律との関係

なお、金融商品取引法や消費者契約法における罰則の対象となる罪は、一部は刑法上の詐欺罪を補充する性格を有するが、論理的な関係として詐欺罪が成立する場合のすべてを捕捉するものではない。したがって、これらの特別法上の義務をすべて遵守したとしても、別途刑法上の詐欺罪に該当する場合が論理的に存在することになる。とりわけ、投資に関する知識・経験に乏しい顧客においては、商品の仕組みの詳細を示されただけでは、かえってその基本的性質の理解が妨げられるおそれがあることにも注意を要する。

また、詐欺罪の成否は、取引の私法上の効力の有無からは独立に判断されるとするのが判例である。

まず、詐欺罪における錯誤の要件の充足は、錯誤が民法上の無効性を基礎づける内容のものであったかどうかに依存するものではない。民法上、事実を容易に理解「しうる」場合であったとしても、実際には誤解していたのであれば、詐欺罪における錯誤に該当する。

刑法上、顧客側に契約内容の理解について過失があったとしても、財産犯の成立が妨げられるものではないことは一般に認められている。本件判決は、「顧客は（複数の金融商品取引業者に提案書を出させるなどして）、提示された代金（プレミアム）が当該コールオプションの価値に見合っているかどうかを自己責任で判断すべきことになる」（29頁）としているが、そのこと自体を顧客が理解していない場合、たとえ顧客に過失があったとしても、刑法上の錯誤自体はあったといわざるをえない。

第4　結語

以上の検討から、本件の事実関係においては、銀行側の説明により顧客が商品の経済的価値に関する錯誤に陥って契約を締結し、自己の財産を処分したことが認められ、詐欺罪の適用が可能であると考えられる。

筆者自身は、実質的個別財産説から、詐欺罪の成立を判例よりも厳格に限定するべきであるとの見解を支持するものであるが、この立場を採用した場合でも、本件では詐欺罪の成立を肯定しうる。判例の見解に立脚した場合には、自己の財産の「交付の

第6　一審判決事実認定を前提とする意見書

　判断の基礎となる重要な事項」にかかる欺罔行為・錯誤が基準となるため、さらに広く犯罪の成立が認められることになる。

以上

書証一覧

(第一審)

甲第1号証：『為替デリバティブのトリック』

甲第2〜4号証：通貨オプション取引確認書

甲第5号証：クーポンスワップ取引確認書

甲第6〜9号証：デリバティブ商品価値報告書

甲第10号証：意見書

甲第11号証：『コメントの概要およびコメントに対する金融庁の考え方』

甲第12号証：為替デリバティブ契約によって生じた差損益額

甲第13〜14号証：解約権付スワップ取引確認書

甲第15号証：『金融マンのための実践デリバティブ講座』

甲第16号証：『デリバティブの落とし穴』

甲第17号証：『景気を読み解く数学入門』

甲第18号証：『デリバティブの知識』

甲第19号証：外貨送金明細

甲第20号証の1：継続的商取引基本契約書

甲第20号証の2：覚書

甲第21号証：クーポンスワップ（レバレッジ型）のご案内

甲第22号証：『デリバティブキーワード300』

甲第23号証：「増額条件付レンジクーポンスワップⅠ」と題する書面

甲第24号証：決算報告書

甲第25号証：デリバティブ取引の説明義務をめぐる日独判例の比較

甲第26〜29号証：デリバティブ商品価値報告書（ゼロバリュー分析）

甲第30、32号証：Aの陳述書

甲第31号証：Bの陳述書

(控訴審)

甲第33号証：意見書

甲第34号証：『デリバティブ取引のすべて―変貌する市場への対応―』

甲第35号証：意見書

甲第36号証：証人調書

甲第37号証：陳述書

(第一審)

乙第1号証：『金融マンのための実践デリバティブ講座』

乙第2号証：金銭の相互支払いに関する基本契約書

書証一覧

乙第3号証：追約書
乙第4号証：印鑑票
乙第5号証：取引説明書
乙第6号証：解約権付スワップ取引確認書
乙第7号証：リスク確認書
乙第8号証：クーポンスワップ取引受払履歴
乙第9号証：追約書
乙第10号証：取引説明書
乙第11号証：通貨オプション取引確認書
乙第12号証：リスク確認書
乙第13号証：取引説明書
乙第14号証：通貨オプション取引確認書
乙第15号証：リスク確認書
乙第16号証：取引説明書
乙第17号証：解約権付スワップ取引確認書
乙第18号証：リスク確認書
乙第19号証：クーポンスワップ取引受払履歴
乙第20号証：金銭の相互支払いに関する基本契約書
乙第21号証：追約書
乙第22号証：取引説明書
乙第23号証：通貨オプション取引確認書
乙第24号証：取引説明書
乙第25号証：クーポンスワップ取引確認書
乙第26号証：保証書
乙第27号証：保証極度額変更追約書
乙第28号証：保証書
乙第29～31号証：デリバティブ取引残高証明書兼時価通知書
乙第32号証：スワップ・金利オプションの時価評価額のお知らせ
乙第33号証：一問一答金融商品取引法
乙第34号証：「店頭デリバティブ取引等の投資勧誘の在り方―『悪玉論』への疑問」
乙第35号証：金融・商事判例（1399号32頁）
乙第36～37号証：情報ノート
乙第38号証：判決正本（東京地裁平成25年2月22日）
乙第39号証：最高裁判所第一小法廷平成25年3月7日判決
乙第40号証：最高裁判所第一小法廷平成25年3月26日判決

乙第４１号証：判決正本（東京地裁平成２５年５月１５日）
乙第４２号証：取引説明書
乙第４３〜４５号証：情報ノート
乙第４６号証：活動情報
乙第４７号証の１〜２：情報ノート
乙第４７号証の３：活動情報
乙第４８号証：『銀行法務２１』７５９号４頁
乙第４９号証の１：答弁書
乙第４９号証の２：「デリバティブ商品を巡る裁判の判決・和解についての解説」
乙第５０号証の１：答弁書（追記）
乙第５０号証の２：ドイツ連邦裁判所２０１１年３月２２日判決及びその日本語訳文
乙第５０号証の３：ソウル中央地方法院２０１２年８月２３日判決及びその日本語訳文
乙第５１号証：訂正申立書
乙第５２号証：弁論要旨
乙第５３〜５４号証：口頭弁論調書
乙第５５号証：「店頭デリバティブ取引に係る時価評価主張への疑問—最一小判平成25.3.7を踏まえて—」
乙第５６号証：「店頭デリバティブ取引のプライシングや手数料の説明に関する補論」
乙第５７号証：判決正本（大阪地裁平成２５年１０月２４日）
乙第５８号証：Ｃの陳述書
乙第５９号証：Ｄの陳述書
乙第６０号証：「ピムコ　ハイ・インカム」販売用資料
乙第６１号証：あっせん申立書抄本
乙第６２号証：判決正本（東京高裁平成２５年１２月２５日）
乙第６３号証：当事者照会書
乙第６４号証：ご回答
（控訴審）
乙第６５号証：文書提出命令申立に対する決定謄本（大阪地裁平成２５年７月２９日）
乙第６６号証：控訴状
乙第６７号証：控訴取下書
乙第６８号証：通貨オプション取引受払履歴
乙第６９号証：日本経済新聞平成２６年６月４日
乙第７０号証：判決正本（東京地裁平成２６年３月２６日）
乙第７１号証：判決正本（東京高裁平成２６年７月１８日）
乙第７２号証：控訴理由書

（一審判決別表）

契約区分	契約締結日	契約期間 開始時期	契約期間 終了時期	資金受渡日 行使期日（又は受払日）	契約時の円レート	行使価格（円レート）		契約により取得した権利（オプション等）及びその内容	
第1契約 ゼロコストオプション 甲2 乙10,11	平成16年12月24日	平成17年1月	平成26年11月	毎月最終営業日が資金受渡日、その2営業日前が行使期日 行使期日は119回	¥102.71	88.81円	原告	オプション①	コールオプション 88.81円で2万ドルを被告から買い取る権利
						88.80円	被告	オプション②	プットオプション 88.80円で2万ドルを原告に売り付ける権利
第2契約 ゼロコストオプション 甲3 乙13,14	平成17年6月8日	平成17年6月	平成27年5月	同上 行使期日は120回	¥110.03	86.90円	原告	オプション③	コールオプション 86.90円で2万5000ドルを被告から買い取る権利（円安となって円レートが89.90円になった場合にノックアウト特約によりオプション消滅）
						89.90円		オプション⑤	コールオプション 89.90円で2万5000ドルを被告から買い取る権利
						86.90円	被告	オプション④	プットオプション 86.90円で5万ドルを原告に売り付ける権利
第3契約 ゼロコストオプション 甲4 乙22,23	平成18年9月20日	平成18年9月	平成20年8月	同上 行使期日は24回	¥117.50	110.00円	原告	オプション⑥	コールオプション 110円で3万ドルを被告から買い取る権利
						120.00円	被告	オプション⑦	コールオプション 120円で3万ドルを原告から買い取る権利
		平成20年9月	平成28年8月	同上 行使期日は96回		103.90円	原告	オプション⑧	コールオプション 103.90円で3万ドルを被告から買い取る権利（円安となって円レートが114.90円になった場合にノックアウト特約によりオプション消滅）
						103.90円	被告	オプション⑨	プットオプション 103.90円で6万ドルを原告に売り付ける権利
第4契約 クーポンスワップ 甲5 乙24,25	平成19年3月27日	平成19年4月	平成29年3月	毎月22日に、一定の方法で計算されたドルの金利と円の金利を交換	¥118.69	99.85円より円安の場合		被告が原告に支払う1か月分の金利＝ドル建なので日本円では変動	
								原告が被告に支払う1か月分の金利＝円建なので日本円で固定	
						99.85円より円高の場合		被告が原告に支払う1か月分の金利＝ドル建なので日本円では変動	
								原告が被告に支払う1か月分の金利＝円建なので日本円で固定	

原告の損益合計

資金受渡日に得る利益額 （同額が相手方の損失）	原告から見た損益の概要	実際の損益	被告提示の代金額	権利の時価（理論値）
6万円 （ペイオフ特約により原告の利益は固定）	円レートが88.81円以上の円安のままなら、原告に利益がでる。 逆に、為替相場が円高に進んで円レートが88.80円以下になると、原告には損失が生じる。 原告に生じる損失はペイオフ特約がないので契約上上限が設けられていない。	¥2,455,000	¥4,908,000	¥3,383,000
（88.80円－円レート）の2万倍			¥4,908,000	¥17,781,000
（円レート－86.90）の2万5000倍	円レートが86.90円を超える円安のままなら、原告に利益がでる。 逆に、為替相場が円高に進んで円レートが86.90円以下になると、原告に損失が生じる。 原告に生じる損失はペイオフ特約がないので契約上上限が設けられていないし、大きく計算される仕組みとなっている（レシオ特約）。	¥2,088,250	¥6,932,000	¥4,908,000
7万5000円 （ペイオフ特約により原告の利益は固定）				
（86.90円－円レート）の5万倍 （取引量2倍とするレシオ特約）			¥6,932,000	¥33,611,000
9万円 （ペイオフ特約により原告の収益は固定）	円レートが110円以上120円以下であれば、原告に利益が出る。 為替相場が円安に進んで円レートが120円を超えると、原被告の利益は相殺される。	¥-27,503,100	¥9,161,203 （オプション⑧を含んだ代金額）	¥1,780,000 （オプション⑧を含んだ時価）
9万円 （ペイオフ特約により被告の収益は固定）			¥9,161,203 （オプション⑨を含んだ代金額）	¥49,221,000 （オプション⑨を含んだ時価）
（円レート－103.90）の3万倍	円レートが103.90円を超える円安のままなら、原告に利益がでる。 逆に、為替相場が円高に進んで円レートが103.90円以下になると、原告には損失が生じる。 原告に生じる損失はペイオフ特約がないので上限が決まっていないし、大きく計算される仕組みとなっている（レシオ特約）。			
（103.90－円レート）の6万倍 （取引量2倍とするレシオ特約）				
3万5000ドル （1400万ドル×0.03÷12）	円レートが99.85円を超える円安のままなら、原告に利益がでる。	¥-17,369,800		原告の権利 ¥30,082,000
349万4750円 （16億4220万円×0.0255371÷12）				
7万ドル {（1400万ドル×0.03÷12）×2}	円レートが99.85円以下の円高になると、原告には損失が生じる。 この場合、原告に生じる損失は、大きく計算される仕組みとなっている（レバレッジ特約）。			被告の権利 ¥54,446,000
698万9500円 {（16億4220万円×0.0255371÷12）×2}				
¥-40,329,650	原告の権利の時価合計			¥40,153,000
	被告の権利の時価合計			¥155,059,000
	時価差額合計			¥114,906,000

ある為替デリバティブ裁判の記録

平成28年8月20日　第1刷発行

編著者　稲田龍示

発行人　藤本隆之

発　行　株式会社展転社

〒157-0061 東京都世田谷区北烏山4-20-10
電　話　03(5314)9470
FAX　03(5314)9480
振　替　00140-6-79992
印　刷　中央精版印刷株式会社

Ⓒ bengosihoujin koumeikai 2016 Printed in Japan
乱丁・落丁本は送料小社負担にてお取替え致します。
定価：[本体＋消費税]はカバーに表示してあります。

ISBN978-4-88656-429-0